Max Koch
Unternehmen Transformation

BERLINER LATEINAMERIKA-FORSCHUNGEN

Herausgegeben von
Dietrich Briesemeister, Reinhard Liehr, Carlos Rincón,
Renate Rott und Ursula Thiemer-Sachse
Band 9

BERLINER LATEINAMERIKA-FORSCHUNGEN

Max Koch

Unternehmen Transformation

Sozialstruktur und gesellschaftlicher
Wandel in Chile

VERVUERT · FRANKFURT AM MAIN · 1998

Die Deutsche Bibliothek - CIP-Einheitsaufnahme

Koch, Max:
Unternehmen Transformation : Sozialstruktur und
gesellschaftlicher Wandel in Chile / Max Koch.
- Frankfurt am Main : Vervuert, 1998
   (Berliner Lateinamerika-Forschungen ; Bd. 9)
   ISBN 3-89354-159-4

© Vervuert Verlag, Frankfurt am Main 1998
Alle Rechte vorbehalten
Gedruckt auf säure- und chlorfreiem, alterungsbeständigen Papier.
Printed in Germany

Inhaltsverzeichnis

Verzeichnis der Abbildungen und Tabellen 7
Verzeichnis der Abkürzungen 8

Einleitung 11

Erstes Kapitel 15

Die polit-ökonomische Entwicklung Chiles vor 1973 15
  1.1 Zwei Phasen der industriellen Importsubstitution (1940-70) 16
  1.2 Die Inkorporation neuer sozialer Gruppen in das kollektive
       gesellschaftliche Leben 18
  1.3 Die politische Entwicklung 1952 bis 1970 20
  1.4 Die Regierung der Unidad Popular (1970-73) 24
      1.4.1 Die politische Ökonomie der Unidad Popular 24
      1.4.2 Ökonomische Ungleichgewichte als Resultate der
            Strukturreformen 28
  1.5 Die Krise der Demokratie 30

Zweites Kapitel 35

Wirtschaft und Gesellschaft unter der Pinochet-Diktatur 35
  2.1 Die Politik 35
  2.2 Die Ökonomie 40
  2.3 Die Expansion des Marktes: Die institutionellen Veränderungen 43
      2.3.1 Die Neuorganisation des Finanzsystems ... und die Schuldenkrise 44
      2.3.2 Die Kapitalisierung der Böden 46
      2.3.3 Soziale Vorsorge als Marktregulation 47
      2.3.4 Der Strukturwandel im Bildungssystem 49
      2.3.5 Der *Plan Laboral* und der Arbeitsmarkt 53
  2.4 Die industriellen Beziehungen: Entsteht ein neues Fabrikregiment? 54
      2.4.1 Deindustrialisierung und Reindustrialisierung 55
      2.4.2 Untersuchung nach Unternehmensgrößenklassen 58
      2.4.3 Technologische Neuerungen in den Neunzigern? 60
      2.4.4 Zusammenfassung und Interpretation 64
  2.5 Der Mythos des Subsidiaritätsstaats 65
  2.6 Die Akteure 68
      2.6.1 Die Unternehmer und ihre *gremios* 68
      2.6.2 Die zivile Technokratie: Die *Chicago Boys* 70
      2.6.3 Die *Grupos Económicos* 74
      2.6.4 Vom „Fall" und Aufstieg der Eliten und der Erneuerung des
            Kapitalismus 75

Drittes Kapitel 79
Die *Concertación* 79
   3.1 Die politischen Reformen der *Concertación* 79
   3.2 Die Wirtschaftspolitik der *Concertación* 82
   3.3 Ein Vergleich der Resultate der Wirtschaftspolitik der Militärregierung und der *Concertación* 84

Viertes Kapitel 87
Die Transformation der Sozialstruktur 87
   4.1 Die Destrukturierung der siebziger Jahre (1973-83) 88
   4.2 Die Restrukturierung der achtziger Jahre (1984-94) 94
   4.3 Bevölkerungs- und Beschäftigungsentwicklung 96
   4.4 Beschäftigung nach Produktionszweigen: Der neue Charakter der Tertiärisierung 99
   4.5 Der neue Charakter der Informalität 105
   4.6 Chile: Eine Klassengesellschaft? 111
      4.6.1 Die Diskussion um Klassen und Klassifikationen 112
      4.6.2 Ein Modell sozialer Klassen 114
      4.6.3 Operationalisierung von Berufs- und Bildungskategorien 118
   4.7 Quantitative Verteilung der Erwerbsbevölkerung auf den sozialen Raum 1972 bis 1994 120
   4.8 Bildung und Bildungskapital 125
   4.9 Klassen- und Berufspositionen und gesellschaftliche Einkommensverteilung 128
   4.10 Das neue Gesicht der Armut 134
   4.11 Die erneuerte Sozialstruktur 138

Fünftes Kapitel 143
Die Epoche der Revolution 143
   5.1 Die neoliberale Wendung der großen Reformen von Frei und Allende 144
   5.2 Die Rolle der Eliten 148
   5.3 Der Wandel der Sozialstruktur und die „großen" politischen Bewegungen 149
   5.4 Die Bedingungen des kollektiven Handelns nach der *Epoca de Revolución* 151

Anhang 157
   Tabellen zu Kapitel 4.8: Bildungskapital und Beschäftigungsposition 157
Literaturverzeichnis 167

Verzeichnis der Abbildungen und Tabellen

Abb. 2.1:	Zwei Phasen der neoliberalen Politik (1973-90)	41
Tab. 2.1:	Beschäftigung in der Industrie: Betriebe ab 50 Beschäftigte	56
Tab. 2.2:	Beschäftigung und Produktivität 1979 bis 1990	57
Tab. 2.3:	Neu getätigte Investitionen 1979 bis 1989 (Index, US-$ von 1979)	58
Tab. 2.4:	Beschäftigung nach Unternehmensgrößen 1974 bis 1993	59
Tab. 2.5:	Arbeitsproduktivität nach Unternehmensgrößenklassen 1979 bis 1990 (%)	59
Tab. 2.6:	Neu getätigte Investitionen nach Unternehmensgrößen 1979 bis 1989 (Index, US-$ von 1979)	60
Tab. 2.7:	Produktivitätsstrategien in Industriebetrieben 1988 bis 1990 (%)	61
Tab. 2.8:	Technologischer bzw. arbeitsorganisatorischer Wandel nach Unternehmensgrößen (%)	61
Tab. 2.9:	Weltmarktorientierung und Produktivitätsstrategie (%)	62
Tab. 2.10:	Technologischer Wandel und Effekte auf den Arbeitsprozeß (%)	63
Tab. 4.1:	Entwicklung der Klassenstruktur nach Martínez & Tironi (1960-80)	90
Tab. 4.2:	Destrukturierung und Restrukturierung der Sozialstruktur in Chile 1972 bis 1994 (in Prozent des Beschäftigungssystems)	95
Tab. 4.3:	Bevölkerungs- und Beschäftigungsentwicklung Chiles (in Tsd. und Prozent)	96
Tab. 4.4:	Anteil der abhängig Beschäftigten am Beschäftigungssystem (%)	97
Tab. 4.5:	Bevölkerungs- und Beschäftigungsentwicklung in der metropolitanen Region (in Tsd.)	98
Tab. 4.6:	Bevölkerungs- und Beschäftigungsentwicklung in der metropolitanen Region: Männer (in Tsd.)	99
Tab. 4.7:	Bevölkerungs- und Beschäftigungsentwicklung in der metropolitanen Region: Frauen (in Tsd.)	99
Tab. 4.8:	Struktur tertiärer Beschäftigung: metropolitane Region	100
Tab. 4.9:	Struktur tertiärer Beschäftigung: metropolitane Region, Männer	103
Tab. 4.10:	Struktur tertiärer Beschäftigung: metropolitane Region, Frauen	104
Abb. 4.1:	Klassifikation formeller und informeller Beschäftigung nach Schkolnik & Teitelboim	107
Tab. 4.11:	Anteil der Cuentapropistas und mithelfenden Familienangehörigen am Beschäftigungssystem	108
Tab. 4.12:	Struktur informeller Beschäftigung 1990	109
Tab. 4.13:	Formelle und informelle Beschäftigung nach Einkommensquintilen (%)	109
Abb. 4.2:	Klassifikation der Berufe	119
Tab. 4.14:	Der Raum der Berufspositionen: Quantitative Verteilung der erwerbstätigen Bevölkerung auf soziale Klassen	121
Tab. 4.15:	Der Raum der Berufspositionen: Männer	123
Tab. 4.16:	Der Raum der Berufspositionen: Frauen	124
Tab. 4.17:	Klassenlage und individuelles Arbeitseinkommen 1972 bis 1994 (US-$ von 1994)	130
Tab. 4.18:	Klassenlage und individuelles Arbeitseinkommen 1972 bis 1994: Männer	132
Tab. 4.19:	Klassenlage und individuelles Arbeitseinkommen 1972 bis 1994: Frauen	133
Tab. 4.20:	Entwicklung der Armut in Chile 1987 bis 1994 (%)	135
Tab. 4.21:	Haushalts- und Pro-Kopf-Einkommen zwischen 1992 und 1994 nach Dezilen (US-$ von 1994, absolute und relative Verteilung)	136
Tab. A.1:	Bildungskapital und Beschäftigungsposition 1972	157
Tab. A.2:	Bildungskapital und Beschäftigungsposition 1976	158
Tab. A.3:	Bildungskapital und Beschäftigungsposition 1982	158
Tab. A.4:	Bildungskapital und Beschäftigungsposition 1986	159
Tab. A.5:	Bildungskapital und Beschäftigungsposition 1990	159
Tab. A.6:	Bildungskapital und Beschäftigungsposition 1994	160
Tab. A.7:	Bildungskapital und Beschäftigungsposition 1972: Männer	160
Tab. A.8:	Bildungskapital und Beschäftigungsposition 1976: Männer	161

Tab. A.9: Bildungskapital und Beschäftigungsposition 1982: Männer 161
Tab. A.10: Bildungskapital und Beschäftigungsposition 1986: Männer 162
Tab. A.11: Bildungskapital und Beschäftigungsposition 1990: Männer 162
Tab. A.12: Bildungskapital und Beschäftigungsposition 1994: Männer 163
Tab. A.13: Bildungskapital und Beschäftigungsposition 1972: Frauen 163
Tab. A.14: Bildungskapital und Beschäftigungsposition 1976: Frauen 164
Tab. A.15: Bildungskapital und Beschäftigungsposition 1982: Frauen 164
Tab. A.16: Bildungskapital und Beschäftigungsposition 1986: Frauen 165
Tab. A.17: Bildungskapital und Beschäftigungsposition 1990: Frauen 165
Tab. A.18: Bildungskapital und Beschäftigungsposition 1994: Frauen 166

Verzeichnis der Abkürzungen

AFP	Administradoras de Fondos de Pensiones
BIP	Bruttoinlandsprodukt
BSP	Bruttosozialprodukt
CAP	Companía de Acero del Pacífico
CASEN	Caracterización Socioeconómica Nacional
CEPAL	Comisión Económica para América Latina y el Caribe
CERA	Centro de Reforma Agraria
CIEPLAN	Corporación de Investigaciones Económicas para Latinoamérica
CODELCO	Corporación del Cobre
CORA	Corporación de Reforma Agraria
CORFO	Corporación de Fomento de la Producción
CUT	Central Unica de Trabajadores
DFG	Deutsche Forschungsgemeinschaft
DINA	Dirección Nacional de Inteligencia
ECLAC	Economic Commission for Latin America and the Carribean
ENDESA	Empresa Nacional de Electricidad
ENTEL	Empresa Nacional de Telecomunicaciones
FLACSO	Facultad Latinoamericana de Ciencias Sociales
FONASA	Fondo Nacional de Salud
IANSA	Industria Azucarera Nacional
INE	Instituto Nacional de Estadística
ISAPRE	Instituciones de Salud Provisional
ISI	Industrielle Importsubstitution
MAPU	Movimiento de Acción Popular Unitaria
MERCOSUR	Mercado Comun del Sur
MIDEPLAN	Ministerio de Planificación
MIR	Movimiento de Izquierda Revolucionario
NAFTA	Nordamerikanisches Freihandelsabkommen

OIT	Oficina Internacional de Trabajo
PC	Partido Comunista
PDC	Partido Demócrata Cristiano
PET	Programa de Economía del Trabajo
PIIE	Programa Interdisciplinario de Investigaciones en Educación
PREALC	Programa Regil de Empleo para América Latina y el Caribe
PRIES-CONO SUR	Programa Regional de Investigaciones Económicas y Sociales del Cono Sur
PS	Partido Socialista
PYMES	Pequeñas y Medianas Empresas
RN	Renovación Nacional
SINAP	Sistema de Ahorro y Préstamo
UN	Vereinte Nationen
UP	Unidad Popular

*Gracias a la vida, que me ha dado tanto,
me ha dado la risa y me ha dado el llanto ...
(Violeta Parra, Chile)*

Einleitung

Wie die einzigartige Geographie Chiles, geprägt durch die quasi unendliche Gebirgskette der Anden und den pazifischen Ozean, zu einem faszinierenden Gegenstand der Naturwissenschaften wurde, so erfreut sich auch die soziale Entwicklung seit geraumer Zeit der wissenschaftlichen, aber auch der politischen und journalistischen Aufmerksamkeit. Oft wird dem Land ein Modellstatus zugeschrieben, obwohl es eigentlich eher als Laboratorium ausländischer Reformvorstellungen von Wirtschaft und Gesellschaft gedient hat. Als „modell-" und „beispielhaft" wird regelmäßig die lange demokratische Tradition Chiles herausgekehrt: Und dies ganz zu Recht, wenn man bedenkt, daß die Geschichte seiner parlamentarischen Demokratie bis in die 30er Jahre des 19. Jahrhunderts zurückreicht, und daß diese Entwicklung kaum einmal durch Diktatur und Putsch beeinträchtigt wurde. Als sich die politischen Fronten im Gefolge der kubanischen Revolution verhärteten, polarisierte sich auch die Modelldiskussion. In Eduardo Freis *Revolución en Libertad* (1964-70) sah der bürgerliche Teil der westlichen Welt den Beweis erbracht, daß tiefgreifende strukturelle Veränderungen ohne revolutionären Aufstand möglich sind. Die vermeintliche „Halbherzigkeit" jener Reformen veranlaßte danach die demokratische Linke – gerade auch die Studentenbewegung –, in der Regierung der *Unidad Popular* unter Salvador Allende (1970-73) ein Modell zum friedlichen Aufbau des Sozialismus unter demokratischen Vorzeichen zu sehen. Und in der Tat, Allendes *Vía Pacífica al Socialismo* läßt sich durchaus als der Versuch eines „dritten Weges" zwischen Kapitalismus und „real existierendem" Sozialismus auffassen – und war wohl deshalb von Anbeginn der erbitterten Kritik und Obstruktion beider etablierten Lager ausgesetzt. Die Unidad Popular wurde bekanntlich in einem blutigen Putsch abgesetzt, und nunmehr war es an der Rechten, Chile zum Experimentierfeld zu machen. Wieder war es eine Revolution – diesmal allerdings eine *Revolución Neoliberal*, während der die inzwischen berühmt-berüchtigten *Chicago Boys* das Lebenswerk des Ökonomen Milton Friedman in die Tat umzusetzen trachteten. Dies geschah unter dem schützenden Dach eines quasi allmächtigen autoritären Staates, der jegliche Opposition gegen die Etablierung der monetaristischen Prinzipien unmöglich machte. Zwar verlief die Entwicklung des nunmehr in den Weltmarkt integrierten chilenischen Kapitalismus alles andere als krisenfrei – die Krise von 1982/83 gilt als die schwerste der chilenischen Wirtschaftsgeschichte –, dies tat jedoch dem „guten Ruf" des neoliberalen „Erfolgsweges" keinen Abbruch. Im Gegenteil, der Großteil des öffentlichen und wissenschaftlichen Diskurses sieht in Chile das Paradebeispiel einer gelungenen nachholenden Entwicklung – gewissermaßen das lateinamerikanische Pendant zu den asiatischen „Tigern". Und dies mit um so größerer Hingabe, als sich mit dem erneuten Übergang zur Demokratie nunmehr auch die politischen Verhältnisse zu zivilisieren begannen. Chile ist heute nach wie vor im Brennpunkt der entwicklungspolitischen Diskussion, beansprucht doch die seit 1990 regierende *Concertación*, wirtschaftliches Wachstum mit Demokratie und sozialem Ausgleich zu verbinden. Damit ist Chile erneut zum „Testfall" geworden – diesmal für die neueren Konzepte der Wirtschaftskommission der Vereinten Nationen und der Karibik (CEPAL).

Welcher nun auch immer der Standort innerhalb dieser Modell- und entwicklungspolitischen Diskussion sein mag: Es ist erstaunlich, daß die Sozialstruktur, die durch diese Reformjahrzehnte gehörig transformiert worden ist, in der bisherigen Forschung eine derart geringe Rolle gespielt hat. Seit den Studien von Javier Martínez et al. aus den beginnenden 80er Jahren sind die sozialstrukturellen Veränderungen in Chile ein Forschungsdesiderat geblieben. Dies hängt sicherlich mit den politischen Umwälzungen seit 1989 zusammen, die es als opportun erscheinen ließen, den Fokus der sozialwissenschaftlichen Reflexion einerseits auf „handfeste" wirtschaftliche Themen, andererseits auf die Probleme der Etablierung der noch jungen Demokratie zu richten. Um diese Forschungslücke zu schließen, wird in dem vorliegenden Buch der Wandel der Sozialstruktur der 70er, 80er und 90er Jahre untersucht.

Die lateinamerikanische Literatur hat die Hauptdimensionen des im Zeichen der industriellen Importsubstitution stehenden sozialstrukturellen Wandels genau benannt. Vor allem handelt es sich dabei um die Urbanisierung und sektorale Verschiebungen innerhalb des Beschäftigungssystems (Abnahme der im Agrarsektor arbeitenden Bevölkerung, Zunahme des tertiären Sektors, Bedeutungszuwachs der Industrie). Die fortschreitende Industrialisierung stellte dabei die traditionelle, auf dem Großgrundbesitz beruhende agrarische Ordnung mehr und mehr in Frage, und es entstanden neue Unternehmergruppen und ein relativ starkes Proletariat, das seine Hochburgen in den großen Industrie- und Bergbaubetrieben hatte. Auch die städtische Mittelklasse legte zahlenmäßig zu, vor allem im öffentlichen Dienst, aber auch im privaten Dienstleistungs- und Handelssektor. Schließlich stießen die Soziologen seit den 50er Jahren auf das Problem der urbanen Marginalität, von dem heute zumeist als „informeller Sektor" die Rede ist. „Neu" war dabei nicht die Entstehung von Slums, die sich vor allem an den Rändern der Metropolen ausbildeten, sondern ihre große und rasch anwachsende Anzahl.

Die Sozialstruktur gliederte sich bis in die 70er Jahre hinein recht grob in den Landadel, die industriellen Unternehmerfraktionen, die urbanen, zumeist gutqualifizierten Mittelschichten, die gut organisierte formelle Arbeiterschaft und schließlich in den (mitunter recht willkürlich definierten) „informellen Sektor". Chile hat wohl auch deshalb soviel Interesse in der politikwissenschaftlichen und soziologischen Forschung hervorgerufen, weil die harten politischen Auseinandersetzungen der 60er und 70er Jahre sehr direkt an die genannten sozialstrukturellen Kategorien anknüpften. Man konnte studieren, wie sich wissenschaftlich konstruierte, „objektive" Klassen auch als reale, kampfbereite Gruppen formieren – und dies ist ja nicht oft der Fall. Es ist nun das zentrale Ziel dieser Untersuchung herauszufinden, zu welchen sozialstrukturellen Veränderungen es unter den Bedingungen der seit Mitte der 70er Jahre eingeschlagenen, neoliberalen Entwicklungsstrategie gekommen ist. Auf der empirischen Basis einer Beschäftigungsumfrage, die seit den 50er Jahren jährlich durchgeführt wird und mir für die vorliegende Untersuchung vom *Departamento de Economía* der *Universidad de Chile* zur Verfügung gestellt wurde, sowie anderer statistischer Materialien werden die wesentlichen sozialstrukturellen Entwicklungslinien seit 1972 bis weit in die 90er Jahre hinein rekonstruiert: Die Entwicklung der quantitativen Verteilung der Bevölkerung auf klassen- und berufsstrukturelle Kategorien, der Verlauf der Informalisierung und der Tertiärisierung sowie der geschlechtsspezifische Zugang zum Arbeitsmarkt. Weitere Bezugspunkte der empirischen Arbeit werden die Dialektik von Bildungspartizipation und Berufspositionen, die Einkommensverteilung und andere Dimensionen der sozialen Ungleichheit sowie die gesellschaftliche Armut sein.

Im einzelnen gliedert sich die vorliegende Arbeit in die ersten drei Kapitel, in denen die polit-ökonomische Entwicklung Chiles und die gesellschaftspolitischen Reformen seit den 60er Jahren beschrieben werden, in das empirische vierte Kapitel, das die sozialstrukturellen Folgen dieser Transformationen untersucht, und in ein abschließendes fünftes Kapitel, das diese Transformationsperiode, oder besser: die „Epoche der Revolution" vor dem Hintergrund der empirischen Resultate bewertet. Das *erste Kapitel* hat sowohl die erste „leichte" als auch die zweite „schwere" Phase der industriellen Importsubstitution zum Inhalt und beschreibt die ökonomischen und gesellschaftspolitischen Reformen der Regierungen Frei (1964-70) und Allende (1970-73). Das weit ausführlichere *zweite Kapitel* behandelt die neoliberale Wendung dieser Reformen durch die Pinochet-Diktatur (1973-90). Jenes „Unternehmen Transformation" wird zunächst allgemein nach seinen grundlegenden politischen und ökonomischen Aspekten untersucht. Daran schließt sich eine Betrachtung der institutionellen Veränderungen an, in deren Verlauf der Markt zum Regulationsprinzip so disparater gesellschaftlicher Felder wie des Finanzsystems, der sozialen Vorsorge, des Bildungssystems und – nicht zuletzt – des Arbeitsmarktes wurde. Der neue Charakter der industriellen Beziehungen ist dann der erste Bezugspunkt der empirischen Arbeit, um danach die Gesamtheit der in Angriff genommenen neoliberalen Reformen vor dem Hintergrund der Rolle des Staates zu bilanzieren. Im weiteren erfahren diejenigen sozialen Akteure eine gesonderte Behandlung, die bei der Umsetzung von Pinochets „Modernisierungen" eine besondere Rolle gespielt haben. Da die erneute Demokratisierung Chiles und die beiden Regierungen der *Concertación* bereits Gegenstand vieler sozialwissenschaftlicher Beiträge sind, und – noch mehr – weil sich die relevanten sozialstrukturellen Veränderungen zum großen Teil schon vor ihrem Antritt abgespielt haben, beschränkt sich das *dritte Kapitel* auf die allgemeinen Merkmale von Wirtschaft und Gesellschaft unter den Regierungen Aylwin und Frei (Junior). Das *vierte Kapitel* enthält die empirische Untersuchung des gesellschaftlichen Strukturwandels unter den oben genannten Gesichtspunkten. Dabei werde ich im Laufe der Entwicklung der einzelnen Untersuchungsschritte die allgemeine These entfalten, daß Chile in der ersten Dekade der Diktatur einen Prozeß der Destrukturierung der mit der industriellen Importsubstitution korrespondierenden Sozialstruktur durchlief, und daß es danach zu einer Restrukturierung des sozialen Raums auf der Basis einer nunmehr in den Weltmarkt integrierten Ökonomie gekommen ist. Die empirischen Ergebnisse legen zum Schluß – im *fünften Kapitel* – eine Sicht auf die Dinge nahe, die – anders als gängige Interpretationen einer vollständigen Zäsur im Jahre des Militärputsches 1973 – die Kontinuität der Reformen einer ganzen „Epoche der Revolution" seit 1964 besonders betont: Der oft zelebrierte „Erfolg" des „Modells Chile" ist vor allem deshalb so durchschlagend, weil die zuvor durchgesetzten Reformen ebenfalls radikal waren und „lediglich" im Sinne des Neoliberalismus gewendet werden mußten.

Die vorliegende Studie wurde 1995 und 1996 mit Mitteln der Deutschen Forschungsgemeinschaft (DFG) durchgeführt; zunächst am *Programa de Economía del Trabajo* (PET) in Santiago de Chile und später an der Freien Universität Berlin. Von den vielen Menschen, die mich in der Antragsphase, bei der Erhebung und Auswertung der Daten und schließlich bei der Erstellung des Manuskripts unterstützt haben, möchte ich Renate Rott, Sebastian Herkommer, Martin Kaluza, Jaime Ruiz-Tagle und Christoph Wichtmann besonders hervorheben. Mein persönlicher Dank gilt Carolina Herrera Fuentes für ihre Gastfreundschaft und Fröhlichkeit.

Erstes Kapitel

Die polit-ökonomische Entwicklung Chiles vor 1973

Im 19. und beginnenden 20. Jahrhundert entwickelte sich die Wirtschaft Chiles[1] in erster Linie auf der Basis des Exports von Bodenschätzen. Dabei nahm die Produktion von Salpeter – bis dato der Welt wichtigstes Düngemittel – die Schlüsselposition ein. Darüber hinaus spielte auch die Ausfuhr von landwirtschaftlichen Produkten eine Rolle. Die Industrie war in dieser Epoche nur rudimentär vertreten und weit davon entfernt, richtungsweisend in der Entwicklung des Landes zu sein. Das Zusammenkommen zweier Faktoren mußte die chilenische Wirtschaft angesichts dieser Struktur empfindlich treffen: die Erfindung der synthetischen Salpetergewinnung im Deutschland der 20er Jahre; und zweitens, noch wichtiger, die „Große Depression" von 1929-31, die gerade die agro-mineralen Exporte bedeutend erschwerte.

Die mit der Krise einhergehende Schwächung der Exportsektoren machte eine Umorientierung der Entwicklungsstrategie hin zum Binnenmarkt notwendig. Unabdingbar erschien eine gezielte staatliche Förderung der Industrialisierung, um so eine allmähliche Substitution der Importe industrieller Produkte durch einheimische zu ermöglichen. Dabei kam dem Staat eine Schlüsselrolle zu. Er ging dazu über, die Industrialisierung durch ein ganzes Bündel von Maßnahmen zu unterstützen. Dazu gehörten hohe Zollmauern als Schutz für den Binnenmarkt, preiswerte Kredite und Steuerbefreiungen für einheimische Investoren, aber auch direkte öffentliche Investitionen. Die 1939 ins Leben gerufene staatliche Investitionsagentur CORFO (*Corporación de Fomento de la Producción*) wurde zum Zentrum der Industriepolitik und gründete in allen strategischen Bereichen der Ökonomie größere staatliche Unternehmen.[2] Die zweite Institution von zentraler strategischer Bedeutung stellte die

---

[1] Eine genauere wirtschaftsgeschichtliche Darstellung liegt weit außerhalb des Forschungsplans der vorliegenden Arbeit, weshalb ich mich hier auf einige grundlegende Entwicklungsstränge beschränke. Siehe dazu ausführlich Kinsbrunner 1973 und Muñoz 1982.

[2] So auf dem Gebiet der Energieversorgung 1944 die ENDESA (*Empresa Nacional de Electricidad*); für die Stahlherstellung 1946 die CAP (*Compañia de Acero del Pacífico*); in der Zuckerproduktion 1946 die IANSA (*Industria Azucarera Nacional*) sowie im Bereich der Telekom-

Banco del Estado dar, mit der der Staat einen Großteil der Kredite an den Privatsektor kontrollierte. Neben diesen allgemeinen Merkmalen lassen sich etwas genauer zwei Phasen der industriellen Importsubstitution Chiles unterscheiden.

1.1 Zwei Phasen der industriellen Importsubstitution (1940-70)

Die erste Etappe, die von 1940 bis 1954 reicht, wird *desarrollo hacia adentro clásico* genannt, weil die interne Nachfrage nach Industrieprodukten den Faktor darstellte, der die gesamtwirtschaftliche Entwicklung am stärksten prägte. Dies brachte ein schnelles Wachstum der Konsumgüter produzierenden Industrie mit sich, vor allem der Textil- und Schuhindustrie. In diesem Zeitraum erhöhte sich der Anteil der Industrie am Bruttosozialprodukt (BSP) von 13,6 auf 24,9 %, und die industrielle Beschäftigung wuchs um 70 %. Aber während das industrielle Wachstum durchschnittlich 7,9 % jährlich betrug, stagnierten andere produktive Sektoren (Agrikultur: 1,7 %, Bergbau -0,5 %). Das durchschnittliche Gesamtwachstum lag bei lediglich 3,3 % jährlich. Muñoz (1986) betont deshalb, daß die Struktur des sektoralen Wachstums höchst ungleichgewichtige Züge aufwies, was wiederum einen Druck auf die Zahlungsbilanz und die Geldstabilität des Landes auslöste. Auf der anderen Seite sorgte eine hohe Nachfrage nach Kupfer während des Welt- und Koreakriegs für stabile Deviseneinnahmen. Mit Ende des Koreakriegs gab der Kupferpreis allerdings nach, so daß die Handelssituation Chiles sich abrupt verschlechterte und das eingeschlagene Entwicklungsmodell in Frage gestellt wurde.

Die von den chilenische Nationalökonomen als *sustitución fácil* bezeichnete Phase war 1954 zu Ende. In diesem Jahr war das BSP um 3,5 % geschrumpft, und auch in den darauffolgenden Jahren konnte diese stagnative Tendenz nicht umgekehrt werden. Zudem reduzierte sich das Wachstum des industriellen Sektors merklich und lag zwischen 1955 und 1960 bei nur noch 2,8 %. Es begann nunmehr die Ära der *sustitución difícil*, in der mit verschiedenen politökonomischen Strategien – allesamt verbunden mit der Amtszeit eines Präsidenten[3] – versucht wurde, den wirtschaftlichen Problemen Herr zu werden. Obwohl im Detail höchst unterschiedlich, stimmen die Entwicklungsstrategien der einzelnen Administrationen doch insofern überein, als die wesentlichen ökonomischen Ziele in der Vertiefung der Industrialisierung, der Verringerung der Abhängigkeit von importierten Gütern sowie der Erhöhung der ökonomischen Effizienz gesehen wurden.

---

munikation die ENTEL (*Empresa Nacional de Telecomunicaciones*).

[3] Gemeint sind die Regierungen Ibáñez (1952-58), Alessandri (1958-64) und Frei (1964-70).

Die in den 60er Jahren wieder steigenden Kupferpreise und die Aktivierung der staatlichen Rolle in der Ökonomie sorgten dafür, daß sich das industrielle Wachstum zwischen 1960 und 1965 wieder auf jährlich 7,3 % erhöhte und daß das BSP insgesamt um 5,3 % anstieg (vgl. Sierra 1970). Leider war auch diese Erholung nur kurzlebig, denn zwischen 1965 und 1970 verlangsamte sich das industrielle Wachstum wieder auf jährlich 3,3 %, und die Gesamtwirtschaft begann erneut zu stagnieren. Auch die Investitionsrate blieb bis 1970 auf dem Niveau von 1966. Bei dieser Rezession spielte der Inflationsprozeß eine herausragende Rolle. Er machte eine drastische Reduktion der Geldmenge notwendig und damit auch eine Reduktion des öffentlichen Haushaltes. Allgemein gilt diese zweite Substitutionsperiode (1954-70) deshalb als „schwierig", weil im Vergleich zur *sustitución facil* viel geringere Wachstumswerte erzielt wurden. Sie liegen im industriellen Sektor bei jährlich 4,5 % (versus 7,9 % zwischen 1940 und 1954). Die anderen Sektoren stagnierten weiterhin (Agrikultur und Bergbau: 2,2 %), und obwohl der Baubereich zwischenzeitlich hohe Wachstumsraten aufwies, saldierten sich seine „Auf und Abs" bei nur 2,9 %.

Die Abschwächung in der Dynamik der Industrie und die Freisetzung von Beschäftigten im Agrar- und Bergbaubereich trugen außerdem zu einer fortschreitenden Tertiärisierung der Beschäftigung bei. Vergleicht man die Zensus von 1952, 1960 und 1970, so lag der Anteil, den die beiden ersten Sektoren an der jeweils zusätzlichen erwerbstätigen Bevölkerung zwischen 1952 und 1960 einnahmen, bei 33,6 %. Handel und Dienstleistungen vereinigten 35,9 % der neu in das Beschäftigungssystem strebenden Personen auf sich, während die „nicht näher ausgewiesenen Aktivitäten" 30,5 % ausmachten. Diese Verteilung veränderte sich zwischen 1962 und 1970 dramatisch, als Agrikultur und Industrie gerade noch 1,1 % der neuen Arbeitskräfte beschäftigten, während Handel und Dienste 68,8 % von ihnen anstellten. Die Quote der *actividades no bien especificadas* stagnierte, und die der Arbeitslosen erhöhte sich von 4,5 auf 6,4 %. Damit ergibt sich das etwas überraschende Resultat, daß sich – trotz der zwei Jahrzehnte währenden Praxis der industriellen Importsubstitution – die Beschäftigung in der Industrie praktisch nicht erhöht hat.[4]

Schließlich ist es interessant festzustellen, daß die soziale Ungleichheit in Chile gegen Ende der 60er Jahre im lateinamerikanischen Vergleich moderat ausfiel. Die 40 % Ärmsten verfügten damals zwar nur über 13,5 % des Gesamteinkommens, dies war aber, wie Chenery et al. (1978) ausgeführt haben, mehr als in allen anderen südamerikanischen Staaten mit Ausnahme Argentiniens. Zweitens tendierte diese soziale Ungleichheit sogar zur Reduktion. Vereinigten die 5 % Reichsten 1958 noch 33 % des nationalen Einkommens auf sich, so ging dieser Anteil bis 1969 auf 27 % zurück (Ramos 1972). Llona und Uthoff (1978) führen diesen relativen Rückgang der sozialen Ungleichheit auf die Intervention des Staates zurück – sowohl auf seine Steuer-

---

[4] Genauer gesagt, sie erhöhte sich um 0,6 % zwischen 1950 und 1960 und um 0,4 % zwischen 1960 und 1970.

politik als auch auf seine direkte ökonomische Tätigkeit, die zur Schaffung von öffentlicher Beschäftigung beitrug.

1.2 Die Inkorporation neuer sozialer Gruppen in das kollektive gesellschaftliche Leben

Im Jahre 1940 betrug die Bevölkerungszahl Chiles 5.023.539 Einwohner, um bis 1952 auf 5.932.995 Einwohner anzusteigen. Die durchschnittliche jährliche Bevölkerungsausdehnung lag damit bei 1,47 % und entsprach ungefähr dem aus dem 19. Jahrhundert bekannten Tempo. Bis 1960 erhöht sich die Einwohnerzahl jedoch auf 7.374.115 Personen bei einem jährlichen Wachstum von 2,56 %. Dies lag zum einen über dem lateinamerikanischen Schnitt, zum anderen stellte es den höchsten registrierten Wachstumswert seit 1854 dar.[5] Obwohl die Bevölkerung bis 1970 nur noch um 2,1 % jährlich wuchs, muß doch die rasante Bevölkerungsentwicklung der 50er Jahre im Hinterkopf behalten werden, um die nachfolgenden sozialen Prozesse zu begreifen. Denn es waren die geburtenstarken Jahrgänge von 1950ff., die um das Jahr 1970 herum auf den Arbeitsmarkt und in das politische Leben strömten: Stellte die Altersgruppe 15-24 Jahre zwischen 1952 und 1960 12,1 % der Bevölkerung dar, so verdoppelte sich dieser Anteil zwischen 1960 und 1970 auf 23,8 %.

Die Einbeziehung neuer Personenkreise in das arbeitsfähige Alter ist für sich genommen noch nicht gleichbedeutend mit einer Ausweitung des Arbeitskörpers, denn Veränderungen im Bildungsverhalten können den Zustrom ins Beschäftigungssystem beträchtlich hemmen. Und in der Tat, die durchschnittliche Verweildauer im Bildungssystem weitete sich beträchtlich aus: Gingen noch 1952 9,6 % der 12-14jährigen, 47 % der 15-19jährigen und 62,2 % der 20-24jährigen einer Erwerbstätigkeit nach, so lauten die entsprechenden Werte für 1960 7,9 %, 42,2 % und 60,9 % und für 1970 nur noch 3,9 %, 30,7 % und 57,4 %. Zwar erstreckte sich die Bildungsexpansion auf alle Bildungsstufen (*Pre-Básica, Básica, Media* und *Universitaria*), betraf aber im besonderen Maße die höheren Bildungsgänge. Waren 1952 26,2 % der bis 24jährigen im Bildungssystem aktiv, so stieg diese Quote über 33,2 % (1960) auf 47 % (1970). Auf der anderen Seite ging die Quote des Analphabetismus von 19,8 % (1952) auf 11,0 % (1970) erheblich zurück. Neben dem Einfluß, den die Bildungsexpansion auf das Wechselverhältnis von Bildungs- und Beschäftigungssystem ausübte[6], bedeutete die massenhafte Inkorporation junger Menschen in das Bildungssystem

---

[5] Alle aufgeführten Zahlen stammen aus den seit 1835 erhobenen *Censos Nacionales de Población* des *Instituto Nacional de Estadística* (INE).

[6] Ein gestiegenes Angebot an gut qualifizierten Arbeitskräften stand nun dem Arbeitsmarkt zur Verfügung und suchte nach adäquater Beschäftigung. Vgl. zur Dialektik zwischen Bildungs- und Beschäftigungssystem den Abschnitt über „Bildung und Bildungskapital" in Kap. 4.8.

einen wichtigen Schritt auf dem Wege zur Integration zuvor marginalisierter Bevölkerungskreise in das kollektive gesellschaftliche Leben. Wahlanalysen der Präsidentschaftswahl von 1970, bei der mit Salvador Allende zum ersten Mal der Kandidat der Linken gewann, zeigen, daß diese Wahl beträchtlich von den eben umrissenen Veränderungen in der Demographie und im Bildungsverhalten beeinflußt wurde.

Ein weiterer Aspekt, der bei der gesellschaftlichen Integration geographisch und/ oder sozial marginalisierter Schichten eine Rolle gespielt hat, ist der erleichterte Zugang zu den Transport- und Massenmedien. In erster Linie ist hier der Ausbau von Straßen und Eisenbahnen zu nennen, aber auch beim Zugang zum Telefonsystem wurden bedeutende Fortschritte erzielt: Verfügten in den 30er Jahren 1.000 Personen über durchschnittlich 39 Telephone, so erhöhte sich diese Anzahl auf über 100 in den 50er Jahren; ein Phänomen, das sich danach – in den 70er Jahren – in ähnlicher Weise beim Fernsehen wiederholte. Auch die fortschreitende Urbanisierung trug zur Vernetzung vormals getrennter Bevölkerungssegmente bei. 1952 lebten 60,2 % der chilenischen Bevölkerung in Städten und 39,8 % auf dem Land. Damit befand sich Chile unter den drei meist-urbanisierten Staaten Lateinamerikas (zusammen mit Argentinien und Uruguay). Dieser Prozeß der Verstädterung setzte sich in den folgenden Jahrzehnten fort, so daß 1970 bereits 75,1 % in den Zentren lebten. Damit einher ging der Rückgang der in der Landwirtschaft beschäftigten erwerbstätigen Bevölkerung, deren Quote von 30,1 % (1952) bis auf 21,2 % (1970) zurückging.

Zieht man die lange demokratische Tradition des Landes in Betracht, so ist im Hinblick auf die Integration der Masse des Volks in das politische Leben bemerkenswert, daß sich die Etablierung des allgemeinen Wahlrechts bis 1970 hingezogen hat. Zur Wahl berechtigt waren bis 1884 nur alphabetisierte Männer über 25 Jahre; allerdings nur dann, wenn sie über ein gewisses Mindesteinkommen verfügten. In der Verfassung von 1925 wurde das Wahlalter auf 21 Jahre herabgesetzt und auch die Bedingung des Mindesteinkommens entfiel. 1952 wurde das Recht zu wählen auf die Frauen erweitert, und erst bei der Wahl 1970 waren alle Personen über 18 Jahre zur Präsidentschaftswahl zugelassen (auch die Bedingung, des Lesens und Schreibens kundig sein zu müssen, entfiel). Diese Erleichterungen beim Zugang zur Wahl äußerten sich darin, daß die Gesamtheit der Wahlberechtigten noch 1950 gerade 20 % der Bevölkerung entsprach, während sie 1970 rund 50 % oder 4,25 Mio. Menschen betrug. Damit korrespondiert die Zunahme der gewerkschaftlich organisierten Erwerbstätigen, deren Quote sich bei einem Ausgangswert von 12,1 % (1952) auf 23,3 % (1970) vergrößerte.[7] Erwähnt werden soll schließlich ein Phänomen aus der Regierungszeit des Präsidenten Frei (1964-70): die *organización comunitaria*. Dabei handelte es sich um gemeindliche Einrichtungen wie Sport- oder Kulturclubs, in de-

---

[7] Daß 1970 trotzdem weniger als jeder Vierte gewerkschaftlich organisiert war, erklärt sich zu einem Gutteil aus den bereits im *Código del Trabajo* von 1931 enthaltenen arbeitsrechtlichen Beschränkungen bei der Gründung von Gewerkschaften in kleineren Firmen.

nen in insgesamt 17.435 Kursen über 666 Tsd. Menschen registriert waren. Diese Zahl entspricht in etwa der der gewerkschaftlich Organisierten.

1.3 Die politische Entwicklung 1952 bis 1970

Das chilenische Parteiensystem wies bis 1973 formell alle Züge einer repräsentativen Demokratie auf. Die Parteien übernahmen die Rolle der Bündelung und Vermittlung von politischen Interessen zwischen Staat und Bürgern und trugen so lange Zeit zur Schaffung eines politischen Klimas bei, das auf *common sense* und Konsens eher als auf Konfrontation und Konflikt basierte. Die politische Rechte wurde dabei seit jeher durch die Konservative und Liberale Partei (*Partido Conservador* und *Partido Liberal*) vertreten, während das Zentrum durch die bereits 1863 gegründete Radikale Partei (*Partido Radical*) repräsentiert wurde. Auf der Linken entstand 1921 die kommunistische und 1933 die sozialistische Partei (*Partido Comunista* und *Partido Socialista*). Erst in den 50er Jahren entstand aus der *Falange Nacional* die Christdemokratische Partei (*Partido Demócrata Cristiano*). Im Stimmenübergang von der Radikalen zur Christdemokratischen Partei liegt sicherlich die größte politische Mobilität dieser Periode: Repräsentierten die Christdemokraten (damals noch *Falange Nacional*) noch 1949 gerade 3,9 % der abgegebenen Stimmen und die Radikale Partei 21,7 %, so kehrte sich dieses Verhältnis bis 1969 um. Der PDC vereinigte jetzt 31,1 % der Stimmen auf sich und die Radikale Partei nur noch 13,6 %.

Der Zwang zum Konsens wurde darüber hinaus dadurch verstärkt, daß sich die abgegebenen Stimmen lange Zeit zu etwa gleichen Teilen auf diese drei politischen Pole (*derecha-centro-izquierda*) verteilten. Von den drei Administrationen zwischen 1958 und 1973 gelang es lediglich der von Präsident Jorge Alessandri (1958-64), über ein Bündnis mit dem Zentrum die Wählerbasis bedeutend zu vergrößern, so daß der Christdemokrat Eduardo Frei die Wahlen von 1964 mit über 56 % sehr deutlich gewann. Dieses Bündnis zerfiel bei der darauffolgenden Wahl von 1970 wieder, und die bekannte Stimmenaufteilung auf die drei großen gesellschaftlichen Parteien vollzog sich erneut. Die Christdemokraten verloren deutlich, und es gewann der Kandidat der Linken Salvador Allende. Trotz beachtlicher Stimmengewinne in Regional- und Parlamentswahlen nach 1970 konnte auch die Regierung der *Unidad Popular* ihr Wählerreservoir nicht entscheidend vergrößern. Sie wurde bekanntlich 1973 in einem blutigen Staatsstreich abgesetzt.

Verfolgen wir die Entwicklung seit Beginn der 50er Jahre etwas genauer, so wird sie nur im Kontext der ökonomischen Situation verständlich, die von Stagnation und Inflation geprägt war. Die einzelnen Regierungen versuchten, diese Probleme gemäß ihrer jeweiligen ideologischen Position zu lösen, allerdings ohne durchschlagenden Erfolg. Bereits die von der Radikalen Partei angeführten Volksfrontregierungen der

40er Jahre[8], denen sich auch die Sozialistische Partei angeschlossen hatte, hatten es letztlich nicht vermocht, die wirtschaftliche Entwicklung entscheidend voranzutreiben, und als Folge des Prestigeverlustes sowohl der Linken als auch des Zentrums wurde 1952 Carlos Ibáñez als unabhängiger Kandidat zum zweiten Mal zum Präsidenten gewählt.[9]

Mit einem eher pragmatischen Programm, das er in einer personalistischen und autoritären Form in die Tat umzusetzen versuchte, wandte er sich gegen alle etablierten Parteien. Mit dem Versprechen, durch einen Inflationsstopp die Lebensverhältnisse zu verbessern, sprach er vor allem die Mittelschichten und die Arbeiterschaft an, in geringerem Maße die Landarbeiter und Bauern. Pinto (1971) hat das *fenómeno ibañista* beschrieben als „la fusión de dos elementos claves: una personalidad carismática y la masa heterogénea do los 'marginados' de todas las capas sociales". Diese Kombination aus den verschiedensten gesellschaftlichen Elementen läßt an faschistische und populistische Führer in Europa denken: Der charismatische Führer assoziiert die extreme Rechte mit den normalerweise unpolitischen Massen, indem er beider Antipathie gegenüber dem „demokratischen Spiel" zusammenbringt. Im Unterschied zu anderen populistischen Bewegungen vermochte die Regierung Ibáñez sich allerdings nicht als autonome politische Kraft zu konsolidieren. Unter dem Druck der sich ständig zuspitzenden Inflation und den damit verbundenen steigenden Lebenshaltungskosten brachte die Regierung gerade jene Bevölkerungsgruppen gegen sich auf, die sie mehrheitlich gewählt hatten. Die Heterogenität seiner sozialen Basis wurde nun zum Problem, und am Ende sah sich Ibáñez gezwungen, auf die Unterstützung aus dem ursprünglich angeprangerten etablierten Parteienspektrum zurückzugreifen. Um seine Stabilisierungspolitik der letzten Jahre durchzusetzen, verbündete er sich mit der politischen Rechten.

Nach dem, was als *terremoto ibañista* in den chilenischen Volksmund eingegangen ist, erholte sich das klassische Parteiensystem. In dem Maße, wie das Scheitern der

---

[8] Dieser Epoche voraus ging die turbulente, aber nur 90 Tage währende „Sozialistische Republik" von 1932 unter Marmaduke Grove und die zweite Präsidentschaft von Arturo Alessandri (1932-38), der das Land bereits in den 20er Jahren angeführt hatte. Nachdem er angesichts der Weltwirtschaftskrise in der zweiten Amtszeit einen Austeritätskurs verfolgt hatte, kam es 1938 – auch unter dem Eindruck des in Europa siegenden Faschismus – zum Wahlsieg einer Mitte-Links-Koalition (unter Beteiligung von Sozialisten und Kommunisten). Unter den drei Präsidenten der *Frente Popular* – Pedro Aguirre Cerda, nach dessen Tod 1941 Juan Rios Morales und zuletzt González Videla (1946-52) – wurde zwar der wirtschaftliche Weg der industriellen Importsubstitution konsequent verfolgt, an den bestehenden Besitzverhältnissen jedoch so gut wie nichts verändert. Da man sogar vor offenen Repressionen gegen Arbeitervertretungen nicht zurückschreckte, entfernte man sich von der eigenen Wählerbasis. Das bekam besonders die Sozialistische Partei zu spüren, deren Stimmenanteil zwischen 1941 und 1949 von 17 % auf 9 % zurückging.

[9] Er war bereits aus der Präsidentschaftswahl von 1927 als Sieger hervorgegangen, nachdem er, an der Spitze einer Koalition aus Konservativer und Radikaler Partei und in seiner Eigenschaft als Kriegsminister, seinen Vorgänger Emiliano Figueiroa zu Neuwahlen gezwungen hatte.

Regierung Ibáñez deutlich zutage trat, erhöhte sich die Glaubwürdigkeit des politischen Systems. Die Integration der Volksmassen begann nun wieder eher *durch* die Parteien als *gegen* sie zu erfolgen. Bei der Präsidentschaftswahl von 1958 setzte sich der konservative Kandidat Jorge Alessandri knapp gegen Salvador Allende von der 1956 von Kommunisten und Sozialisten gegründeten *Frente de Acción Popular* durch. Eduardo Frei von den zum ersten Mal eigenständig antretenden Christdemokraten erreichte den dritten Platz.[10]

Auch Alessandri nahm sich vor, die wirtschaftlichen und sozialen Probleme des Landes zu lösen. Um Stagnation und Inflation zu überwinden, reorganisierte er die Staatsverwaltung, führte ein neues Steuersystem ein und setzte auf private Initiative. Größeren sozialen und wirtschaftlichen Reformen widersetzte er sich, bis die konservativ-liberalen Kräfte Anfang der 60er Jahre ihre Mehrheit im Kongreß verloren. Danach kam es z.B. im Agrarbereich zu ersten Veränderungen. Allerdings blieben Enteignungen nur in Ausnahmefällen zulässig, so daß die Interessen der Großgrundbesitzer nicht wirklich angetastet wurden. Auf das Ausbleiben einer wirklichen Umverteilung von Grund und Boden reagierte die Landbevölkerung mit zunehmender gewerkschaftlicher Organisierung und massenhafter Stimmabgabe für die politische Linke. Da die durch die Rechte konstituierte Regierung auch die sonstigen stagnativen Tendenzen der Wirtschaft nicht in den Griff bekam, geschweige denn die sozialen Belange der Bevölkerung, gewannen alle diejenigen gesellschaftlichen Kräfte an Zulauf, die umfassende soziale Reformen forderten. Die Polarisierung und Radikalisierung der Wählerschaft nahm schnell zu, und Anfang der 60er Jahre schien ein Wahlsieg der Linken nicht mehr ausgeschlossen. Angesichts dieser „Bedrohung" verzichtete die Rechte bei den Präsidentschaftswahlen 1964 auf einen eigenen Kandidaten und unterstützte den Christdemokraten Frei als „kleineres Übel".

Die Christdemokraten, die die Wahlen aus diesem Grunde deutlich gewonnen hatten, nahmen sich umfassende wirtschaftliche Reformen vor, die von einer Agrarreform, der partiellen Nationalisierung des Kupfers, der Kontrolle von Monopolen und Inflation, über Exportstimulierung und Steuerreform bis zu Maßnahmen zur Lohn- und Preisstabilisierung reichten. In politischer Hinsicht drängte man auf eine Verfassungsreform und auf eine Demokratisierung des Bildungswesens. Man nahm sich weiterhin zum Ziel, das öffentliche Gesundheitssystem zu reformieren und die gewerkschaftliche Position in den Arbeitsbeziehungen aufzuwerten. Während gerade die politischen Ziele von Freis *Revolución en Libertad* als weitgehend in die Tat umgesetzt gelten, ließen sich deren wirtschaftlichen Inhalte weitaus schwieriger verwirklichen. Dies lag vor allem am Widerstand der Opposition, der die geplanten Maßnahmen entweder zu weit (Rechte) oder nicht weit genug (Linke) gingen. In je-

---

[10] Auf Alessandri entfielen 389 Tsd. oder 31,6 % der abgegebenen Stimmen, auf Allende 356 Tsd. oder 28,8 % und auf Frei 255 Tsd. oder 20,7 %.

dem Fall aber bedeuteten die eingeleiteten Sozialreformen eine weitere Zunahme der politischen Dynamik, die sich in immer radikalerer Form Luft zu machen begann.

Der Regierung Frei war die ökonomische Tatsache, daß weitreichende strukturelle Reformen häufig mit kurzfristigen ökonomischen Ungleichgewichten einhergehen, durchaus bewußt. Im Falle einer zu rasanten inflationären Bewegung etwa sei der makroökonomischen Stabilität die Priorität vor der weiteren Durchsetzung der Reformen einzuräumen. Immerhin, am Ende der Regierungszeit Freis waren der Prozeß der Agrarreform begonnen und die *Campesinos* am Grundbesitz beteiligt worden. Weiterhin war ein Teil der großen Kupferminen in Nationalbesitz übergegangen. Der öffentliche Etat wurde ausgedehnt und zugunsten kleinerer und mittlerer Einkommensgruppen transferiert. Zudem wurde ein Gesetz verabschiedet, das die Entwicklung der Reallöhne an die Inflationsrate koppelte. Insgesamt lag das wirtschaftliche Wachstum zwischen 1965 und 1970 bei 3,9 % und die Inflationsrate bei 26 %, wobei allerdings die Werte für den Zeitraum 1968-70 viel schlechter ausfielen als in den ersten drei Jahren. Die Exporte, von denen allein Kupfer über 75 % ausmachte, brachten hohe Deviseneinnahmen, da der Kupferpreis auf dem Weltmarkt in dieser Zeit sehr hoch war.

Die Bewertung der Regierung Frei fällt verschieden aus. Einerseits verweisen Beobachter auf die gelungene erste Hälfte der Administration, in der das Wachstum gesteigert und die Inflation gesenkt worden waren. Andererseits gab es ein Gefühl frustrierter Erwartungen in weiten Teilen der Bevölkerung, die Reichweite der Reformen betreffend.[11] Aus der Sichtweise der Linken schien nur eine konsequente sozialistische Transformationsperspektive den Ausweg aus der wirtschaftlichen Stagnation der letzten Frei-Jahre und wirkliche soziale Reformen zum Wohle der Bevölkerung zu bringen. Diese Position machte sich gegen Ende der 60er Jahre nicht nur die traditionelle Linke, sondern auch Teile der Christdemokraten und der Radikalen Partei zu eigen. Die abnehmende Popularität der Christdemokraten, abzulesen etwa an den Ergebnissen der Parlamentswahlen von 1969, führte zur Abspaltung der MAPU (*Movimiento de Acción Popular Unitaria*) und letztlich zur Vereinigung dieser Gruppe mit der Linken. Ende 1969 kam es zum Wahlbündnis der *Unidad Popular*, in das trotz zum Teil heftiger interner Konflikte Kommunisten, Sozialisten, Radikale, MAPU und diverse kleinere Gruppierungen eingetreten waren. Auf der Basis dieser relativ breiten Koalition gelang Salvador Allende 1970 – in seinem vierten Anlauf seit 1952 – die Wahl zum Präsidenten Chiles.[12]

---

[11] Als ein Indikator dafür mag die rasante Zunahme von Streiks von 648 auf 1.580 zwischen 1968 und 1970 gelten (Martner 1988).

[12] Die Wahl war allerdings erneut sehr knapp ausgefallen. Jorge Alessandri, der nach 1958 zum zweiten Male für die Rechte angetreten war, fehlten am Ende nur rund 40 Tsd. Stimmen zum Sieg, während der Kandidat der Christdemokraten, Radomiro Tomic, deutlicher abgeschlagen war. Im einzelnen vereinigte Allende 1.070 Tsd. Stimmen oder 36,6 % auf sich, Alessandri 1.031 Tsd. oder 35,3 % und Tomic 821 Tsd. oder 28,1 %.

1.4 Die Regierung der Unidad Popular (1970-73)

Eine Auseinandersetzung mit der Reformpolitik der Unidad Popular lohnt sich noch ein Vierteljahrhundert nach ihrem Scheitern. Denn immerhin nahm sich die Regierung Salvador Allende vor, eine friedliche sozialistische Umgestaltung auf der Grundlage der überlieferten konstitutionellen Rechts- und Politikordnung einzuschlagen.[13] Man sollte die wenigen demokratischen Versuche, die es in der Geschichte gegeben hat, eine Alternative zur Marktgesellschaft zu etablieren, genau studieren, wenn man sich in die aktuelle Diskussion über die „Zukunft des Marktes" (Altvater 1991) und mögliche alternative Regulationsformen einschalten und über entsprechende Reformprojekte nachdenken will. Aber auch für unser eigentliches Forschungsvorhaben sind die unter Allende teils initiierten, teils intensivierten gesellschaftlichen Reformen von hohem Interesse, denn sie stellen den historischen und logischen Ausgangspunkt der uns eigentlich interessierenden Periode ab 1973 dar.

1.4.1 Die politische Ökonomie der Unidad Popular

Aus der Sicht der Unidad Popular (UP) wies die chilenische Wirtschafts- und Sozialstruktur fundamentale Anomalien auf, die es zu korrigieren galt.[14] Die Wirtschaft galt ihr als *monopolistisch* oder zumindest hochgradig konzentriert, was sich z.B. darin äußerte, daß 17 % der Firmen über etwa 78 % aller Aktiva verfügte (Alaluf 1971). In der Industrie konzentrierten 3 % der Firmen in etwa 60 % des Kapitals. In der Landwirtschaft besaßen 2 % der Landbesitzer 55 % der urbaren Erde. Im Bergbau kontrollierten drei US-amerikanische Firmen die Kupferproduktion. Im Kreditwesen hielten drei Privatbanken die Kontrolle über etwa 50 % der Einlagen und Kredite.

Ein weiterer struktureller Nachteil der chilenischen Wirtschaft wurde in ihrer externen Abhängigkeit im allgemeinen und von den Wechselfällen des Kupferpreises im besonderen gesehen. Dazu kam, daß von den 100 größten Firmen 61 ausländische Beteiligungen aufwiesen. Nach Pedro Vuskovic (1970), dem Wirtschaftsminister Allendes, hatte dies zur Folge, daß die angewendeten technologischen Methoden eine bloße Kopie des Auslands gewesen seien und keine eigenständige Entwicklung ange-

---

[13] Ein solches Vorhaben mußte nicht nur der nationalen Opposition und dem kapitalistischen Ausland ein Dorn im Auge sein, die bald ihre Aktionen zu koordinieren begannen, um die Volksfrontregierung zu destabilisieren. Es bedeutete auch einen Affront für die im Gefolge der kubanischen Revolution in der Region sehr einflußreichen „ultralinken" Kräfte. Siehe für eine herausragende Darstellung des Einflusses, der von Castros Kuba auf die chilenische und internationale linke Bewegung ausging, José Rodríguez Elizondo: *Crisis y Renovación de las Izquierdas. De la revolución cubana a Chiapas pasando por „el caso chileno"* (1995).

[14] Vgl. für eine weiterführende Diskussion Aranda & Martínez (1971), Caputo & Pizarro (1971), Ramos (1972) und Sanfuentes (1973). Den Versuch einer Gesamtinterpretation unternehmen Larrain & Meller (1990) und Garretón (1993).

stoßen hätten. Außerdem hätte die starke Präsenz ausländischer Firmen und Produktionsmethoden die Ausbildung eines entsprechenden Konsummodells begünstigt, womit die Abhängigkeit der chilenischen Wirtschaft vom Ausland komplett gewesen sei. Ein dritter Ausdruck der strukturellen Deformation der Wirtschaft wurde in der Einkommensverteilung gesehen, bei der dem ärmsten Zehntel gerade 1,5 % des Gesamteinkommens zufiel, während das reichste Dezil über 40 % für sich in Anspruch nahm.

Angesichts dieser Ausgangslage nahm sich die Regierung der UP nicht weniger als die Überwindung der kapitalistischen Wirtschafts- und Gesellschaftsordnung vor, und dies auf der Basis und unter Ausnutzung ihrer eigenen institutionellen Struktur. Bei den strukturellen Maßnahmen, die zu diesem Ziel eingeleitet wurden, stand die Verstaatlichung der Produktionsmittel im Mittelpunkt. Im einzelnen beinhaltete dies die Nationalisierung der wichtigsten Ressourcen Chiles: Kupfer, Kohle, Salpeter, Eisen und Stahl, die Verstaatlichung der großen industriellen Unternehmen und des Bankwesens wie auch die Intensivierung der Agrarreformen. Durch diese Politik hoffte man (vgl. Romeo 1971), in eine bessere strategische Position zu gelangen, auf daß künftig ökonomische Entscheidungen getroffen werden konnten, die eine stärkere soziale Komponente als bisher enthielten. Kurz, man beanspruchte, ökonomische Politik nicht mehr zum Wohle einer zahlenmäßig kleinen, aber außerordentlich einflußreichen Minderheit zu betreiben, sondern für die unmittelbaren Produzenten – die Arbeiter und Bauern, die die große Masse des Volkes stellten – selbst. Dabei wurde es für möglich gehalten, die mit diesem Ziel verbundenen umfassenden strukturellen Maßnahmen ohne größere ökonomische Störungen und sogar mit kurzfristigen Erfolgen in die Tat umzusetzen:

> „Es posible realizar reformas estructurales y, al mismo tiempo, alcanzar importantes resultados positivos en la redistribución del ingreso, el crecimiento, la inflación y el empleo." (García 1971)

Dabei sollte hervorgehoben werden, daß die Inflation nicht etwa ein sekundäres Problem für die UP war. Nicht umsonst hatte man die vorherigen Regierungen ihrer Unfähigkeit wegen denunziert, die Inflation wirksam zu bekämpfen, und war davon überzeugt, daß sie ein ausschließlich strukturelles Phänomen sei. Die staatliche Kontrolle über Preise und produktiven Apparat, verbunden mit einer deutlichen Anhebung der Löhne, würden, so die Ökonomen der UP, von alleine dazu führen, daß die Löhne schneller wüchsen als die Preise und damit zu einer Eindämmung der Inflation.

Wenden wir uns den strukturellen Reformen im einzelnen zu, so herrschte 1970 über die *chilenización* des Kupfers ein großer gesellschaftlicher Konsens.[15] Dieser Prozeß hatte genau genommen bereits 1967 begonnen, als das staatliche Kupferkon-

---

[15] Auch der christdemokratische Präsidentschaftskandidat Radomiro Tomic hatte im Wahlkampf die weitere Nationalisierung des Kupfers angekündigt.

sortium CODELCO (*Corporación del Cobre*) 51 % der Mine *El Teniente* von der US-Firma Kennecott gekauft hatte. Außerdem hatte man jeweils 25 % der Minen *Andina* und *Exótica* erworben. Nachdem der Kupferpreis gegen Ende der 60er Jahre dramatisch in die Höhe geschnellt war, nahm der Druck zur Übernahme weiterer Kupferminen auf die Regierung Frei zu. Sie entschloß sich schließlich 1969 zum Kauf von 51 % der Minen *Chuquicamata* und *El Salvador*.[16] Die UP kam mit dem festen Willen an die Macht, die Nationalisierung des Kupfers schnellstens zu komplettieren, und man tat dies mittels einer konstitutionellen Reform, die im Juli 1971 vom Kongreß gebilligt wurde. Damit wurden alle großen Minen – *Chuquicamata, El Teniente, Exótica* – zum Eigentum des chilenischen Staates. Zudem übernahm die Regierung die Kontrolle der großen Minen im Bereich der Kohle-, Eisen- und Salpeterindustrie. Somit war bereits Ende 1971 das Wahlprogramm der UP in bezug auf die *Gran Minería* erfüllt.

Bei der Fortführung und Vertiefung der Agrarreform konnte sich die UP auf die bereits aus der Zeit der Administrationen Alessandri und Frei bestehende Gesetzeslage berufen. Mitte 1972 waren praktisch alle in Privatbesitz befindlichen *haciendas* mit mehr als 80 Hektar enteignet. Dies entsprach rund 10 Mio. Hektar oder 60 % der landwirtschaftlich nutzbaren Fläche Chiles.[17] Im Laufe dieses Prozesses wuchs nicht nur ständig die Zahl der legal enteigneten Grundstücke, sondern es kam auch oft zu illegalen Hofbesetzungen durch die Bauern – die sogenannten *tomas*.[18] Dieses rasante Enteignungstempo machte natürlich eine deutliche Erhöhung des entsprechenden staatlichen Personals notwendig. Allein die *Corporación de la Reforma Agraria* (CORA), die wichtigste Regierungsorganisation in diesem Sektor, baute ihr Personal um 70 % aus (siehe Larrain & Meller 1990: 164). Während die vorhergehende Regierung das Prinzip des *asentamiento*, nach dem jeder expropriierte Hof direkt an eine Kooperative von Bauern vergeben wurde, bevorzugte, führte die Regierung Allende die *Centros de Reforma Agraria* (CERA) ein, die geographisch benachbarte Grundstücke zunächst in einer staatlichen Besitzform zusammenfaßte. Dieser Zwischenschritt verzögerte die letztendliche Vergabe der landwirtschaftlichen Nutzflächen an die Bauern beträchtlich, so daß am Ende der Regierungszeit der UP zwar der Großgrundbesitz als vorherrschende landwirtschaftliche Besitzform zerschlagen, die

---

[16] Die Modalitäten beim Erwerb dieser Anteile sind insbesondere von UP-nahen Beobachtern als zu großzügig den US-Konzernen gegenüber kritisiert worden (siehe De Vylder 1974).

[17] Hiervon wiederum zwei Drittel in der Zeit der UP, die allein im Jahre 1971 so viele Grundstücke enteignete wie die Christdemokraten in ihrer gesamten Amtszeit zwischen 1964 und 1970.

[18] Allein 1971 kam es zu illegalen Besetzungen von rund 500 Höfen. Dies brachte die Regierung natürlich in einen Konflikt zwischen der einerseits immer wieder bekundeten Treue zu Recht und Gesetz und der auf der anderen Seite bestehenden Solidarität mit der Bewegung der *campesinos*. Wie mir Jacques Chonchol, Landwirtschaftsminister der UP der Jahre 1970-72, in einem Interview erklärte, war es allerdings für die sozialistische Regierung „außerhalb aller Diskussion", den staatlichen Repressionsapparat gegen die Bauern und damit die eigene Basis aufmarschieren zu lassen.

Mehrzahl der expropriierten Ländereien jedoch immer noch in staatlicher Hand verblieben war.

Im Banksektor wäre jeder Versuch, auf konstitutionellem Wege zu Verstaatlichungen zu kommen, am Widerstand der oppositionellen Mehrheit im Kongreß gescheitert. Deshalb entschloß sich die Regierung zum massenhaften Ankauf von Aktienpaketen zu höchst attraktiven Preisen. Angesichts der unsicheren politischen Situation entschied sich die große Mehrheit der Aktionäre für den Verkauf, und Finanzminister Américo Zorrilla konnte bereits im November 1971 verkünden:

> „... la nacionalización del sistema bancario está prácticamente terminada. El Estado controla ahora dieciséis bancos que en conjunto proporcionan el 90 % de todo el crédito ... Este proceso de nacionalización significa que se ha roto los lazos entre el capital financiero y el capital monopólico industrial." (Zitiert nach Larrain & Meller 1990: 165)

Somit befanden sich 1973 fast alle großen Banken (darunter *Banco de Chile*, die größte Bank) in öffentlicher Hand. Im industriellen Sektor stieß die Verstaatlichungspolitik der UP dagegen auf den größten Widerstand. Weil die aus dem Bankwesen bewährte Methode des Aufkaufs von Besitztümern hier nicht so ohne weiteres funktionierte, bemühte die Regierung ein obskures und zuvor niemals angewandtes Gesetz aus der kurzen Zeit der „sozialistischen Republik" von 1932, nach dem ein Unternehmen aufgrund mannigfaltiger Gründe[19] verstaatlicht werden konnte. Dazu fand sich ein weiteres Gesetz aus den 40er Jahren, das die staatliche Intervention in private Unternehmungen bei Arbeitskonflikten erlaubte. Nun waren Arbeitskämpfe in dieser Zeit die Regel, und oftmals wurde die Intervention in die Privatfirmen von den Arbeitern selbst provoziert. Nach einiger Zeit waren viele Unternehmer bereit, ihre Firmen an den Staat zu verkaufen, so daß er im September 1973 insgesamt 507 Firmen kontrollierte, davon 259 per Intervention, d.h. ohne formellen Eigentumswechsel. Trotz dieser imposanten Bilanz kam es aber – anders als im Bergbau, in der Landwirtschaft und im Bankwesen – nie zur vollständigen staatlichen Kontrolle des gesamten industriellen Sektors.[20]

Die beschriebenen Strukturreformen der UP rüttelten beträchtlich am Fundament der Macht der traditionellen Landbesitzer, der ausländischen Konzerne, der Finanzoligarchie und – mit Abstrichen – der industriellen Bourgeoisie. Einschränkend gilt es jedoch zu bemerken, daß diese Politik in unterschiedlichem Maße auf die Unterstüt-

---

[19] Zu den mit aller Beliebigkeit auslegbaren Enteignungsgründen gehörten Preisspekulation, Hamstern und Produktionsausfall in Zeiten der Knappheit.

[20] Vielmehr wurde mitunter hartnäckigster Widerstand von seiten der Privatunternehmer geleistet. Von besonderer symbolischer Bedeutung war der Fall der *Compañía Manufacturera de Papeles y Cartones „Papelera"*, deren Präsident Allendes rechter Gegenspieler Jorge Alessandri war. Das Unternehmen war auf dem Gebiet der Papierherstellung quasi Monopolist und insofern von strategischer Bedeutung (z.B. für das weitere Erscheinen der erbittertsten Gegenpropaganda der Allende-Regierung: des konservativen *El Mercurio*) und verblieb bis zuletzt in privater Hand.

zung der Bevölkerung rechnen konnte: Während die Verstaatlichung der Bergwerke auf nahezu ungeteilte Zustimmung stieß, forderten die Enteignungen in den anderen Sektoren der Ökonomie neben dem offenen Widerstand der Opposition auch die Skepsis neutraler Bevölkerungsteile heraus. Dies kam zum Beispiel darin zum Ausdruck, daß es nur im Falle der Bergwerke zur Verabschiedung eines neuen Verstaatlichungsgesetzes kam, während in den anderen Sektoren entweder alte (und mitunter schon fast vergessene) Gesetze wiederbelebt werden mußten, oder, im Falle des Banksektors, der Staat schlichtweg ökonomisch aktiv wurde und als Großeinkäufer von privatem Besitz auftrat. Larrain & Meller (1990: 170) bezeichnen es als einen ständigen wirtschaftlichen Unruhefaktor, daß eigentlich kein Mensch so recht wußte, wer nun enteignet werden sollte und wer nicht.[21] In jedem Falle, dies zeigen die *tomas* auf dem Lande und die mitunter recht willkürlichen Interventionen in industrielle Privatbetriebe, zeichnete sich die Regierung nicht gerade durch Berechenbarkeit aus, und dies brachte ihr den Unmut auch wohlmeinender Zeitgenossen ein.

1.4.2 Ökonomische Ungleichgewichte als Resultate der Strukturreformen

Betrachten wir die traditionellen ökonomischen Indikatoren, so erzielte die Politik der UP im ersten Jahr ihrer Administration geradezu spektakuläre Resultate. Das Wachstum lag 1971 bei 8,0 % und damit weit über den 3,6 % des vorhergehenden Jahres. Spitzenwerte wiesen dabei der Industrie- und der Handelssektor auf, deren respektive Wachstumsraten 13,6 bzw. 15,8 % erreichten (alle Zahlen nach Larrain & Meller 1990). Die Inflation ging im selben Zeitraum von 36,1 % auf 22,1 % zurück, und auch die Arbeitslosigkeit reduzierte sich von 8,3 % auf 3,8 % spürbar. Schließlich erhöhten sich die Reallöhne um 22,3 %, wobei die niedrigen Einkommensgruppen überdurchschnittlich an den Lohnerhöhungen beteiligt wurden.

---

[21] Dieser Eindruck verstärkt sich bei der Lektüre des Wahlprogramms der UP, das aus heutiger Sicht einem Verstaatlichungsfetisch aufzusitzen scheint. Man bedenke, daß die folgende Auflistung zu enteignender Betriebe nur den „ersten Schritt" enthält, den die Regierung plante:
„Como primer paso, nacionalizaremos aquellos recursos básicos como la gran minería del cobre, las minas de hierro y salitre y otros que están bajo el control del capital extranjero, y los monopolios nacionales. Estos sectores nacionalizados comprenderán entonces lo siguiente: 1. Las grandes minas de cobre, salitre, yodo y carbón. 2. El sistema financiero del país, especialmente los bancos privados y las compañías de seguros. 3. El comercio exterior. 4. Las grandes firmas distribuidoras y los monopolios. 5. Los monopolios industriales estratégicos. 6. Como regla, todas aquellas actividades que ejercen una fuerte influencia sobre el desarrollo y distribución de la energía eléctrica, el transporte ferroviario, aéreo y marítimo, las comunicaciones, la producción y distribución del petróleo y sus derivados, incluyendo el gas licuado, la industria del hierro y el acero, el cemento, la petroquímica y la química pesada, la celulosa y el papel." (Programm der Unidad Popular, in: Zammit 1973: 266)

Um diesen Boom zu ermöglichen, wurde eine expansive Geldpolitik des Staates in Kauf genommen. Der großstilige Ankauf von Firmen, die Lohnerhöhungen, die Aufblähung des öffentlichen Haushaltes etc. konnte nur um den Preis einer Erhöhung des Haushaltsdefizits von 3,5 auf 9,8 % (1970-71), einer exorbitanten öffentlichen Neuverschuldung und des Aufbrauchens der internationalen Reserven finanziert werden. Die finanzielle Misere des Staats wurde zudem durch eine negative Handelsbilanz verschlimmert, die sich dem Preisverfall des Kupfers auf dem Weltmarkt von rund einem Drittel des Wertes von 1970 verdankte. Aus einem Plus von 95 Mio. US-$ (1970) wurde so ein Minus von 90 Mio. US-$ (1971). Bereits gegen Ende 1971 verdichteten sich die Anzeichen eines galoppierenden Inflationsprozesses: Die große Zunahme der Geldmenge, das hohe Finanzdefizit, eine erneute allgemeine Lohnerhöhung im Januar 1972, die Erschöpfung der Devisenreserven und schließlich: das Entstehen eines schwarzen Marktes für immer mehr Waren.

Die wirtschaftliche Krise war also bereits gegen Ende 1971 durchaus absehbar, was die Regierung der UP allerdings nicht zu einer Kurskorrektur, sprich: Eindämmung der Staatsausgaben, veranlaßte. Im Gegenteil, die Verstaatlichungskäufe wurden fortgesetzt und die Löhne weiterhin angehoben (besonders im öffentlichen Sektor). Die Geldpolitik blieb so expansiv, daß die Geldmenge sich zwischen 1970 und 1973 in etwa 30fach erhöhte. Vor diesem Hintergrund muß die galoppierende Inflation, die mit 260 % (1972) und 605 % (1973) jeweils historische Höchstwerte erzielte, als ein Resultat der ökonomischen Politik der UP bezeichnet werden. Anders als die Regierung zuvor rückte die UP den Fortgang der strukturellen Reformen einseitig zu Lasten der makroökonomischen Stabilität in den Vordergrund, und so mußten schließlich – angesichts der enormen Geldentwertung infolge der Inflation – allen Lohnerhöhungen zum Trotz auch die Reallöhne fallen, und zwar um 11,3 % (1972) bzw. 38,6 % (1973).[22] Der Rückgang der BSP um 0,1 % (1972) und um 4,3 % (1973) fällt demgegenüber noch moderat aus. Die immense Zunahme der Geldmenge und der inflationäre Prozeß mußten die Tendenz zur Ausbildung schwarzer Märkte noch anheizen. Immer größer wurde der Abstand zwischen den offiziellen, von der Regierung festgelegten und den auf den schwarzen Märkten erhobenen Preisen.

Der Eindruck jedoch, die Existenz von Knappheit und schwarzen Märkten sei *einzig und allein* als Ergebnis des Regierungshandelns zu begreifen, wäre verfehlt. Ebenso bedeutsam waren die Hamster- und Boykottstrategien seitens der Unternehmer und der politischen Rechten, die mit rationalem betriebswirtschaftlichem Kalkül nichts zu tun und einzig und allein den Sturz der Allende-Regierung zum Ziel hatten. Daß die Versorgungslage nicht so problematisch war, wie gerne von der damaligen Opposition behauptet, sah jeder Chilene am Morgen des 12. September, als – „wie

---

[22] Alle zuletzt genannten Zahlen stammen aus dem *Instituto Nacional de Estadística* (INE). Beim Wert für den Reallohnverfall des Jahres 1973 muß berücksichtigt werden, daß die Militärjunta noch im September 1973 die Löhne um 30 % kürzte.

durch ein Wunder" – alle Geschäfte wieder mit Waren verschiedenster Art gefüllt waren. Die ökonomische „Krise" war insofern der Reflex der politischen Krise, von der im nächsten Abschnitt die Rede sein wird.[23]

Die Regierung führte die Existenz der schwarzen Märkte ausschließlich auf die angeblich konterrevolutionäre Praxis der Opposition zurück[24] und reagierte darauf im Januar 1973 mit der Bildung einer staatlichen Agentur (*Secretaría Nacional de Distribución*), der alle staatlichen Großhandelsfirmen ihre Produkte zur Verteilung übergeben sollten, damit sie nicht mehr dem schwarzen Markt zuflössen. Den privaten Firmen wurden mit demselben Ziel attraktive Kaufangebote gemacht. In bezug auf den persönlichen Konsum wurde ein 30 Produkte umfassender Warenkorb definiert, der jeder Familie zugänglich gemacht werden sollte. Dieses Rationalisierungssystem lief de facto auf eine Ausdünnung der Ware-Geld Beziehungen und eine Umstellung auf eine Naturalwirtschaft hinaus. Da eine solche Transformation jedoch naturgemäß mit einem immensen organisatorischen und infrastrukturellen Aufwand verbunden ist, konnte sie nur in Ansätzen in die Tat umgesetzt werden.

1.5 Die Krise der Demokratie

Es kann im Rahmen der vorliegenden Arbeit kein zentrales Untersuchungsziel sein, die Politik der UP abschließend zu bewerten. Dies ist zur Zeit auch nur schwer möglich, denn jeder Bewertungsversuch wäre hochgradig abhängig von der ideologischen Position des Kommentators: Wo die einen die beschriebenen ökonomischen Ungleichgewichte gewissermaßen als „Kinderkrankheiten" beim Aufbau einer sozialistischen Gesellschaft herunterspielen, die angesichts der Notwendigkeit der Strukturreformen hinzunehmen seien (vgl. noch einmal Vuskovic 1975), sehen die anderen das Vaterland vom Untergang bedroht und rechtfertigen zu seiner Rettung sogar einen blutigen Putsch.

Welcher der politische Standort des Beobachters auch sein mag; es waren vor allem zwei Faktoren, die die Reformperiode von 1967 bis 1973 geprägt haben. Zunächst war das bis dato eingeschlagene Entwicklungsmodell der industriellen Importsubstitution in eine Krise geraten, was sich in den langfristig stagnierenden ökonomischen Wachstumsraten seit etwa Mitte der 50er Jahre zeigt und deshalb zurecht als *sustitución difícil* bezeichnet wird. Diese Krise hatten sämtliche Präsidentschaftskandidaten von 1970 zum Anlaß genommen, die bisherige Entwicklungsform in Fra-

---

[23] Siehe dazu Garretón (1993), der diesen Punkt besonders betont, aber die im engeren Sinne wirtschaftlichen Implikationen der politischen Ökonomie der UP vernachlässigt.

[24] „El mercado negro es la síntesis de la acción antipatriótica de los conservadores ... Es una mentira imputar los problemas actuales del consumo a malas políticas del Gobierno." (Banco Central, *Boletín Mensual*, Januar 1971.

ge zu stellen und radikale Strukturreformen anzugehen. Das zweite soziologisch relevante Phänomen war die Krise des politischen Systems, das nicht nur dadurch unter Druck geraten war, daß die von den einzelnen politischen Blöcken bevorzugten Reformrichtungen immer weniger in Einklang zu bringen waren. Vor allem aber erwies es sich nicht als hinreichend flexibel, um die ständig in es hereinströmenden Bevölkerungskreise zu integrieren.[25] Die politischen Manifestationen wurden deshalb ständig radikaler und umfaßten immer häufiger Aktionen physischer Gewalt. Die Kämpfe wurden längst nicht mehr nur auf den klassischen Feldern der Parlamente und Betriebe ausgetragen, sondern erstreckten sich bald auf den gesamten sozialen Raum – auf die Universitäten, die städtischen Slums und das Land.

Was die relevanten politischen Akteure angeht, hat Garretón (1993: 11ff.) gezeigt, daß eigentlich alle zur *crisis del consenso* und damit zur Aushöhlung der Legitimität der Demokratie beigetragen haben. Zwar waren alle Maßnahmen, die die UP zur Durchsetzung ihrer Transformationsstrategie einschlug, formell legal; sie brachen jedoch zuweilen, etwa im Falle der Intervention in Privatfirmen auf der Grundlage uralter Gesetze, mit einem am Konsens und kollektiver Verhandlung orientierten Demokratiegedanken.[26] Man brachte höchst einschneidende Reformen auf den Weg, ohne aber eine gesellschaftliche und parlamentarische Mehrheit dafür zu haben. Ein Einvernehmen mit den Christdemokraten wäre vom Wahlprogramm her durchaus möglich gewesen, wurde jedoch weder von der UP noch von dem PDC intensiv genug angestrebt. Die Durchsetzung des Programmes mit allen Mitteln obsiegte über die Suche nach einem breiten gesellschaftlichen Konsens, und mit diesem nur taktischen Umgang mit der Demokratie hat die Regierung der UP selbst zur Aushöhlung der Legitimität des demokratischen Systems und letztlich zu ihrer eigenen Absetzung beigetragen.

Die Rechte hat ihrerseits mit diversen versteckten oder offenen Obstruktions- und Terrormanövern versucht, die Präsidentschaft Allendes zu verhindern. Mit dem tödlichen Attentat auf den Oberkommandierenden der Armee, General Schneider, im Oktober 1970 sei hier nur der spektakulärste Fall genannt. Man versuchte, die Tat der UP anzuhängen, um so das Militär zum Eingreifen zu bewegen, auf daß der gerade

---

[25] Ganz im Gegenteil deutet alles auf eine Rigidisierung der politischen Auseinandersetzungen hin. Während zwischen 1961 und 1966 insgesamt 3.439 Streiks mit 764.985 daran beteiligten Arbeitern durchgeführt wurden, verdoppelten sich diese Zahlen in der Epoche 1967-71 auf 7.709 bzw. 1.436.257.

[26] Der Vorwurf mangelnden Konsenswillens trifft allerdings weniger den Präsidenten, der während seiner gesamten Amtszeit den Dialog vor allem mit den Christdemokraten und der Kirche suchte und sich dabei des öfteren mit der eigenen Partei überwarf, als vielmehr radikale Fraktionen innerhalb der UP, die ein schnelleres Fortschreiten der Reformen – und zwar zur Not auch unter Umgehung institutioneller Hindernisse – forderten. Gemeint ist die Sozialistische Partei, die zu dieser Zeit weitaus radikaler als die Kommunistische war, und hier besonders die Fraktion um den Parteivorsitzenden Carlos Altamirano, aber auch Teile der MAPU und der christlichen Linken.

gewählte Allende gar nicht erst in Amt und Würden käme. Als alle Versuche gescheitert waren, die Regentschaft der UP zu verhindern, widmete man sich ohne größere Übergangszeit ihrer Bekämpfung. Dabei konnte auf Pläne zur Absetzung Allendes zurückgegriffen werden, die im Verbund mit US-amerikanischen Strategen[27] bereits vor seiner Wahl erarbeitet worden waren. Die Destabilisierungsstrategien waren entsprechend vielfältig. Sie reichten von konstitutionellen, aber zumeist außerhalb der politischen Tradition stehenden Maßnahmen, über Boykottaktionen am Rande der Legalität, oder den absurden Vorwurf des Betruges bei der Parlamentswahl vom März 1973,[28] bis hin zu schlichter Kriminalität bei diversen Attentaten vor allem im Jahre 1973. Wenn sich also die UP mitunter Verfahren bediente, die am Rande der demokratischen Spielregeln zu verorten sind, so war der Rechten buchstäblich jedes Mittel recht, diese konstitutionelle Regierung abzusetzen.

Drittens tragen auch die Christdemokraten einen hohen Grad an Verantwortung für die Erosion des demokratischen Systems. Denn sie behielten zu lange eine Strategie der Neutralisierung der beiden letztgenannten Pole bei, und dies aus rein wahltaktischem Kalkül. In der Hoffnung, bei den nächsten Wahlen von dem Scheitern der ökonomischen Politik der UP zu profitieren, trug man von sich aus so gut wie nichts zu einer möglichen Annäherung an die Regierung bei. Und später, als sich der erhoffte Wahlerfolg nicht einstellte und sich das Klima verschärfte, waren die Christdemokraten unfähig, einen eigenen konstruktiven Vorschlag zur Lösung der Krise zu unterbreiten. Man zog es vor, sich mit der gewaltsamen Alternative und den Putschisten zu arrangieren. Kurz, es gab 1973 keinen relevanten kollektiven Akteur, der das überlieferte demokratische System auch auf Kosten von Zugeständnissen im Hinblick auf das eigene Programm verteidigt hätte. Oder in den Worten von Garretón:

> „No hay un solo actor, con excepción, en ciertos momentos, de la Iglesia, que apueste al sistema, que apueste al país, que apueste a la mantención del régimen como tal. Las estrategias son corporativistas o clasistas; se identifica el proyecto propio con intereses nacionales. Si había ideología revolucionaria y obsesión de cumplimiento de sus programas en la izquierda, con potencialidades no democráticas, hubo un comportamiento revolucionario insurreccional no democrático en la derecha desde el inicio del Gobierno popular, y una subsumisión objetiva de la Democracia Cristiana en el diseño derechista. Todos apuestan a su propio proyecto. Y esto es lo que va generando un enorme deterioro de la legitimación del régimen." (Garretón 1993: 14f.)

Von Max Weber wissen wir, daß der Tatbestand einer Machtbeziehung dann gegeben ist, wenn „... die Chance eines Menschen oder einer Mehrzahl solcher (besteht), den

---

[27] Eine Behandlung der kompromittierenden Rolle der USA beim Sturz Allendes würde den Rahmen dieser Untersuchung bei weitem sprengen. Dieser Aspekt ist aber relativ gut dargestellt in „United States and Chile During the Allende Years 1970-1973", Bericht des US-Repräsentantenhauses (1975), Farnsworth et al. (1973) und Petras & Morley (1975).

[28] Bei dieser hatte die UP trotz ökonomischer Krise und des sich verschärfenden politischen Klimas ihre soziale Basis auf immerhin 44 % ausdehnen können.

eigenen Willen in einem Gemeinschaftshandeln auch gegen den Willen anderer daran Beteiligter durchzusetzen." (Weber 1985: 531) In der Situation von 1973, in der alle kollektiven Akteure ohne Willen zum Konsens und Rücksicht auf das demokratische System ihre jeweiligen Projekte verfolgten, mußte derjenige obsiegen, der die meiste Macht und das größte Durchsetzungsvermögen mobilisieren konnte. Wie Garretón weiter ausführt, glaubte in Chile niemand an die Militärs als „moralische Bastion" der Nation, wie man sich selbst in diesen Kreisen zu euphemisieren beliebt, sondern sie waren einfach die einzige gesellschaftliche Institution, die ein hinreichend großes Gewalt- und Machtpotential mobilisieren konnte, um die Situation in ihrem Sinne zu entscheiden: „Desde luego, esta intervención no es ni legal, ni constitucional, ni legítima, porque no hay legitimidad consensual en ese momento. En esto no hay que equivocarse. En una situación como esta, las Fuerzas Armadas intervienen *porque tienen la fuerza para hacerlo.*" (Ebd.: 18, Herv. M.K.)[29] Der „Tag der Entscheidung", so der Militärjargon, kam schließlich am 11. September 1973 mit einem Staatsstreich[30], der zugleich zum Endpunkt des demokratischen Systems und seiner letzten Regierung und zum Ausgangspunkt einer Militärdiktatur wurde, die 17 Jahre dauern sollte.

---

[29] An diesem Punkt wäre eine genauere Analyse der Prozesse im inneren der Streitkräfte nötig, denn zwischen ihren Statements von 1970, als man auf das Drängen einiger Ungeduldiger hin auf die Konstitutionalität der gewählten Regierung verwies, und von 1973, als man sich für legitimiert hielt zur Absetzung derselben Regierung, liegen Welten. Siehe hierzu und zum Niedergang des demokratischen Systems im allgemeinen die Erinnerungen von General Carlos Prats González (1985), Vorgänger Pinochets an der Spitze der Fuerzas Armadas, der diesem nur ein Jahr nach dem Putsch zum Opfer fiel: *Testimonio de un Soldado.*

[30] Die dramatischen Ereignisse dieses Tages, dessen wohl symbolträchtigstes Bild der ausgebombte Regierungspalast „La Moneda" ist, den Allende gemeinsam mit einigen Freunden und Mitarbeitern buchstäblich bis zur letzten Patrone verteidigte, sind mit großer Detailliebe zusammengefaßt in: „El día en que murió Allende" (Camus 1990).

Zweites Kapitel

Wirtschaft und Gesellschaft unter der Pinochet-Diktatur

Anders als die Legenden der militärnahen Chronisten besagen, hatten die Militärs in den ersten Wochen nach dem Putsch keinerlei konkrete Idee, wie denn nun mit dem eroberten Land zu verfahren sei. Man muß im Wortsinne von einer *reaktionären* Handlung sprechen, denn die Streitkräfte hatten sich weniger für ein eigenes als vielmehr *gegen* das von der Unidad Popular begonnene gesellschaftliche Projekt erhoben. Aus ihrer Sicht mußte es zunächst einmal darum gehen, die Gesellschaft vom Marxismus zu „befreien", wobei sich dieses Unterfangen nicht nur gegen die konstitutionelle Regierung und die mit ihr verbündeten Organisationen richtete, sondern überhaupt gegen diejenigen gesellschaftlichen Einrichtungen, die die Übernahme der Macht durch die UP ermöglicht hatten – die liberale Demokratie als solche. Erforderlich erschien der Militärjunta also eine fundamentale Neuordnung der chilenischen Gesellschaft. Zunächst werden die Veränderungen des politischen (1) und ökonomischen Systems (2) untersucht. Danach werden die Auswirkungen der neoliberalen Projekts auf das institutionelle Gefüge und die industriellen Beziehungen in den Blick genommen (3 und 4), um dann die Rolle, die der Staat dabei gespielt hat, gesondert zu betrachten (5). Schließlich wenden wir uns den sozialen Akteuren zu, die im Rahmen dieser Transformation auf den Plan traten (6).

2.1 Die Politik

Um das Ziel einer grundsätzlichen Erneuerung der chilenischen Gesellschaft zu erreichen, glaubte man, sich keinerlei falsche Rücksichtnahme leisten zu können. Für die Mehrzahl der Chilenen, besonders aber für die Parteigänger der UP, war dies gleichbedeutend mit langen Jahren der Verfolgung und blutigen Terrors. Bereits in den ersten Wochen nach dem Putsch war das demokratische System praktisch abgeschafft. Am 13. September 1973 erfolgte die offizielle Auflösung des Nationalkongresses, womit bereits alle Hoffnungen des gemäßigten politischen Spektrums auf eine baldige Rückkehr zur Demokratie auf ein Minimum reduziert worden waren. Einen Tag später wurden alle an der Koalition der UP beteiligten politischen Kräfte verboten. Am 26. September erklärte man den Gewerkschaftsverband CUT (*Central Unica de Trabajadores*) für illegal, und ab dem 27. September wurden sogar die Aktivitäten der Parteien, die den Widerstand gegen Allende organisiert hatten, stark eingeschränkt.[31] Auf freien Fuß gesetzt und öffentlich rehabilitiert wurden umgekehrt die Rechtsterroristen, z.B. von *Patria y Libertad*, die während der Allende-Zeit diverse politisch motivierte Verbrechen begangen hatten. Der Repression gegen die Opposition bzw. der Sicherung der eigenen Herrschaft diente weiterhin die konsequente Ausnutzung des Notstandsrechts. So herrschte vom Tage des Putsches an bis zum August 1988 ununterbrochen der Ausnahmezustand (*estado de emergencia*) und bis 1978 außerdem der Belagerungszustand (*estado de sitio*). Letzterer wurde danach noch zwei weitere Male verhängt, von November 1984 bis Juni 1985 und vom September bis Dezember 1986. Was die Judikative betrifft, so anerkannte das bis dato unabhängige höchste chilenische Gericht – das *Corte Suprema de Justicia* – bereits am 13. September 1973 die neue Regierung. Es machte sich so zu ihrem Vollzugsgehilfen und setzte damit einer langen Tradition unabhängiger Justiz ein freiwilliges Ende. Schließlich wurden im November desselben Jahres alle Berufungs- oder Revisionsmöglichkeiten von Militärgerichtsurteilen abgeschafft.

Nicht einmal heute, sechs Jahre nach Abdankung der Regierung Pinochet, läßt sich die genaue Zahl der Ermordeten, Verschwundenen, Gefolterten und Exilierten allein der ersten Monate des Regimes genau feststellen. Der Terror gegen den politischen Gegner setzte sich dann in den folgenden Jahren fort. Zu willkürlichen Verhaftungen, Folter und dem „Verschwinden" von Gefangenen kamen finstere Praktiken von internationalem Staatsterrorismus. Dessen bekannteste Fälle sind die Ermordung des Ex-Oberkommandierenden der Streitkräfte Carlos Prats und seiner Frau am 30. September 1974 in Buenos Aires, der Anschlag auf das Leben Bernardo Leightons, Innenminister der christdemokratischen Regierung Frei, vom 6. Oktober 1975 in Rom und der Bombenanschlag auf Orlando Letelier[32], Außenminister und Kanzler der Re-

---

[31] Wie die Junta im Januar 1974 präzisierte, blieben auch den „nicht-marxistischen" Parteien Meetings, die Veröffentlichung von Parteiprogrammen und -werbungen sowie die Repräsentanz in Gewerkschaften untersagt. Darüber hinaus hatten alle Parteien eine Liste anzufertigen und den Behörden zu übergeben, die sämtliche Mitglieder bis zum 11. 9. 1973 umfassen sollte.

[32] Der *caso Letelier* war sicherlich der spektakulärste Justizfall während meines Aufenthaltes in Chile im Jahre 1995, bei dem kein geringerer als der enge Vertraute Pinochets Manuel Contreras, der Ex-Chef der DINA (s.u.), des Mordes angeklagt war. Obwohl es eigentlich niemand meiner Bekannten für möglich gehalten hatte, wurde Contreras für die Planung des Mordes an Letelier zu insgesamt sieben Jahren Haft verurteilt, die er seit Oktober in dem eigens dafür eingerichteten Militärgefängnis von *Punta Peuco* verbüßt. Während der Urteilsverkündung, die live im Fernsehen ausgestrahlt wurde, und danach, waren nur wenige Leute auf der Straße anzutreffen, da man mit Vergeltungsaktionen der Militärs rechnen mußte. Diese unterblieben jedoch, und so wurde das Urteil und mehr noch die Tatsache, daß es das Militär ohne größeren

gierung Allende, und seine Sekretärin Ronnie Moffit vom 21. September 1976 in Washington D.C.

Etwa zur gleichen Zeit akzentuierte sich auch die Etablierung der Alleinherrschaft des Chefs der Junta General Augusto Pinochet. Das Privileg des Vorsitzenden der Junta verdankte er der traditionellen Hierarchie der Waffengattungen (Heer, Marine, Luftwaffe, Polizei) und der Tatsache, daß er bereits vor dem Putsch, von Allende berufen, Oberbefehlshaber der Streitkräfte gewesen war. Die Neutralisierung mißliebiger Mitglieder der Junta vollzog sich nun einerseits auf natürlichem Wege durch Ruhestand oder Tod, auf der anderen Seite verfolgte Pinochet eine gezielte Politik zur Erlangung der alleinigen Macht. Etappen auf diesem Wege waren die Proklamierung des Vorsitzenden der Junta, sprich: Pinochets, zum Regierungschef am 26. 6. 1974, womit die Junta auch offiziell die Legislative und Exekutive übernahm, und, kurz darauf, die Gründung der DINA (*Dirección Nacional de Inteligencia*). Dabei handelte es sich um eine Geheimpolizei, die die bis dato vielschichtige und unorganisierte geheimdienstliche Arbeit gegen die innere und äußere Opposition koordinierte und institutionalisierte. Darüber hinaus wurde sie, da nur dem Regierungschef zur Rechenschaft verpflichtet, zu einem effektiven Mittel bei der Konsolidierung der Machtposition Pinochets gegenüber seinen Widersachern im Militärapparat. Am 17. Dezember 1974 ließ er sich schließlich zum Präsidenten der Republik ernennen, wofür eigens ein Dekret mit Verfassungsrang von der Junta verabschiedet werden mußte. Von jenem Tage an wurde die Exekutive direkt vom Präsidenten der Republik ausgeübt, während die Legislative formell in der Hand der Junta verblieb (deren Vorsitzender auch weiterhin Augusto Pinochet hieß).

Indem er gleichzeitig zum Oberbefehlshaber der Streitkräfte, Regierungschef, Vorsitzenden der Junta und Präsidenten der Republik geworden war, war die Ämterhäufung und Machtkonzentration bei Pinochet nahezu komplett. Zwei Plebiszite besorgten ihm die noch fehlende „Legitimation vom Volke". Das erste muß als eine Reaktion auf die UN-Resolution 32/118 gewertet werden, in der die Vollversammlung der Vereinen Nationen ihre Empörung über die anhaltenden staatlichen Verstöße gegen die Menschenrechte zum Ausdruck gebracht hatte. Am 4. Januar 1978 wurde allen wahlberechtigten Chilenen ein Text vorgelegt, in dem diese dazu aufgefordert wurden, dem Präsidenten der Republik ihre Unterstützung gegen die „internationale Aggression" und für seine „Verteidigung der Würde Chiles" auszusprechen. Dieses Propagandamanöver beschwor die Opposition anderer Mitglieder der Junta herauf, vor allem in Gestalt von Gustavo Leigh, dem Chef der Luftwaffe. Pinochet hatte den restlichen Juntamitgliedern den Wortlaut des Referendums gerade einen Tag vor dessen öffentlicher Bekanntgabe zur Verfügung gestellt und damit einen Konflikt im inneren des Herrschaftsapparates provoziert. Das Resultat des Machtkampfs war ein klarer Erfolg für Pinochet auf dem Weg zur totalen Herrschaft: Das Referendum

---

Widerstand akzeptierte, als ein Meilenstein bei der Festigung der Demokratie aufgenommen.

wurde durchgeführt, und zwar mit einem offiziellen 75 %-Votum für Pinochets Politik. Gustavo Leigh trat von seinem Posten als Oberkommandierender der Luftwaffe zurück, womit alle politischen Kräfte, die innerhalb der Junta an einer relativ schnellen Rückkehr zur Demokratie auf dem Wege eines Dialoges mit der Opposition interessiert waren, endgültig geschlagen waren.

Knapp zwei Jahre später, am 10. August 1979, kündigte General Pinochet ein weiteres Plebiszit an, das im folgenden – durch den ersten wirtschaftlichen Boom geprägten – Jahr abgehalten wurde. Diesmal sollte es um die Absegnung einer neuen Verfassung gehen, die die alte *Carta* des Jahres 1925 nun auch offiziell ablösen sollte. Der letztliche Text dieser Verfassung entsprach weitgehend einem Entwurf, den der frühere konstitutionelle Präsident der Rechten Jorge Alessandri Rodríguez Pinochet auf den Leib geschnitten hatte. Vor allem enthielt er eine Passage über den „langsamen und graduellen Übergang zur vollständigen Demokratie", was im wesentlichen eine Verlängerung des Mandates Pinochets als Präsidenten der Republik um zunächst acht weitere Jahre bis 1988 bedeutete. Danach würde die Militärjunta einen Präsidentschaftskandidaten präsentieren, wobei explizit bestimmt wurde, daß er wieder General Pinochet heißen könne. Wie das zuvor erwähnte Plebiszit war auch dieses in hohem Maße fragwürdig, denn die Abstimmung wurde nur einige Wochen nach ihrer Ankündigung durchgeführt, es gab kein öffentliches Wahlregister, und die Betätigungsverbote der Opposition wurden beibehalten.[33] Das offizielle Resultat wies 67 % der Wähler für Pinochets Entwurf aus. Mit diesem Ergebnis war der entscheidende Schritt auf dem Weg zur Alleinherrschaft vollzogen, denn mit diesem „Votum des Volkes" war seine Vorherrschaft nunmehr legitimiert.

Die neue Verfassung gliederte sich in einen endgültigen Teil, der ab dem 11. 3. 1989 gelten sollte, und einen weiteren Teil, der die Übergangszeit bis zu diesem Tag betraf. Wie Imbusch (1995: 113) schreibt, „institutionalisierten (die Übergangsbestimmungen) den Ausnahmezustand", weil die Macht des Präsidenten und der Junta festgeschrieben wurde. Diese Macht wurde neben dem Wiederwahlrecht für Pinochet durch das weiterhin gültige Verbot der politischen Parteien gefestigt. Nach der endgültigen Verfassung, die 1990 in Kraft getreten ist, gilt Chile als eine Republik, in der neben dem Präsidenten auch das Militär eine herausgehobene Rolle spielt. Diese kommt vor allem in dem neu geschaffenen nationalen Sicherheitsrat zum Ausdruck, in dem es über die Mehrheit der Stimmen verfügt und über den es die Politik in ganz verschiedenen Bereichen mitbestimmen kann. Vor allem in Fragen der „nationalen Sicherheit" ist es die entscheidende Instanz, was dazu führt, daß die traditionellen Bürgerrechte zwar Verfassungsrang haben, in ihrer Reichweite jedoch durch eine Reihe von Regelungen, besonders durch die detailliert festgelegte Ausnahmegesetz-

---

[33] Vgl. zu dieser dubiosen Wahl, die angefangen bei der nahezu flächendeckenden Propaganda des Regimes, über die Einschüchterung der Opposition bis hin zu offenem Wahlbetrug massiv manipuliert wurde, Garretón (1983).

gebung, relativiert werden. Die Rolle von Parlament und Parteien ist dementsprechend eingeschränkt. Wirtschaftspolitisch schützt die Verfassung das Privateigentum an den Produktionsmitteln und das Subsidiaritätsprinzip des Staates. Politisch gilt das Prinzip der Gewaltenteilung, insofern die Regierungsverantwortung ausschließlich beim Präsidenten und die legislative Gewalt beim Kongreß liegt. Letzterer besteht aus dem gänzlich gewählten Repräsentantenhaus und dem zu einem Drittel „designierten" und nur zu zwei Drittel gewählten Senat. Da dem Parlament nur geringe Kontrollmöglichkeiten zur Verfügung stehen, ist die wichtigste Kontrollinstanz die Judikative (in Gestalt des Verfassungsgerichts, ordentlichen Gerichten und – im Krisenfall – Militärgerichten).

Diese institutionelle Ordnung ist – wie die erste demokratische Regierung feststellen sollte – außerordentlich schwer veränderbar, denn Verfassungsänderungen bedürfen einer drei Fünftel Mehrheit der Abgeordneten und Senatoren. In der Praxis der ersten demokratischen Legislaturperioden haben sich dabei besonders die mehr oder weniger von Pinochet direkt eingesetzten Senatoren jeglicher Veränderung widersetzt. Für die Erweiterung der Kompetenzen des Kongresses müßten zwei Drittel der Mitglieder beider Kammern und der Präsident zustimmen. Belange des „Fundaments der staatlichen Ordnung", des Verfassungsgerichts, der Streitkräfte und des nationalen Sicherheitsrats können nur dann modifiziert werden, wenn zwei Drittel des Kongresses in zwei Legislaturperioden hintereinander entsprechend abstimmen. Mit dieser Verfassung hatten die Militärs für eine Kontinuität ihrer Politik gesorgt, und zwar noch lange über den Tag hinaus, an dem sie die unmittelbare politische Macht abgaben. Zwar gab man dem Volk die Demokratie zurück, die Verfassung trägt gleichwohl autoritäre Züge und ermöglicht den Streitkräften über verschiedene Kanäle (nationaler Sicherheitsrat, Ausnahmegesetzgebung) die Wiedereinmischung in die Politik.

Die Konsolidierung des Regimes, die Etablierung einer Alleinherrschaft und schließlich einer Verfassung, die den Militärs die langfristige Kontinuität und Kontrolle ihres gesellschaftspolitischen Projektes sicherstellt, wäre sicherlich in dieser Form undenkbar gewesen, wenn es auf den Widerstand einen homogenen oppositionellen Blocks gestoßen wäre. Dies war aber lange Zeit nicht der Fall, denn das Verhältnis zwischen Christdemokraten und Linken war noch aus der Allende-Zeit gespannt, und man fuhr fort, sich gegenseitig die Verantwortung für den Verlust der Demokratie zuzuschieben. Erst in den späten 70er Jahren kam es zu ersten konstruktiven Dialogversuchen, bevor die nationalen Protesttage der 80er Jahre ein organisierteres und einheitlicheres Handeln der Opposition einleiteten.

2.2 Die Ökonomie

Wir haben zeigen können, daß die Reformen der Linksregierung zu einer weitgehenden Desorganisierung des chilenischen Kapitalismus geführt hatten, ohne daß der *Unidad Popular* aber die Konsolidierung eines eigenen – sozialistischen – Entwicklungsmodells gelungen wäre. Zum Zeitpunkt der Machtübernahme der Militärs war die Wirtschaft vielmehr gründlich aus dem Gleichgewicht geraten. Verschiedene Faktoren hatten dazu beigetragen, daß die Inflation ein schwindelerregendes Ausmaß erreicht hatte und die Reallöhne infolge dessen stark rückläufig waren. Der Staat war nach der Übernahme von oder Intervention in mehr als 500 Firmen zum größten und einflußreichsten ökonomischen Akteur geworden. Der Einfluß des privaten Sektors war entsprechend geschrumpft, und dies nicht nur aufgrund der Verstaatlichungen; die Märkte und ihre Angebots- und Nachfragemechanismen selbst waren durch eine Vielzahl administrativer Maßnahmen interveniert, verzerrt oder schlichtweg nicht mehr existent.

Das Projekt der Militärregierung bestand demgegenüber in der Schaffung einer auf dem Markt und dem Privatsektor basierenden Ökonomie. Damit verbunden war ein Bruch nicht nur mit der angeblich verfassungswidrigen Wirtschafts- und Sozialpolitik der UP im besonderen, sondern auch mit der seit den 30er Jahren verfolgten Entwicklungsstrategie der industriellen Importsubstitution im allgemeinen. Im Mittelpunkt der neuen ökonomischen Politik stand nunmehr die Öffnung der Wirtschaft nach außen und die Integration in den Weltmarkt. Auch wenn die zunächst durchgeführten Maßnahmen sich nahezu auf die Stabilisierung der aus der UP-Zeit übernommenen wirtschaftlichen Probleme beschränkten (wobei hier wiederum die Inflationsbekämpfung über die Verringerung der Nachfrage im Mittelpunkt stand), begann sich doch das Ziel der Reise bald abzuzeichnen. Es ging um die Deregulierung und Privatisierung eines der bürokratischsten (weil extrem vom Staat und seinen Agenturen beeinflußten) Wirtschaftssysteme Lateinamerikas.

Eine demgegenüber auf eine generelle Aufwertung und Erweiterung der Marktmechanismen zielende Politik mußte die in Abb. 2.1 zusammengestellten Reformen umfassen. Im einzelnen geht es um Modifikationen in der Eigentumsstruktur der Firmen, die Regulierung bzw. Deregulierung von Preisen und um Neuregelungen des Binnen- und Außenhandelssystems sowie des Kapital- und Arbeitsmarkts.

Die meisten Nationalökonomen gehen etwas grobschlächtig von zwei Phasen aus, die die politische Ökonomie Chiles zwischen 1973 und 1990 entscheidend geprägt haben. In der ersten Phase (1973-83) wurden die Weichen im Hinblick auf eine *Öffnung der Ökonomie* gestellt, und in einer zweiten Phase (zwischen 1983 und 1990) erfolgte die *strukturelle Anpassung an eine exportorientierte Wirtschaft*. Beide Phasen wirken bis heute fort und überlagern sich. Ihr Unterschied ist also primär systematischer Natur: Während die erste einen qualitativen Bruch mit allen wirtschaftlichen Aktivitäten der Vergangenheit darstellt, ist die zweite charakterisiert durch die Vertiefung und Optimierung des Modells.

ABB. 2.1: ZWEI PHASEN DER NEOLIBERALEN POLITIK (1973-90)

Reformen	1973: Situation am Ende der Regierung der UP	1973-82: Reformen in Richtung einer offenen Ökonomie	1983-90: Reformen zur Etablierung einer exportorientierten Ökonomie
Privatisierung	Staat besitzt oder kontrolliert mehr als 500 Firmen	1980 sind 47 Firmen und eine Bank in Besitz des Staates (darunter: CODELCO)	1990 sind 41 Firmen und eine Bank in Besitz des Staates (darunter: CODELCO)
Preise	Generelle Preiskontrolle	- allein 1974/75 werden 3.000 Preise „befreit" - Wechselkurs und Löhne fixiert	- Marktpreise - Wechselkurse fixiert - Löhne frei
Handelsregime	- System multipler Wechselkurse - Importquoten und -beschränkungen - Hohe Zölle (Durchschnitt 94 %, Höchstsatz 220 %) - Importgebühren	- Einheitlicher Zollsatz bei 10 % (außer Autos) - Importliberalisierung - Defizit in der Handelsbilanz - Rückzug aus dem Andenpakt	- Zollsatz steigt bis auf 35 % (1985), um dann bis 1990 auf 15 % zu fallen - Plus in der Handelsbilanz - 1996: Eintritt in MERCOSUR
Fiskalregime	- Verkaufssteuern - Hoher Anteil öffentlich Beschäftigter (12 %) - Hohes Haushaltsdefizit	- Allgemeine Mehrwertsteuer 20 % - Eliminierung von Gewinn- und Kapitalsteuern - Rückgang der öffentlichen Beschäftigung (8 %) - Haushaltsüberschüsse 1979-81, Defizite 1981-82	- Mehrwertsteuer seit 1990 bei 18 % - öffentliche Beschäftigung bei 6 % - Haushaltsüberschüsse seit 1983
Finanz- und Kapitalmarkt	- Kontrollierte Zinssätze - Banken verstaatlicht - Kontrollen der Kapital- und Kreditbewegungen	- Marktzinssätze (1976-82) - Reprivatisierung der Banken (1975-78) - Liberalisierung der Kapital- und Kreditmärkte - Leichter Zugang zu externen Krediten, Privatsektor Hauptschuldner	- Zinssätze reguliert (1982-87) - Banken reguliert und teilweise interveniert, später reprivatisiert - Kapitalmärkte reguliert - Kein Zugang zu externen privaten Krediten - Darlehen über IWF und Weltbank, Staat Hauptschuldner
Arbeits- und industrielle Beziehungen	- Starke Gewerkschaften (22 % organisiert) - Tarifverhandlungen auf Branchenebene - enge Verbindung Gewerkschaften/Parteien - Kündigungsschutz - Arbeitsgerichte - Automatische Lohnanpassung	- Unterdrückung der Gewerkschaften - bis 1979: Aussetzung jeglicher Kollektivverhandlungen - Streikrecht abgeschafft - ab 1979: neue Arbeitsgesetzgebung: mehr als eine Gewerkschaft pro Betrieb, Verhandlungen nur auf Betriebsebene, Streikrecht auf 60 Tage begrenzt, Abschaffung der Arbeitsgerichte - Drastische Reduktion der Reallöhne - Beschäftigungsnotprogramme, von denen 1983 500 Tsd. Menschen lebten	- geringer Organisationsgrad (11 %) - Kollektivverhandlungen alle zwei Jahre - Gewerkschaften im öffentlichen Sektor weiterhin verboten - Abnehmende Beschäftigung in Notprogrammen (verschwinden 1988)
Soziale Vorsorge	- Finanzierung durch ein Mix aus Beiträgen von Arbeitgebern und -nehmern sowie einem staatlichen Zuschuß - Hohe Lohnnebenkosten (40 % der Löhne und Gehälter)	- Reforma Sistema Previsional 1981: private AFP, Lohnarbeiter haben individuelle Konten, Arbeitgeber zahlt keinen Beitrag	- Minimierung der Lohnnebenkosten (3 % der Löhne und Gehälter)

Quellen: Meller 1990, Díaz 1993, Imbusch 1995, INE (verschiedene Quellen)

Die erste Phase ist gekennzeichnet durch zwei große Rezessionen 1974/75 und 1982/83. Sie kann deshalb als die Periode der strukturellen Reformen in Richtung einer nach außen geöffneten Wirtschaft bezeichnet werden, weil in dieser Zeit der bisherige Entwicklungspfad verlassen wurde. Bestand dieser in einer weitgehend vom Weltmarkt abgeschlossenen Wirtschaft mit der Exportenklave Kupfer, so wurden bereits kurz nach dem Putsch mehrere tiefgreifende Strukturreformen initiiert: (1) Die *Reform der Außenhandels* (1974-79) brachte die Reduktion und Vereinheitlichung der Außenzölle in Höhe von zuvor zwischen 100 und 220 % auf gleichmäßig 10 %. Außerdem beseitigte man Einfuhrquoten und -verbote. (2) Alleine zwischen 1973 und 1983 wurden etwa 3.000 *Preise dereguliert,* die vorher politisch zwischen Staat und Privatsektor ausgehandelt worden waren. (3) Die *Deregulierung des Binnenfinanzmarktes* (1975-77) umfaßte die Privatisierung des Bankensystems und den Übergang der Festlegung des Zinsfußes von der Administration auf den Privatsektor. Damit entfielen auch alle staatlichen Kontrollen in bezug auf dem Kreditumfang. (4) Die *Öffnung des Finanzsystems nach außen* erlaubte dem Privatsektor die Verschuldung im Ausland. (5) Kontrollierte der Staat 1973 über 500 Firmen, 25 Banken und 3.700 *haciendas,* so waren es 1990 noch 41 Firmen (darunter CODELCO) und eine Bank. Die *Privatisierung der Firmen* vollzog sich in insgesamt vier Wellen, von denen zwei in diese erste Entwicklungsphase gehören. Zunächst kam es 1974/75 zu einer schnellen Rückgabe der „intervenierten" Firmen, also derjenigen, deren Rechtsperson nicht gewechselt hatte. In einer zweiten Privatisierungswelle, die in etwa von 1975 bis 1981 andauerte, wurde ein Großteil der in der Allende-Zeit in *Area de Propiedad Social* übergangenen Unternehmungen verkauft. Dies geschah entweder auf dem Wege der Versteigerung oder einer drastischen Reduzierung des Staatsanteils. Da sich nur wenige nationale *grupos económicos* wirksam an den Versteigerungen beteiligen konnten, führten sie zu einer Konzentration des Reichtums in der Hand weniger Firmen. Es ist dennoch festzuhalten, daß Anfang der 80er Jahre immer noch sechs der zehn größten Firmen in der Hand des Staates waren. Mit anderen Worten, er blieb ökonomisch höchst einflußreich, und dies sollte sich in der nächsten Phase (1982-84) noch verstärken. Trotzdem wurde der Staatsetat zunächst reduziert. Dies wurde bewerkstelligt durch drastische Einschnitte in der öffentlichen Beschäftigung, bei den Löhnen und der staatlichen Investitionstätigkeit. Auf diese Art wurde allein zwischen 1973 und 1979 ein Staatsdefizit von 24 % in ein Plus von 1,7 % verwandelt.

Die zweite Phase (1983-90) beginnt mit der Schuldenkrise und läßt sich begreifen als eine Periode der strukturellen Anpassung an eine exportorientierte Ökonomie. Es wurden eine Vielzahl von Maßnahmen durchgesetzt, die allesamt die Konsolidierung und Vertiefung der Marktregulation zum Ziel hatten. Die wichtigsten Neuerungen waren die folgenden: Der Staat verabschiedet sich von seiner passiven Rolle und geht erneut zur Regulation grundlegender ökonomischer Prozesse über. Zinsfuß, Wechselkurs, Minimallohn, Preisniveau bestimmter Agrikulturprodukte; all dies wurde in den 80er Jahren administrativ festgelegt. Über gezielte Abwertungen des Peso und durch eine zeitweilige Erhöhung der Außenzölle wurde eine pragmatische Politik mit dem Ziel der Schaffung günstiger Konkurrenzbedingungen für den einheimischen Export betrieben. Von dieser exportbegünstigenden Politik profitierten vor allem die Industrie und die Landwirtschaft, die zwischen 1983 und 1990 durchweg Wachstumsraten von mehr als 6 % erzielten. Nachdem sich der Staat unter dem Eindruck der schweren Wirtschaftskrise von 1982/83 und dem massenhaften Bankrott der erst in den 70er Jahren reprivatisierten Firmen zu einem massiven Eingriff in die Privatwirtschaft und hier vor allem in das Finanzsystem veranlaßt gesehen hatte, ging er, kaum daß er die Betriebe „saniert" hatte, wieder zur Privatisierungspolitik über. Jetzt nicht mehr unabhängig, sondern unter dem Druck der Umschuldungsverhandlungen mit Weltbank und IWF, wurden in einer dritten größeren Privatisierungswelle eine Reihe von öffentlichen Betrieben verkauft, und zwar, wie PREALC (1993: 83) betont, zu lediglich 50 % ihres realen Wertes. Neben den während der Schuldenkrise intervenierten Firmen ging man gegen Ende der 80er Jahre zur Privatisierung[34] solcher Einrichtungen über, die traditionell in öffentlicher Hand gewesen waren. An erster Stelle sind hier zu nennen: Telekommunikation und Elektrizität.[35]

2.3 Die Expansion des Marktes: Die institutionellen Veränderungen

Die Zerschlagung der staatlichen Kontrollinstanzen, die Privatisierungen und die Öffnung der Wirtschaft nach außen, all dies stellt eine erhebliche Aufwertung des Marktes zum immer bestimmenderen Regulationszentrum der Gesellschaft dar. Das Entstehen und die Weiterentwicklung von Märkten in gesellschaftliche Bereiche, in denen sie bis dato nicht existiert oder nur eine nachgeordnete Rolle gespielt hatten, zerstörte und reorganisierte den gesamten sozialen Raum, vor allem aber das ökonomische Feld. Im folgenden werden die im Laufe dieses Prozesses neu entstandenen Instrumente der Marktgesellschaft im einzelnen besprochen: (1) die Entstehung eines „modernen" Finanzsystems; (2) die Kapitalisierung der landwirtschaftlich nutzbaren Fläche; (3) die Reform der sozialen Vorsorge und des Bildungssystems (4) sowie schließlich die Flexibilisierung des Arbeitsmarktes (5).

---

[34] Auf diese Art gingen große Teile der *área rara* in den Besitz der nach der Krise neu entstandenen *grupos económicos* über. Waren diese in den 70er Jahren zumeist national dominiert, so präsentieren sie sich heute als transnationale Konglomerate. Nach Martínez & Díaz (1995: 49) kontrollieren US-amerikanische Finanzkonsortien wie *Bankers Trust, Aetna* und *American International Group* heute allein 65 % der AFP.

[35] Marcel (1989) hat die Form dieser Privatisierung, bei der die Firmen erneut nur zur Hälfte ihres Wertes verkauft worden waren, scharf kritisiert. Denn derlei Geschenke an den Privatsektor führen zu Steuereinbußen, die er für den Zeitraum 1990 bis 1997 auf 2.500 Mio. Dollar oder 8 % des Bruttoinlandsprodukts veranschlagt.

2.3.1 Die Neuorganisation des Finanzsystems ... und die Schuldenkrise

Bis 1973 bestand der Finanzsektor aus der *Banco del Estado*, einer Finanzierungsorganisation namens SINAP (*Sistema de Ahorro y Préstamo*) sowie kleineren Geldinstituten. Mit 4,5 % nahm er noch 1970 einen eher unbedeutenden Anteil am BSP ein. Die Diagnose der Ökonomen des Militärregimes lautete, das chilenische Unternehmertum sei schwach und ineffizient, weil bis dato am Gängelband des Staates. Die Schaffung einer selbstbewußten und leistungsstarken Unternehmerschaft bedürfe nicht des administrativen Schutzes und eines organisierten Kapitalismus, sondern der Mechanismen des Marktes. In diesem Zusammenhang wurde der Errichtung eines liberalisierten Finanzsystems ein zentraler Stellenwert beigemessen.

Ab 1975 trennte sich die CORFO von allen bis dahin in ihrem Besitz befindlichen Banken. Etwa zur gleichen Zeit wurden private Finanzierungsgesellschaften (*financieras*) zugelassen. Zudem erleichterte man die Aktivitäten ausländischer Banken in Chile. 1979 beseitigte man für alle Privatbanken die Obergrenze der Verschuldung im Ausland und für Kredite in Devisen. Da Geld auf dem Weltmarkt in den 70er Jahren billig zu haben war, mußten diese von der Regierung gesetzten Rahmenbedingungen zu einer starken externen Verschuldung führen. Und in der Tat vervierfachte sich die Auslandsverschuldung zwischen 1973 und 1978 von 3.261 Mio. auf 12.500 Mio. US-$ (Martínez & Díaz 1995: 55). Das im Ausland geliehene Geld wurde entweder konsumtiv oder für den Kauf von bestehenden und häufig bis dato in staatlichem Besitz befindlichen Firmen verwendet. Dies hatte zwar eine beachtliche Konzentration des gesellschaftlichen Reichtums zur Folge, in den seltensten Fällen jedoch wurde es produktiv investiert. Mit anderen Worten, die Akkumulation des Finanzkapitals vollzog sich weitgehend verselbständigt von der produktiven Entwicklung. Es entstanden große Firmen „auf dem Papier", d.h. ohne produktive Aktivität.

In dieser Situation mußte die internationale Rezession der beginnenden 80er Jahre die chilenische Ökonomie hart treffen: Sie war „... gekennzeichnet durch tiefe Einbrüche im Wachstum, äußerst geringe Investitionsraten, ein Zahlungsbilanzdefizit, den bedeutenden Anstieg der Zinssätze, das abrupte Ende der Verschuldungsmöglichkeiten im Ausland sowie die Insolvenz hunderter Industrieunternehmen." (Imbusch 1995: 160) Dabei wird von der Mehrzahl der Beobachter zu Recht herausgestellt, daß sich die katastrophalen Auswirkungen des Krise im wesentlichen der hausgemachten Wirtschaftspolitik verdankten und nicht in erster Linie den „externen Faktoren" (Meller 1992). Statt schnell zu Gegenmaßnahmen überzugehen, blieb die Regierung ihrem neoliberalen Credo der „automatischen Anpassung" viel zu lange verpflichtet:

> „Mantener el dólar artificialmente bajo, dejar que subieran las tasas de interés y que quebraran los empresarios no viables. La idea era simple: en algún momento la cri-

sis tocaría fondo, el dólar barato atraería inversionistas y las tasas de interés volverían a atraer capitales. La historia es conocida. Sin embargo, este enfoque no resultó y mas bien profundizó la crisis." (Martínez & Díaz 1995: 55)

Die Rückzahlung der Schulden wurde noch dadurch zusätzlich erschwert, daß sie in Dollar aufgenommen worden waren, dessen Wert sich Anfang der 80er Jahre im Vergleich zum Peso verdoppelt hatte. Dieser Abwertungseffekt auf den Peso trieb viele Banken in finanzielle Nöte bzw. in den Bankrott und die Regierung zum Handeln. Um den vollständigen Zusammenbruch des Finanzsystems zu vermeiden, sah sie sich gezwungen, einen „Schritt rückwärts" zu tun, sprich: zu intervenieren. Am 13. Januar 1983 gab sie die Schließung dreier Großbanken bekannt, deren Schulden dreimal so hoch waren wie ihr Stammkapital. Fünf weitere, deren Schulden „nur" in etwa doppelt so hoch wie jenes waren, wurden vom Staat übernommen und zwei seiner direkten Aufsicht unterstellt. In den folgenden beiden Jahren wurde die staatliche Kontrolle des Finanzsektors auf insgesamt 26 Banken und 17 *financieras* ausgedehnt – und erreichte damit ironischerweise einen über die Allende-Zeit hinausreichenden Umfang.

Die Zentralbank übernahm die Außenschulden der privaten Geldinstitute und trat in die Verhandlungen mit den internationalen Kreditorganisationen ein. Insgesamt wurden in den 80er Jahren drei strukturelle Anpassungsprogramme mit IWF und Weltbank vereinbart, die einerseits zu einer beträchtlichen erneuten Kreditzufuhr führten und andererseits mit einschneidenden Vorgaben für die nationale Wirtschafts- und Finanzpolitik verbunden waren. Diese Agreements, die ein positives Zeichen für die anderen externen Gläubiger darstellten, liefen, um die beschlossenen Anpassungsmaßnahmen zu finanzieren, im wesentlichen auf einen drastischen Sparkurs bei den öffentlichen Ausgaben hinaus. Damit verbunden war die Abschaffung der im *Plan Laboral* (siehe Abschnitt 3.5) festgeschriebenen Indexierung der Löhne an die Inflation. Gestützt auf die neuerlich von außen eingeflossenen Kreditreserven, erließ das Regime eine Reihe von Maßnahmen nach innen, die das Überleben und die Stabilisierung der Privatunternehmen zum Ziel hatten. Diese umfaßten direkte Finanzhilfen seitens der Zentralbank, die Übernahme von Privatschulden durch den Staat, die Umwandlung von Dollar- in Pesoschulden sowie die kontinuierliche Abwertung des Peso gemäß der Inflation und den Devisenvorräten. Nach Ffrench-Davis (1985) haben allein diese Schuldentransformationen rund 15 % des BSP von 1982 betragen.

Die Liberalisierung und radikale Deregulierung der Finanzmärkte der 70er Jahre hatte in die ausweglose Verschuldung vieler Unternehmungen geführt. Diese Krise erzwang die erneute massive Intervention des Staates, der nun seinerseits dazu überging, die finanziellen Belange zu kontrollieren. Erst zum Ende der Pinochet-Zeit konnte die Politik der Privatisierungen zum Abschluß gebracht werden.

2.3.2 Die Kapitalisierung der Böden

Wie im letzten Kapitel geschildert, hatten die Landreformen der Regierungen Frei und Allende zur Expropriierung von mehr als 5.000 Höfen geführt, mit einer Oberfläche von fast 900 Tsd. Hektar. Anders als vielleicht zu erwarten, trachtete die Militärregierung nicht danach, das Latifundienwesen wiederherzustellen. Zwar wurden 28 % des zuvor expropriierten Landes an ihre damaligen Besitzer zurückgegeben und Enteignungen generell verboten, aber 56 % waren parzelliert und an neue Besitzer übergegangen (vgl. Muñoz & Ortega 1987). Der Großgrundbesitz konnte so nie wieder eine solche Macht entfalten wie vor dem Beginn der Landreformen. Im Resultat entstand eine durch mittlere und kleinere Unternehmen dominierte Besitzstruktur.[36]

Mit der Herausbildung von kleineren und effizienteren landwirtschaftlichen Nutzflächen ging es der Regierung darum, einen genuin kapitalistischen Agrarsektor zu schaffen. Durch den Abbau staatlicher Sektorpolitik und Subventionen für geographisch benachteiligte Zonen, die Freigabe des Grund- und Bodenmarktes und den Abbau von Zollschranken auch im Agrarsektor wurde er einem fundamentalen Strukturwandel unterzogen und neoliberale Prinzipien etabliert. Allerdings sah sich der Staat angesichts der Krise von 1982/83, die einen drastischen Rückgang der landwirtschaftlich genutzten Fläche und der Wachstumsraten mit sich brachte, zur Intervention gezwungen und rief verschiedene Technologietransfer- und Kreditprogramme ins Leben. In dem Maße, wie man außerdem wieder dazu überging, die Preisschwankungen für bestimmte Produkte politisch festzulegen und die Außenzölle zu erhöhen, erholte sich die Landwirtschaft, so daß seit 1984 hohe Wachstumsraten zu verzeichnen sind: Die landwirtschaftliche Produktion wuchs in diesem Jahre um 7,1 %, die bebaute Fläche dehnte sich um 20,7 % aus, und die Exporte wuchsen um 36,3 %, während die Importe um 10 % zurückgingen. Diese Entwicklung setzte sich in den folgenden Jahren (1985-90) fort, in denen die durchschnittliche jährliche Wachstumsrate der Nahrungsmittelproduktion 4,8 % und der Exporte 19,4 % betrug (Zahlen nach CEPAL, zitiert nach García et al. 1994, S. 189). Die CEPAL (1992a) führt diesen Erfolg in erster Linie auf technologische Modernisierungen, insbesondere einen höheren Mechanisierungsgrad und den wachsenden Gebrauch von Düngemitteln zurück.

Neben der Dynamik in der Forstwirtschaft (Messner et al. 1992) ist das Wachstum der Agrarexporte vor allem auf den Boom im Obstsektor zurückzuführen, der zwischen 1980 und 1990 mit durchschnittlich 11,5 % eine weit höhere jährliche Wachstumsrate aufwies als die Landwirtschaft insgesamt. Allein sein Anteil an den Gesamtexporten ist seit 1980 von 3,6 % auf 8,9 % (1990) angestiegen. Dies hat nur zum Teil mit den völlig deregulierten Arbeitsverhältnissen zu tun; der Aufstieg des Obstanbaus zu einem dynamischen Sektor auf dem Weltmarkt verdankt sich außer-

---

[36] Siehe dazu genauer Gómez & Echenique (1988: 101ff).

dem einem Mix komparativer Kostenvorteile: Klima und Bodenbeschaffenheit, die geographische Spezifik Chiles, die es einerseits erlaubt, in unterschiedlichen Zonen des Landes in verschiedenen Monaten zu ernten, und andererseits für die Nähe der Anbauflächen zu den Verschiffungshäfen sorgt. Daneben hat der Staat eine wichtige Rolle bei der Dynamisierung des Sektors gespielt. Seine allgemeine Liberalisierungspolitik, aber ebenso – nach der Krise von 1982 – gezielte Exportsubventionen im Verbund mit der drastischen Verbilligung der Arbeitskräfte führten zu deutlichen Gewinnen pro exportiertem landwirtschaftlichem Gut.

Betrachtet man den Obstsektor etwas genauer (García et al. 1994: 191f.), so hat sich die Anbaufläche zwischen 1974 und 1990 um 159 % ausgedehnt, wobei beim Anbau von Weintrauben die größte Ausdehnung gemessen wurde: Betrug dieser Anteil an der gesamten Anbaufläche noch 1974 6,5 %, so 1990 bereits 28 %. Danach folgen Äpfel mit 13,6 %, gefolgt von Birnen, Kiwis und Pflaumen. Im selben Zeitraum vervierfachte sich die Obstproduktion von 540 Tsd. auf 2.200 Tsd. Tonnen. Da darüber hinaus eine beachtliche Diversifizierung der Produktpalette festzustellen ist, hat sich Chile in den vergangenen 10 Jahren zu einem der wichtigsten Obstexporteure entwickelt. Damit ist der Außenhandel des Landes in geringerem Maße als zuvor abhängig vom Kupfer, das entsprechend in seinem Exportanteil von 75 % (1970) auf 50 % (1989) schrumpfte (vgl. Jadresic 1990: 44). Von einer Überwindung der Exportabhängigkeit vom Kupfer kann allerdings (noch) keine Rede sein, wenn man sich vor Augen führt, daß sein Exportanteil im Jahre 1950 schon einmal 50 % betragen hat und seit 1980 wieder zunimmt (ebd.).

Die Expansion des Marktes in die Landwirtschaft hat aber nicht in erster Linie zu einem hoch entwickelten Agrarbusiness geführt, sondern eher den Dualismus eines modernen und traditionellen Sektors hervorgebracht. Denn den auf guter technologischer Basis operierenden und häufig in transnationalem Besitz stehenden Agrarkomplexen von *Acongagua*, *Curicó* und *Colchagua* steht nach wie vor ein Heer von mit lediglich rudimentären Produktionsmitteln ausgerüsteten Subsistenzarbeitern gegenüber. Aufgrund der technologischen Revolution in den größeren Agrikulturbetrieben verfügen diese kleinbürgerlichen und arbeitsintensiven Produktionsformen über immer geringere Marktanteile. Und so sind an denjenigen ländlichen Regionen fernab vom fruchtbaren *Valle Central* die technologischen Neuerungen weitgehend vorbeigegangen. Der Abstand zwischen modernem und traditionellen Agrarsektor verschärft sich ebenso wie die ländliche Armut.

2.3.3 Soziale Vorsorge als Marktregulation

Ein weitere Dimension von Pinochets „Modernisierungen" stellt die Umstellung des Sozialversicherungssystems auf individuelle Vorsorge dar. Das chilenische Sozialversicherungssystem wurde bereits 1924 eingeführt und beruhte – ähnlich wie in Europa – auf Solidarfonds (*Servicio de Seguro Social, Caja de Empleados Públicos* und *Caja de Empleados Particulares*), in die sowohl Arbeitgeber als auch Arbeitnehmer einzahlten. Nun befand sich dieses System 1973 in einem zersplitterten[37] und defizitären Zustand, was der Regierung die Einführung des Marktprinzips auch in diesem gesellschaftlichen Feld erleichterte.

Interessanterweise ging der Anstoß zur Reform von 1981 diesmal nicht vom Wirtschafts- oder Finanzministerium, sondern – in Gestalt des Harvardabsolventen José Piñera – vom Arbeitsministerium aus. Das Prinzip ist höchst einfach: weder Solidarpartnerschaft, noch Kosten für Staat und Unternehmer. Ähnlich wie bei privaten Lebensversicherungen beruht das Versicherungssystem einzig auf der individuellen Einlage der Beschäftigten, ohne Berücksichtigung seiner sozialen Situation. Nach dem neuen System müssen die Lohnabhängigen einen Teil ihres Lohnes oder Gehaltes (mindestens 10 %) an eine private Vermögensverwaltung übergeben, auf daß diese den eingezahlten Fonds möglichst profitabel anlege. Die Rentenauszahlung ist staatlich garantiert, das heißt sollte eine dieser Verwaltungen namens AFP (*Administradoras de Fondos de Pensiones*) Konkurs anmelden, spränge der Staat ein. Die Höhe der Rente ist allein abhängig von der eingezahlten Geldmenge, eine Beteiligung der Arbeiter an den Gewinnen der AFP findet also nicht statt.

Auf diese Weise akkumulierte man Kapital gratis. Um die Institutionen der AFP ins Leben zu rufen, bedurfte es keinerlei äußeren Kapitalzustroms, man tat es einzig und allein mit dem Geld der Versicherten. Für die Unternehmer ergaben sich dadurch zweierlei Vorteile. Durch den Wegfall der Arbeitgeberbeiträge zur Sozialversicherung wurden die Lohnnebenkosten deutlich verringert, und außerdem erwiesen sich die AFP als günstige Anlageform von Kapital. Die Besitzstruktur der AFP wies bis zur Krise von 1982/83 eine hohen Konzentrationsgrad auf und war geprägt durch wenige *grupos económicos*.[38] Während der Krise mußte der Staat in einige AFP intervenieren, fusionierte andere und verkaufte sie kurz darauf wieder. Diesmal allerdings auch an das ausländische Kapital[39], mit dem Ergebnis, daß von den 14 heute existierenden AFP mehr als die Hälfte von internationalen Konsortien kontrolliert werden.

Der wesentliche Effekt der Umstellung des Sozialversicherungssystems auf private Vorsorge besteht nicht in einer Verbesserung der Leistung, denn die oft kärglichen Einkommen[40] der Arbeiter und Angestellten erlauben in den seltensten Fällen eine zu einer angemessenen Rente berechtigenden Einlage. Statt dessen wird die aus der

---

[37] Es existierten nicht weniger als 2.000 allgemeine und 3.000 näher ausführende Gesetze und Verordnungen, 30 verschiedene *Cajas de previsión* und 70 *Servicios de Bienestar* (siehe Martínez & Díaz 1995: 58).

[38] Vgl. über die extreme Konzentration im Versicherungsgewerbe der 70er Jahre Dahse (1979).

[39] Die Konzentrationsprozesse der 80er Jahre, diesmal unter Beteiligung des internationalen Big Business, sind dargestellt in Rozas & Marín (1988).

[40] Siehe Kapitel 4.9 und 4.10.

Stellung im Beschäftigungssystem resultierende soziale Ungleichheit quasi vermittlungslos bis ins hohe Alter hinein fortgesetzt. Der entscheidende Aspekt dieser „Reform" ist vielmehr die gigantische Übertragung der Ressourcen der Arbeitnehmer hin zum privaten Sektor. Durch diese Gratis-Akkumulation von Kapital wurde ein beträchtliches Investitionspotential geschaffen, und zugleich erhielt der Markt nun auch die Regulationsgewalt über die sozialen Belange.[41]

2.3.4 Der Strukturwandel im Bildungssystem

Im Rahmen der Reformen der Regierung Frei (1964-70) kam der Bildungspolitik ein zentraler Stellenwert zu. Nicht nur sah man Bildung als notwendige Voraussetzung für die Modernisierung der Ökonomie an, sondern auch in ihrer Eigenschaft, der Verringerung sozialer Unterschiede dienlich zu sein, und ganz allgemein – dieser Tage kaum zu hören – im Sinne der geistigen Entwicklung des Menschen selbst: Die Verantwortlichen der Bildungspolitik verstanden ihre Reformen als einen integralen Bestandteil auf dem Wege zu einer *sociedad comunitaria*. Dabei war es ein großes Ziel, die Grundbildung für alle Chilenen sicherzustellen. Die Grundschulzeit (*Enseñanza Básica*) beträgt seit dem acht Jahre (statt zuvor sechs) und die mittlere Bildungslaufbahn (*Enseñanza Media*) weitere vier Jahre (Cox 1985: 19). Das Motto hieß *más educación y menos diferenciada*. „Mehr Bildung" in dem Sinne, daß mehr Kinder und Jugendliche mehr Zeit im Bildungssystem verbringen. Um dieses Ziel zu erreichen, wurden viele neue Schulen und andere Bildungseinrichtungen errichtet, neue Lehrer, Ausbilder und Professoren eingestellt und die alten weitergebildet. Die Bildungsbeteiligung nahm rapide zu.[42] Außerdem wurde der Zugang zur höheren Bil-

---

[41] Ganz ähnlich gelagert ist der Fall der Reformen im Gesundheitssystem (vgl. Ruiz-Tagle 1994). Wie im Sozialversicherungsbereich erhielt das Marktprinzip auch hier Einzug durch die Bildung der ISAPRE (*Instituciones de Salud Previsional*). Bei diesen handelt es sich um private Körperschaften, die in Konkurrenz zum staatlichen Gesundheitssystem getreten sind. Versicherten der ISAPRE ist normalerweise eine Behandlung auf höchstem medizinischen Niveau sicher, allerdings sind die Beiträge zu ihnen so hoch, daß sie sich nur ein kleiner Teil der Lohnabhängigen leisten kann. Die Mehrzahl der Arbeiter muß in den staatlichen Einrichtungen der FONASA verbleiben, die aus Mangel an Kapital – Zahler höherer Beiträge wechseln im Normalfall zu den ISAPRE – seit längerem nur noch die Grundversorgung sicherstellen können. Wer also in Chile eine untere Position im Beschäftigungssystem einnimmt, kann sicher sein, nicht nur eine entsprechend magere Rente zu erhalten (wenn er denn so alt wird) – bis dahin erfährt er obendrein noch eine unzureichende medizinische Behandlung.

[42] Die Anzahl der in der *Enseñanza Básica* unterrichteten Schüler stieg zwischen 1964 und 1970 um über eine halbe Million an und entsprach 1970 97 % der sechs bis 14jährigen. Im Bereich der *Enseñanza Media* war der Zuwachs noch größer: von 140 Tsd. Schüler 1964 auf 302 Tsd. 1970. Mit dieser Zuwachsrate von 111 % wurde die traditionell höchst selektiven Zugänge zu höheren Bildungsgängen geöffnet, denn immerhin war jetzt ungefähr ein Drittel der 15 – 19jährigen an der mittleren Bildung beteiligt. Dieser von der Regierung Frei gewollte Bruch mit einem meritokratischen Prinzip, das die Klassenunterschiede direkt reproduzierte, zeigte sich auch auf dem Feld der Hochschulbildung. Die Zahl der Studenten nahm mehr als zweifach zu

dung („menos diferenciada") erleichtert, indem man Zugangsprüfungen zur mittleren Bildungsstufe abschaffte und den dafür notwendigen Notendurchschnitt im achten Jahr heruntersetzte. Um auch die Kinder ärmerer Bevölkerungsgruppen an der Bildungsexpansion zu beteiligen, rief man zudem diverse staatliche Unterstützungsprogramme ins Leben (z.B. kostenfreie Schulspeisung und Stipendien). Schließlich soll erwähnt werden, daß die Bildungsreformen sich auch in den Inhalten der Lehrpläne niederschlugen. Geschult wurden jetzt eher allgemeine und abstrahierende Fähigkeiten (*aprender a aprender*) als spezifische Kenntnisse.

Die turbulente Zeit der UP hatte einen intensiven und konfrontativen Diskurs über die auf dem Weg zum Sozialismus einzuschlagende Bildungspolitik gebracht. Keine der größeren Reformvorhaben konnte jedoch in der kurzen Regierungsperiode in die Tat umgesetzt werden[43], so daß es dabei blieb, die bereits zuvor eingeleiteten Strukturmaßnahmen zu intensivieren. Hatten also die Regierungen von Frei und Allende ein ausgeprägtes Bewußtsein von der Bedeutung von Bildungsunterschieden bei der Reproduktion sozialer Ungleichheiten, so ersetzte die Militärregierung die an der Überwindung der Klassenunterschiede orientierte Bildungspolitik durch den Diskurs der „Familie", des „Vaterlandes" und der „Nation".[44]

Es begann mit der massenhaften Entlassung von Personal und der Eliminierung ganzer Fach- und Lehrbereiche. Besonders betroffen waren Geschichte, Geographie und Sozialwissenschaften; Themenkomplexe wie Soziale Integration, Pluralismus, Entwicklung und Abhängigkeit, aber auch ganz allgemein Lateinamerika-spezifische Themen. Auferstehung feierte demgegenüber die Geschichtsschreibung der Helden

---

und erhöhte sich von 32 Tsd. auf 77 Tsd. (alle Zahlen aus Echeverría 1982).

[43] Dies muß insofern eingeschränkt werden, als die finanziellen und organisatorischen Anstrengungen, um möglichst vielen Chilenen den Zugang zu Büchern und anderen kulturellen Gütern zu erleichtern, bis dahin beispiellos waren. Die quantitative Expansion des Bildungssystems (vgl. Brunner 1984) erstreckte sich auf alle Bildungsbereiche (von der Vorschul- bis zur Universitätsbildung), jedoch blieben die qualitativen Veränderungsvorhaben, die innerhalb der Regierung diskutiert worden waren, ausnahmslos unverwirklicht. Von diesen Entwürfen war die *Escuela Nacional Unificada*, die eine einheitliche Bildung von 12 Jahren für alle Chilenen vorsah, am weitesten ausgearbeitet (siehe Farrel 1983).

[44] Wie Victor Klemperer (1947) eine großartige Analyse der Sprache des Hitlerfaschismus hinterlassen hat – die von ihm sogenannte „Lingua Tertii Imperii" –, so wäre eine Studie des wirren, nationalistischen und technokratischen Sprachpathos der Pinochet-Ära durchaus ihren Aufwand wert. Der Marxismus z.B. ist bei Pinochet nicht etwa „antikapitalistisch", sondern „antichristlich" und vor allem: „antichilenisch". Wo bis dato soziale Phänomene als solche erkannt und daraus entsprechende Reformen abgeleitet worden waren, negiert er das Soziale überhaupt und redet statt dessen vom *ser nacional*, das durch Allendes *Escuela Nacional Unificada* angeblich bedroht worden sei. In einem Beitrag für die Lehrer, Ausbilder und Dozenten des Landes (Pinochet 1974: 2) beklagt er sich über den „... deseo de alejar a nuestra Patria de los valores esenciales de su tradición christiana, pretendiendo implantarnos el dominio de una ideología foránea anti-chilena, como es el marxismo-leninismo. A ello obedeció el deseo de uniformar las conciencias hacia derroteros ajenos a nuestro ser nacional, lo cual quedó de manifiesto en el proyecto de la llamada 'Escuela Nacional Unificada' propiciado por el régimen depuesto, y con razón la inmensa mayoría de los chilenos combatió y rechazó."

und Persönlichkeiten mit dem kolonialistischen Spanien und seinen Eroberern als herausragender historischer Referenz. Das Soziale wurde überhaupt ausgeblendet: aus der Ökonomie, die auf ihre technisch-stoffliche Seite verkürzt wurde, und aus der Gesellschaft, ersetzt durch traditionelle Diskurse der katholischen Rechten und das Konzept der nunmehr allein sinngebenden „Nation", in dem soziale Unterschiede unsichtbar geworden sind.

Neben der Ideologisierung der Bildung wurden einschneidende institutionelle Veränderungen durchgesetzt. Durch die Munizipalisierung der Schulbildung wurde diese von der staatlichen Verwaltung getrennt. Ressourcen und Lehrpläne werden seit den beginnenden 80er Jahren direkt von den Gemeinden verwaltet, was zu einer stärker an regionalen Interessen orientierten Bildungspolitik beitragen sollte. Die Militärjunta sparte so immense Kosten ein, ohne aber dabei die Kontrolle über die Curricula zu verlieren. Denn bis zur ersten Kommunalwahl von 1992 wurden die Bürgermeister der Gemeinden direkt von der Zentral- bzw. von der Regionalregierung eingesetzt.

Die zweite größere Reformwelle betraf Privatisierungen und Differenzierungen des Bildungssystems und damit den Eintritt von Marktmechanismen in ein bis dato davon völlig freies gesellschaftliches Feld. Hatte noch 1981 die Verteilung der Schüler und Studenten auf den staatlichen Bildungsbereich 78 %, den staatlich subventionierten privaten Bildungsbereich 15,1 % und den nicht subventionierten privaten Bildungsbereich 6,9 % betragen, so lautete die entsprechende Verteilung bereits 1984 68,2 %, 26,2 % und 5,5 %. Der geringe Anteil ausschließlich frei finanzierter Bildungseinrichtungen zeigt, daß man zwar von einer Privatisierung des Bildungssystems sprechen kann, aber in erster Linie von einer staatlich finanzierten. Nicht der Rückzug des Staates aus der Bildung kennzeichnet also die 80er Jahre, sondern seine veränderte Rolle. Weit entfernt vom *estado docente* der 60er und beginnenden 70er Jahre ist vielmehr ein neues Verhältnis zwischen öffentlichem und privatem Sektor entstanden. Der Staat garantiert die Grundbildung der ersten acht Jahre, danach beginnt ein Nebeneinander privater und öffentlicher Bildungswege, die zum Teil miteinander in Konkurrenz treten. So wurden vor allem technische Ausbildungen wie die *Enseñanza Media Técnica Profesional*, die bis dato in staatlicher Regie angeboten worden war, direkt in die Hände der jeweiligen Unternehmerorganisationen übergeben (*Sociedad Nacional de Agricultura*, *Cámara Chilena de la Construcción* etc.), um auf diese Weise direkt für ein hinreichendes Angebot an qualifiziertem Nachwuchs für die Unternehmen zu sorgen. Auch im Bereich der akademischen Bildung wurden die technischen Studiengänge zum Teil in den Privatbereich ausgelagert und die *Centros de Formación Técnica* und *Profesionales* geschaffen. Diese berufspraxisnahen Studiengänge der Ingenieur- und Technikerberufe stellen heute eine wichtige Ergänzung zum universitären Ausbildungsangebot dar.[45]

---

[45] Auch im universitären Bereich ist den renommierten Santiagoer Universitäten mit der Gründung neuer Hochschulen Konkurrenz erwachsen. In stärkerem Ausmaß als früher befinden sich

Die Militärjunta hat so zwar mit der Expansion des Bildungssystems der 60er und beginnenden 70er Jahre Schluß gemacht, die öffentlichen Bildungsausgaben aber immerhin auf dem Niveau der Mitte der 70er Jahre eingefroren.[46] Diese verbliebenen Ressourcen wurden zugunsten der Vor- und Grundschulbildung sowie der mittleren Schulbildung und zu Lasten der Universitätsausbildung gebündelt.[47] Man kann somit nicht sagen, daß in der Zeit der Militärdiktatur ein Kahlschlag im Bildungsbereich als Ganzem betrieben worden wäre. Vielmehr wurden die öffentlichen Bildungsausgaben pro Kopf in etwa gehalten und der Anteil des privaten Sektors vergrößert. Das entspricht dem neuen Rezept von Bildungspolitik in der neoliberalen Philosophie: Man eliminiere kritische Geister, Fachbereiche und Themen aus dem Bildungssystem und ersetze sie durch eine hinsichtlich der bestehenden Ordnung apologetische Mischung aus Nationalismus und Technokratie. Mehr oder weniger direkt wird Bildung so dem „nationalen" Ziel der Weltmarktexpansion untergeordnet, womit sie ihres humanen Gehaltes weitgehend enthoben wird und im Wortsinn zur „Ausbildung" verkümmert.

Und weil die technokratischen Bildungsökonomen den Zusammenhang zwischen technologischer Modernisierung und einem entsprechend qualifizierten gesellschaftlichen Arbeitskörper sehr wohl erkannt hatten, nahm die Bildungsbeteiligung in der Pinochet-Ära absolut gesehen zu. Die Zahl der im Bildungssystem Befindlichen 0-24jährigen erhöhte sich zwischen 1973 und 1985 von 2,99 Mio. auf 3,12 Mio. Dieses Wachstum blieb jedoch hinter dem Bevölkerungswachstum dieser Altersgruppe zurück, so daß der relative Anteil der im Bildungssystem Aktiven von 54,4 % (1973) auf 50,6 % (1985) zurückging. Bemerkenswert ist die Entwicklung im Bereich der *Enseñanza Media*, denn der Anteil der 15-19jährigen, die in diesem Bildungszweig beschäftigt waren, stieg zwischen 1973 und 1985 um 10 % an (von 42,9 % auf 53,6 %). Ein Vergleich der Entwicklung im akademischen Spektrum ist dadurch erschwert, daß dem privaten Sektor bis etwa 1980 keinerlei Rolle in diesem Bildungssegment zukam. Vergleicht man nur die in den Universitäten Immatrikulierten, so geht der Anteil der Studenten an den 20-24jährigen insgesamt von 16,8 % (1973) auf 9,4 % (1985) zurück. Wenn man aber das gesamte post-sekundäre Bildungsspektrum in dem Vergleich berücksichtigt (Universitäten, *Institutos Profesionales, Centros de*

---

diese nun in den Provinzen (z.B. in Puerto Montt, Valdivia und Arica). Daß die Marktbeziehungen längst auch das akademische Feld prägen, kommt besonders in der 1981 eingeführten Praxis zum Ausdruck, die staatliche Unterstützung der Universitäten in Abhängigkeit von deren Konkurrenz untereinander zu vergeben: Diejenigen Universitäten, die in der Lage sind, die (mittels eines komplizierten Punkteschlüssels ermittelten) besten Absolventen eines Jahrgangs der *Enseñanza Media* zu werben, werden mit den höchsten staatlichen Zuschüssen dekoriert.

[46] Genaue Berechnungen und ein Vergleich der Bildungsausgaben pro Kopf der drei genannten Regierungen finden sich bei Cox 1986 und Marcel 1984.

[47] Betrug die Verteilung der öffentlichen Mittel auf Grundschulen, Mittelschulen und Universitäten 1973 43 %, 16 % und 41 %, so veränderten sich diese Proportionen bis 1985 auf 59 %, 21 % und 20 % (vgl. Cox 1985: 41).

Formación Técnica), so bleibt der Anteil mit 16,3 % fast stabil. Damit ist der Trend zu höherer Bildung in der chilenischen Gesellschaft mit dem 11.9.1973 nicht abgebrochen, sondern fortgesetzt worden – in den höheren Sphären aber nunmehr mit zunehmender Differenzierung. Im Kapitel 4.8 wird zu fragen sein, wie sich diese Intellektualisierung auf das Beschäftigungssystem, sprich, die Chancen, mit einem gegebenem Bildungstitel eine attraktive Berufsposition zu erreichen, ausgewirkt hat.

2.3.5 Der *Plan Laboral* und der Arbeitsmarkt

Bei den Arbeitsbeziehungen[48] mußte die Transformation der Staats- in eine Marktregulation auf die weitgehende Flexibilisierung der Arbeitskräfte hinauslaufen. Dafür mußte zunächst das im *Código del Trabajo* von 1931 festgeschriebene Arbeitsrecht außer Kraft gesetzt werden, das den Gewerkschaften eine weitgehende Mitbestimmung und Kollektivverhandlungen garantiert hatte. Die stark politisierte Gewerkschaftsdachorganisation *Central Unica de Trabajadores* (CUT) wurde bereits wenige Tage nach dem Putsch aufgelöst. Hunderte ihrer Funktionsträger wurden verfolgt und oft schärfster Repression ausgesetzt. Überhaupt wurde das Fabrikregiment in der Zeit zwischen 1973 und 1979 in ähnlicher Form exerziert wie sein politisches Vorbild: per Ausnahmegesetzgebung. Es gab keine Wahl von Gewerkschaftsvertretern mehr, von Kollektivverhandlungen ganz zu schweigen. In Zeiten steigender Arbeitslosigkeit war außerdem die Erlaubnis zur Kündigung von Arbeitern und Angestellten ohne Begründung ein überaus effektives Mittel zur Disziplinierung der Beschäftigten. Sämtliche Belange der Arbeitsbeziehungen – Lohnhöhe, Arbeitszeit und -bedingungen – wurden nach Belieben der Unternehmer bzw. nach „Empfehlungen" der Regierung festgelegt. Innerhalb von kürzester Zeit verwandelte sich ein System weitergehend regulierter Arbeitsbeziehungen, das seinerseits eine Errungenschaft langer Kämpfe der Arbeiterbewegung darstellte, in einen vollständig deregulierten und mit eiserner Hand regierten Arbeitsmarkt.

Die Reform der Arbeitsgesetzgebung war notwendig geworden, um den sich im völlig rechtsfreien Raum befindlichen Arbeitsbeziehungen wieder eine gesetzliche Grundlage zu geben.[49] 1978 wurden Wahlen in den Gewerkschaften durchgeführt, damit die Regierung überhaupt mit irgendwelchen Vertretern der Arbeiter verhandeln konnte. Diese waren jedoch zum großen Teil unerfahren, da die erfahrenen Funktio-

---

[48] Vgl. zu diesem Aspekt die am *Programa de Economía del Trabajo* (PET) entstandenen Arbeiten, aus denen gerade auch die Schwierigkeiten, die aus dem industriellen Wandel für die gewerkschaftliche Organisation erwachsen, deutlich werden: Miño (1991), Bustamente & Echeverría (1991), Frías & Ruiz-Tagle (1992), Agacino & Rivas (1993), Echeverría & Herrera (1993), Frías (1994) und Henríquez & Reca (1994).

[49] Und zu einem beträchtlichen Teil induziert durch internationalen Protest. Vor allem hatte der US-amerikanische Gewerkschaftsbund AFL-CIO der diktatorischen Zustände in den Fabriken wegen zum Boykott chilenischer Produkte aufgerufen.

näre entweder im Gefängnis oder im Exil waren. Der *Plan Laboral* von 1979 erkannte die Mitgliedschaft in Gewerkschaften[50], die Kollektivverträge sowie das Streikrecht an, diese Rechte wurden aber zugleich wieder relativiert, denn es wurde mehr als eine Gewerkschaft pro Betrieb erlaubt, und Nicht-Mitglieder profitierten automatisch von den Resultaten der Tarifverhandlungen. Die Möglichkeit der Kündigung ohne Angabe von Gründen wurde institutionalisiert. Zwar erlaubte man Streiks, aber nur befristet. Nach Ablauf von 59 Tagen mußten die Arbeiter wieder in den Betrieb zurückgehen und dabei das letzte von den Arbeitgebern unterbreitete Angebot akzeptieren. Umgekehrt wurde den Arbeitgebern das Recht auf Aussperrungen und temporäre Firmenschließungen im Konfliktfall eingeräumt. In der Zeit des Arbeitskampfes konnten die Arbeitgeber darüber hinaus neues Personal einstellen. Schließlich blieben die Arbeitsgerichte – die *Tribunales del Trabajo* – abgeschafft.

Die Gewerkschaften, geschwächt durch die vorherige Auflösung ihrer Organisation, nahmen den *Plan Laboral* an, da er zumindest ein Mindestmaß an Rechtssicherheit gewährleistete und insofern ein Fortschritt gegenüber dem völlig rechtlosen Zustand vor 1979 bedeutete. Andererseits bedeutete seine Annahme die Institutionalisierung des Neoliberalismus auf dem Feld der Arbeitsbeziehungen und schrieb die fast uneingeschränkte Herrschaft der Unternehmer im Produktionsprozeß fest. Seine wesentliche soziale Funktion besteht in einer dreifachen Flexibilisierung der Arbeitskräfte und -märkte bzw. in der drastischen Reduktion der Lohnkosten: (1) Der Bruch mit den Kollektiv- und die Einführung von Individualverträgen erleichterte Veränderungen in der Arbeitsorganisation, die Einführung prekärer Beschäftigungsformen und befristeter Arbeitsverträge. (2) Die Zurückdrängung des gewerkschaftlichen Einflusses durch Tarifverhandlungen auf Betriebs- und nicht mehr auf Flächen- bzw. Branchenebene. Darüber hinaus blieben Gewerkschaften im öffentlichen Bereich sowie in kleineren Firmen (die immer häufiger von den großen Unternehmen als Subfirmen herangezogen werden) illegal. (3) Die Reduktion des gesetzlichen Minimallohns gab zusätzlichen Spielraum für flexibilisierte Lohn- und Gehaltsmodelle.

2.4 Die industriellen Beziehungen: Entsteht ein neues Fabrikregiment?

In den letzten Abschnitten haben wir die autoritär-neoliberale Transformation in ihrer Auswirkung auf Wirtschaft und Gesellschaft untersucht. Wesentliche Elemente dieser kapitalistischen Revolution spielen sich nun gerade auch im Mikrokosmos des Produktionsprozesses ab, weshalb in diesem Kapitel ein Blick hinter die Fabrikmau-

---

[50] Dies allerdings nicht in der öffentlichen Verwaltung und in den Staatsbetrieben, die von derlei Einfluß frei bleiben sollten.

ern geworfen werden soll. Dies soll auf empirischem Wege geschehen. Es folgt zunächst eine Auswertung der jährlich vom nationalen statistischen Institut herausgegebenen Industriestatistik, der *Anuarios de la Industria Manufacturera*. Diese quantitative Perspektive wird im zweiten Schritt ergänzt und verfeinert durch die Ergebnisse qualitativer Befragungen, die Anfang der 90er Jahre in chilenischen Industriebetrieben durchgeführt worden sind.

2.4.1 Deindustrialisierung und Reindustrialisierung

Bis in die 80er Jahre hinein konzentrierte sich die industriesoziologische Literatur auf die destruktiven Aspekte des neuen Wirtschaftskurses. Dies ist auch verständlich, wenn man bedenkt, daß Chile zwischen 1974 und 1982 zwei schwere Krisen durchlebte, die in ihren sozialen Auswirkungen nur mit der Großen Depression der 30er Jahre vergleichbar waren. Die einschlägigen Studien (für einen Überblick: Montero 1989, 1990) weisen für die 70er Jahre einen nur geringen Implementationsgrad neuer Technologien aus. Der Schwerpunkt lag ganz eindeutig auf der Einführung einer rigiden Arbeitsteilung, die Alvaro Díaz (1989, 1990) als eine autoritäre Ausgabe des Taylorismus bezeichnet hat. Anders als vor 1973, als man auf den Widerstand der Gewerkschaftsbewegung gestoßen war, konnte sich danach ein autoritäres „Fabrikregime"[51] etablieren, dessen wesentlicher Charakterzug die nunmehr uneingeschränkte, intensive und flexible Ausbeutung der Arbeitskräfte war. Die erste Dekade der Militärregierung kann somit als die Periode der Anpassung der innerbetrieblichen Arbeitsteilung an die nunmehr nach außen geöffnete Wirtschaft begriffen werden. Oder, mit Díaz gesprochen:

> „Las empresas se liberaron de todo lastre, disminuyendo el grado de integración vertical, eliminando secciones, vendiendo maquinaria innecesaria u obsoleta, reduciendo drásticamente inventarios, despidiendo trabajadores, reduciendo salarios,

---

[51] Der Ansatz der „Fabrikregimes" geht auf den US-amerikanischen Soziologen Michael Burawoy (1979) zurück und kann für den chilenischen Fall leicht fruchtbar gemacht werden (siehe auch Montero 1986). Fabrikregimente lassen sich idealtypisch nach der jeweiligen Ausübungsform der Herrschaft im unmittelbaren Produktionsprozeß und der jeweiligen Interaktion mit dem Staat voneinander unterscheiden. Mit den üblichen Abweichungen von diesen Idealtypen hat es realtypisch in Chile wenigstens drei der vier von Burawoy vorgeschlagenen Ausprägungen gegeben: das der Despotie des Marktes folgende Modell mit der uneingeschränkten Herrschaft des Kapitals im Produktionsprozeß (nach 1973); jene besondere lateinamerikanische Form des Fordismus, in der dem Staat trotz Privateigentum an den Produktionsmitteln eine hohe Regulationsmacht bei der Ausgestaltung des Arbeitsprozesses und der ökonomischen Rahmenbedingungen zukommt (bis 1970) und schließlich auch die „Arbeiterselbstverwaltung" (1970-73), wenn auch nur in Ansätzen und in bürokratischer Form. (Die vierte Form eines idealtypischen Fabrikregiments nach Burawoy meint einen bürokratischen, vom Staat ausgehenden Despotismus und bezieht sich in erster Linie auf staatssozialistische Länder, von denen er exemplarisch eine Fabrik im ungarischen Miscolc untersucht hatte.)

aumentando el control empresarial de la mano de obra y, sobre todo, *flexibilizando el uso de la fuerza de trabajo*." (Díaz 1990: 405, Herv. im Org.)

TAB. 2.1: BESCHÄFTIGUNG IN DER INDUSTRIE: BETRIEBE AB 50 BESCHÄFTIGTE

Jahre	Anzahl Unternehmen	Beschäftigung
1971-73	1.280	266.292
1974-78	1.184	224.734
1979-81	1.229	206.520
1982-84	1.086	176.146
1985-89	1.252	210.447
1990-93	1.745	317.519

Quelle: INE

Die von Díaz geschilderten Begleiterscheinungen dieser kapitalistischen Rationalisierung finden sich für die 70er und beginnenden 80er Jahre bestätigt und nehmen eine krisenzyklische Form an: Im Zeitraum 1982-84 waren gut 90 Tsd. weniger Menschen in der Industrie beschäftigt als zu Beginn der 70er Jahre. Tab. 2.1 zeigt aber auch, daß das für die 70er Jahre gültige Label der „Deindustrialisierung" ab Mitte der 80er nicht mehr zutrifft. Nicht nur verzeichnen wir seit etwa 1985 ununterbrochen hohe Wachstumsraten im industriellen Sektor, auch seine Beschäftigung hat absolut[52] deutlich zugenommen. Nach der Deindustrialisierung ist also von einer Umkehrung des Trends in Richtung einer Restrukturierung der Industrielandschaft auszugehen.

Auch aus Tab. 2.2 geht das schnelle Wachstum der industriellen Beschäftigung hervor. Dies gilt besonders für den Zeitraum 1985 bis 1987, in dem es interessanterweise mit einer deutlichen Abnahme der Arbeitsproduktivität einherging. Während also in der Periode 1979-81 die Beschäftigung ab- und die Arbeitsproduktivität zunimmt, schlägt dieses Verhältnis im Laufe der 80er Jahre in sein genaues Gegenteil um: Dem rasanten Beschäftigungszuwachs steht jetzt eine abnehmende Produktivkraft der Arbeit gegenüber, die sich erst ab 1988 wieder etwas erhöht.

Dieses Wachstum der industriellen Beschäftigung war nur deshalb möglich, weil die geringe Arbeitsproduktivität durch eine drastische Reduktion der Löhne mehr als kompensiert wurde. Dies gilt einerseits für die in der Industrie gezahlten Reallöhne, die bis einschließlich 1987 kontinuierlich sanken, und, obwohl diese Tendenz 1988 ein Ende fand, noch 1989 klar unter dem Wert von 1981 lagen. Andererseits führten diese Lohnsenkungen dazu, daß sich der Lohnanteil am Bruttoproduktionswert seit der Periode 1979-81 fast halbierte. Die „Erholung" der chilenischen Industrie vollzog sich also auf der Grundlage der gewaltsamen Verbilligung der Ware Arbeitskraft und

---

[52] Diese Zunahme zeigt sich auch in einem Anstieg des relativen Anteils der industriellen Arbeit an der Gesamtbeschäftigung (siehe auch Kap. 4.3).

ihrer extensiven Ausbeutung.[53] Das Fabrikregiment der 80er Jahre muß also nicht nur als „autoritär", sondern auch als innovationsfeindlich bezeichnet werden.

TAB. 2.2: BESCHÄFTIGUNG UND PRODUKTIVITÄT 1979 BIS 1990

Jahre	Beschäftigung	Variation Beschäftigung (%)	Produktionsindex 1979=100[54]	Variation Produktionsindex (%)	Variation Arbeitsproduktivität[55] 1979=0	Anteil Lohnkosten am Bruttoproduktionswert[56] (%)	Variation Reallöhne in der Industrie[57] 1979=0
1979	302.478		100,0			11,5	
1980	280.518	-7,3	107,9	7,9	15,2	12,1	5,2
1981	260.374	-7,2	109,2	1,2	8,4	13,2	9,1
1982	215.070	-17,4	87,6	-19,8	-2,4	12,3	-6,5
1983	210.595	-2,1	92,6	5,7	7,8	9,5	-22,9
1984	233.082	10,7	102,8	11,0	0,3	8,5	-11,0
1985	247.940	6,4	103,4	0,6	-5,8	7,5	-12,3
1986	267.592	7,9	112,6	8,9	1,0	7,6	2,5
1987	307.476	14,9	117,8	4,6	-10,3	7,3	-4,1
1988	326.478	6,2	127,4	8,1	2,0	7,4	1,0
1989	354.516	8,6	138,7	8,9	0,3	7,9	6,6
1990	361.381	1,9	142,2	2,5	0,6	–	–

Quelle: *Anuarios de la Industria Manufacturera* (INE, verschiedene Jahrgänge). Die Daten beziehen sich auf sämtliche Industriebetriebe Chiles mit Ausnahme derer unter zehn Mitarbeitern und des Kupfersektors.

Auch Tab. 2.3 verdeutlicht, daß die Anstrengungen bei der technologischen Modernisierung des Produktionsprozesses äußerst bescheiden waren. In ihrer Gesamtheit nahmen die Investitionen erst 1988 wieder den Umfang von 1979 an, und bei den Ausgaben für Maschinerie dauerte es sogar bis 1989. In diesem Jahr allerdings erfolgte ein regelrechter Investitions- und Modernisierungsschub. Alles deutet somit darauf hin, daß während der gesamten 80er Jahre auf mehr oder weniger demselben technologischen Niveau produziert wurde, das seinerseits noch auf die Modernisierungen der späten 70er Jahre zurückging.[58] Die „Rationalisierung" des Produktionsprozesses reduzierte sich bis 1989 weitgehend auf arbeitsorganisatorische Maßnah-

---

[53] Diese Überausbeutung der Arbeitskräfte wurde noch verstärkt durch eine Anstieg der durchschnittlich geleisteten Wochenarbeitszeit von 47 (1982) Stunden auf 49,5 Stunden (1990).

[54] Dieser Index ist der *Indice de Producción Física*, der jährlich vom Nationalen Statistischen Institut (INE) veröffentlicht wird.

[55] Entspricht der ebenfalls jährlich vom INE berechneten *Productividad Media Física del Trabajo* und gibt die Arbeitsproduktivität innerhalb einer gegebenen Zeitperiode für die verschiedenen Jahre an: Z.B. hat sich die Arbeitsproduktivität zwischen 1979 und 1980 um 15,2 % erhöht, während sie zwischen 1981 und 1982 um 2,4 % zurückging.

[56] Der ebenfalls vom INE herausgegebene *Valor Bruto de Producción* gibt die Gesamtheit der jährlich in der Industrie aufgewendeten Kosten und ihre Verteilung auf die einzelnen Kapitalbestandteile an.

[57] Nach Preisen eines vom INE zusammengestellten Produktenkorbes.

[58] Man beachte die Ausweitung der Ausgaben für Maschinerie zwischen 1979 und 1980.

men, und es steht zu vermuten, daß sich die Implementierung der neuen Technologien erst ab diesem Jahr in relevantem Ausmaß vollzogen hat. Bevor wir diesen Prozeß anhand einer Fallstudie genauer unter die Lupe nehmen, sollen die bisherigen Ergebnisse auf Unternehmensgrößenklassen desaggregiert werden.

TAB. 2.3: NEU GETÄTIGTE INVESTITIONEN 1979 BIS 1989 (INDEX, US-$ VON 1979)

Jahr	Total	Gebäude	Maschinen	Transport
1979	100,0	100,0	100,0	100,0
1980	114,9	84,5	122,2	104,6
1981	94,6	87,1	95,1	106,5
1982	78,6	66,3	83,9	50,1
1983	66,2	68,5	68,1	41,5
1984	54,8	43,3	58,7	38,7
1985	70,2	64,7	73,3	50,3
1986	79,1	100,8	75,7	68,4
1987	79,2	135,5	70,2	50,2
1988	102,2	173,1	91,3	61,4
1989	158,7	222,6	150,2	107,7

Quelle: Anuarios de la Industria Manufacturera (INE, verschiedene Jahrgänge).

2.4.2 Untersuchung nach Unternehmensgrößenklassen

Betrachtet man verschiedene Unternehmensgrößen, so folgen die größeren (50-199 Mitarbeiter) und großen Industriebetriebe (ab 200 Mitarbeiter) einer anderen Logik der Anpassung an den Strukturwandel als die kleinen Betriebe (10-49 Mitarbeiter). Wuchs in den 70er Jahren die Anzahl der kleineren Betriebe und ihre Beschäftigung schnell an und stagnierte in den größeren, kehrte sich dieses Verhältnis ab Anfang der 80er Jahre um. Von diesem Zeitpunkt an machten sich die größeren Betriebe die preisgünstigen und nahezu beliebig flexiblen Arbeitskräfte in großem Maßstab zunutze, und sowohl Betriebs- als auch Beschäftigungsanzahl stiegen enorm an.

Die kleineren Firmen haben eine andere Entwicklung durchlaufen, ihre Anzahl wie die dort beschäftigte Mitarbeiterzahl stagnieren ungefähr seit Ausbruch der Schuldenkrise. Noch größer sind die Unterschiede bei der Arbeitsproduktivität (Tab. 2.5). Legte sie in den kleineren Betrieben seit 1984 um durchschnittlich 5,5 % jährlich zu, so nahm die der Großunternehmen um 4,3 % ab. Die Strategie der kleinen Firmen bestand also in den 80er Jahren in einer Erhöhung der Produktivität der Arbeit – begleitet von einer Reduktion der Firmenanzahl –, mit anderen Worten, in einem rationaleren Umgang mit den Produktionsressourcen. Umgekehrt beruhte die „Erholung" der Großindustrie auf der massenhaften Inkorporation preiswerter Arbeitskräfte bei steigender Firmenzahl, aber deutlich nachlassender Arbeitsproduktivität.

TAB. 2.4: BESCHÄFTIGUNG NACH UNTERNEHMENSGRÖßEN 1974 BIS 1993

	10-49	Beschäftigte	50-199	Beschäftigte	≥ 200	Beschäftigte
Jahre	Anzahl Firmen	Beschäftigung	Anzahl Firmen	Beschäftigung	Anzahl Firmen	Beschäftigung
1974-78	914	20.009	879	83.422	305	141.312
1979-81	4.107	83.196	954	86.877	275	119.643
1982-84	3.176	68.761	846	79.309	240	96.837
1985-89	3.198	70.628	962	90.557	290	119.890
1990-93	3.086	75.264	1.301	125.218	444	192.301

Quelle: *Anuarios de la Industria Manufacturera* (INE, verschiedene Jahrgänge).

TAB. 2.5: ARBEITSPRODUKTIVITÄT NACH UNTERNEHMENSGRÖßENKLASSEN 1979 BIS 1990 (%)

Jahre	Variation Arbeitsproduktivität: 10-49 Beschäftigte	Variation Arbeitsproduktivität: ab 50 Beschäftigte	Variation Arbeitsproduktivität: insgesamt
1980	17,0	14,4	15,2
1981	8,3	8,4	8,4
1982	-12,1	1,7	-2,4
1983	11,1	6,2	7,8
1984	3,7	-1,2	0,3
1985	2,2	-9,3	-5,8
1986	12,6	-3,6	1,0
1987	-2,5	-12,9	-10,3
1988	10,5	-0,7	2,0
1989	9,4	-2,2	0,3
1990	2,3	0,2	0,6

Quelle: *Anuarios de la Industria Manufacturera* (INE, verschiedene Jahrgänge).

Aus Tab. 2.6 geht schließlich hervor, daß der Investitionseinbruch bei den kleineren Firmen früher einsetzte und weitaus stärker durchschlug als bei den größeren. Der technologische Abstand hat sich in den 80er Jahren noch vergrößert, obwohl doch auch die Großbetriebe in ihrem Investitionsverhalten alles andere als großzügig waren. Somit verdankt sich der Produktivitätsfortschritt der kleinen Industriebetriebe in den 80er Jahren einzig und allein einer rationaleren Arbeitsorganisation durch eine effizientere Anwendung des Arbeitskörpers. Die technologische Grundlage ist nahezu gleichgeblieben.

Insgesamt war der technologische Wandel in den 80er Jahren alles andere als radikal. Auf der Suche nach Erklärungsmustern für die Zurückhaltung bei Investitionen in die technologische Basis stößt man natürlich auf die Situation post 1982. Viele Unternehmen, wenn sie denn die Krise überlebt hatten, waren verschuldet, und so war es wenig wahrscheinlich, daß sie für kostenaufwendige technologische Innovationen plädierten. Die sehr geringen Lohnkosten machten es umgekehrt attraktiv, das knappe Geld billig in Arbeitskräften anzulegen.

TAB. 2.6: NEU GETÄTIGTE INVESTITIONEN NACH UNTERNEHMENSGRÖßEN 1979 BIS 1989 (INDEX, US-$ VON 1979)

	10	bis 49	Mitarbeiter		50	und mehr	Mitarbeiter	
Jahr	Total	Baulichkeiten	Maschinerie	Transport	Total	Baulichkeiten	Maschinerie	Transport
1979	100,0	100,0	100,0	100,0	100,0	100,0	100,0	100,0
1980	56,0	57,7	51,0	90,2	127,0	89,0	136,8	109,3
1981	53,5	59,1	47,2	92,6	103,1	91,8	104,9	111,0
1982	46,9	94,9	39,2	42,0	85,2	61,6	93,1	52,7
1983	28,5	27,8	28,8	26,8	74,1	75,3	76,2	46,3
1984	46,7	49,0	47,4	38,5	56,4	42,4	61,0	38,7
1985	86,7	41,4	93,2	96,6	66,8	68,6	69,2	35,1
1986	66,5	110,0	57,0	79,6	81,8	99,3	79,5	64,7
1987	31,8	54,2	29,4	20,7	89,0	149,0	78,6	59,9
1988	54,7	113,2	44,6	54,2	112,0	183,0	100,8	63,7
1989	72,9	118,7	64,0	79,3	176,4	239, 9	167,8	117,7

Quelle: Anuarios de la Industria Manufacturera (INE, verschiedene Jahrgänge).

2.4.3 Technologische Neuerungen in den Neunzigern?

Es lassen sich nun einige gesellschaftliche Tendenzen erkennen, die es als unwahrscheinlich erscheinen lassen, daß der bisherige Entwicklungsweg eines autoritären Fabrikregimes, das auf der nahezu ausschließlichen hyperflexiblen und preiswerten Nutzung der Ware Arbeitskraft beruht, einfach weitergegangen werden kann.[59] Die institutionellen Veränderungen seit Wiedereinführung der Demokratie haben zwar die strukturelle Subalternität der Gewerkschaften nicht nur nicht überwunden, sondern festgeschrieben, gemessen am *Plan Laboral* aber zu einer relativen Verbesserung ihrer Verhandlungsposition geführt. Zur verbesserten Situation der Arbeitskräfte auf dem Arbeitsmarkt und zu ihrer Preissteigerung haben zweifellos auch strukturelle Phänomene wie der Rückgang der Arbeitslosigkeit von 30 % (1983) auf unter 5 % zu Beginn der 90er Jahre beigetragen. All dies macht das Heuern und Feuern im alten Stile immer schwieriger, und auf der anderen Seite sollte die ständig zunehmende Expansion in den Weltmarkt einen technologischen Modernisierungsdruck hervorrufen. Denn die erstrebte Integration erfordert einen stets höheren Grad an Qualität und Diversifizierung der Produkte, was mit den aus den 70er Jahren übernommenen Produktionsmitteln immer weniger zu realisieren sein dürfte.

Viel spricht also dafür, daß das mehr oder weniger ausschließlich auf der Überausbeutung der Arbeitskräfte beruhende Fabrikregiment um das Jahr 1990 herum an sei-

---

[59] Dabei ist nicht nur an die von Marx beschriebenen biologisch und physiologisch bedingten Grenzen der „Produktion des absoluten Mehrwerts" zu denken (die gleichwohl mitunter auch erreicht worden sein dürften), sondern auch an das sogenannte „historische und moralische Element" (Marx, MEW 23: 185), das gemäß „der Kulturstufe eines Landes" in den Preis der Arbeitskräfte eingeht.

ne Grenzen und unter Modernisierungsdruck geraten ist. Dies hat bereits die Untersuchung der Investitionstätigkeit indiziert (vgl. Tab. 2.3 und Tab. 2.6), die für das Jahr 1989 einen erheblichen Anstieg der Investitionen für Maschinerie ausweist, insbesondere bei den Großbetrieben. Einen genaueren Blick auf die Innovations- und Investitionstätigkeit industrieller Unternehmungen erlaubt die von Lucio Geller und anderen durchgeführte Untersuchung über *Innovaciones, Empleo, Capacitación y Renumeraciones* (Geller et al. 1994), deren wichtigste Untersuchungsergebnisse im folgenden wiedergegeben werden. Die Interviews wurden in den Jahren 1988 bis 1990 durchgeführt, also in etwa in der Periode, in der umfassende technologische Veränderungen in den Betrieben zu erwarten waren.

Tab. 2.7 zeigt, daß in der Tat von 301 befragten Industrieunternehmen knapp drei Viertel strukturelle Veränderungen vorgenommen haben, sei es in der technologischen Basis, in der Arbeitsorganisation oder in beiden zugleich.

TAB. 2.7: PRODUKTIVITÄTSSTRATEGIEN IN INDUSTRIEBETRIEBEN 1988 BIS 1990 (%)

Produktivitätsstrategie	Anteil
Ohne Produktivitätsstrategie	29
Wandel in der Arbeitsorganisation (ausschließlich)	16
Wandel in der technologischen Basis (ausschließlich)	29
Kombinierte Produktivitätsstrategie	26
Total	100
N	301

Quelle: Geller 1994: 11

Die jeweils eingeschlagenen Produktivitätsstrategien sind nach Unternehmensgrößen höchst unterschiedlich. So steigt der Anteil derjenigen Firmen, die überhaupt irgendwelche Innovationen vorgenommen haben, mit der Betriebsgröße. Haben immerhin 36,8 % der Firmen unter 50 Mitarbeitern gar keine Veränderungen vorgenommen, so waren es bei den Unternehmen mit zwischen 50 und 199 Mitarbeitern 19,0 % und bei denen über 200 Mitarbeiter nur 9,4 % (Geller 1994: 13).

TAB. 2.8: TECHNOLOGISCHER BZW. ARBEITSORGANISATORISCHER WANDEL NACH UNTERNEHMENSGRÖSSEN (%)

Betriebsgröße (Mitarbeiter)	Ohne Produktivitätsstrategie	Wandel nur in Arbeitsorganisation oder in technologischer Basis	Kombinierte Produktivitätsstrategie	Total
10-49	36,8	45,3	17,9	100,0 (N=190)
50-199	19,0	43,0	38,0	100,0 (N=79)
≥ 200	9,4	43,7	46,9	100,0 (N=32)

Quelle: Geller 1994: 7

Wenn die kleinen Firmen überhaupt Innovationen durchführen, erstrecken sie sich in der Regel nur auf Teilbereiche des Betriebs. Umgekehrt beruhen die Rationalisierungsmaßnahmen vor allem der größten Betriebe häufiger auf „systemischen Lösungen". Diese bestehen darin, daß die in den Arbeitsprozeß induzierte neue Technologie auch zu relevanten Veränderungen in der Organisation der Arbeit führt. Eine Erklärung für die unterschiedlichen Rationalisierungsstrategien ist vermutlich darin zu suchen, daß der Zugang zur Information über gangbare Produktionsalternativen je nach Unternehmensgröße verschieden ausfällt und – noch wichtiger – die finanziellen Ressourcen für Innovationen, Unternehmensberatung und Servicedienste höchst ungleich verteilt sind. Bemerkenswert ist weiterhin die hier nicht tabellarisch abgebildete Tatsache, daß von den implementierten Technologien nur ein geringer Teil auf der Mikroelektronik basiert. Obwohl in der überwiegenden Mehrzahl der großen Firmen technologische Veränderungen durchgeführt worden sind, beträgt der Anteil der Mikroelektronik daran nur gut 20 % und liegt in den kleineren Firmen noch weit darunter (ebd.: 7).

Die eingangs aufgestellte Hypothese eines Zusammenhangs zwischen fortschreitender Marktintegration und Prozeßinnovationen wird von Geller vollständig bestätigt. Die weltmarktüblichen Anforderungen an Produktqualität und -preis üben in der Tat einen viel größeren Innovationsdruck aus als der Binnenmarkt. Nicht nur liegt der Anteil der Firmen, deren betrieblicher Ablauf überhaupt nicht verändert wurde, bei den binnenmarktorientierten Unternehmen mehr als dreimal so hoch wie bei den weltmarktorientierten, bei letzteren werden auch doppelt so oft kombinierte Produktivitätsstrategien, also systemische Veränderungen des Produktionsprozesses durchgeführt.

TAB. 2.9: WELTMARKTORIENTIERUNG UND PRODUKTIVITÄTSSTRATEGIE (%)

Marktorientierung	Ohne Produktivitätsstrategie	Partielle Produktivitätsstrategie	Kombinierte Produktivitätsstrategie	Total
nach innen	32,9	44,5	22,6	100,0 (N=252)
nach außen	10,2	44,9	45,9	100,0 (N=49)

Quelle: Geller 1994: 12

Schließlich haben Geller et al. die innovativen Betriebe näher im Hinblick auf den Wandel der Arbeitsbedingungen untersucht. Zunächst gilt es hervorzuheben, daß etwa ein Drittel der befragten Arbeiter Leiharbeiter waren. Die *subcontratación*[60] ist eine nahezu ideale Form, die Arbeitskräfte „flexibel" (im Sinne optimaler Verwertbarkeit) einzusetzen, denn sie sind häufig formell bei kleinen Firmen angestellt, die nicht des gewerkschaftlichen Schutzes unterliegen. Vielfach handelt es sich bei diesen Firmen um einfache Auslagerungen von Unternehmensfunktionen, die die Großunternehmen zuvor in Eigenregie vollzogen haben, um sie dann später aus Kostengründen zu externalisieren. So entstanden vor allem in der Landwirtschaft, aber auch in der Industrie große Produktionsketten zwischen größeren und kleineren Betrieben,

---

[60] Vgl. zum Themenkomplex *Integración De La Microempresa Al Desarrollo* die viel detaillierteren Beiträge in der gleichnamigen Ausgabe der *Proposiciones* (Nr. 23, 1993, herausgegeben vom Institut SUR).

deren interne Machtbeziehungen asymmetrisch sind, da das Überleben der kleinen Firmen direkt von den Aufträgen der großen abhängt. Gemessen wurden weiterhin die Auswirkungen auf die pro Arbeiter und Zeiteinheit zu bewältigende Aufgabenanzahl, die dafür notwendigen Qualifikationen und Kenntnisse sowie schließlich der Grad der Eigenverantwortung (Autonomie). Sowohl arbeitsorganisatorische als auch technologische Veränderungen des Produktionsprozesses gingen mit einer Erhöhung der Aufgabenanzahl pro Arbeitseinheit einher. Dabei war die Arbeitszunahme dort, wo es zu technologischen Eingriffen gekommen war, geringer als bei Firmen mit rein arbeitsorganisatorischer Produktivitätsstrategie.

Die Rationalisierungen führten zu einer Polarisierung der im Arbeitsprozeß nachgefragten Qualifikationen. Eine deutliche Mehrheit der Befragten, vor allem in denjenigen Betrieben mit neuimplementierter Technologie, berichtete dabei von erhöhten Anforderungen an technische Kenntnisse und Fertigkeiten, während rund ein Drittel von ihnen von einer Abwertung ihrer Qualifikation betroffen war. In etwa dieselbe Verteilung von einem Drittel Rationalisierungs"verlierern" und zwei Drittel „Gewinnern" findet sich auch in bezug auf den Grad der Eigenständigkeit in der Arbeit. Die seit Ende der 80er Jahre getätigten Innovationen haben zwar zu einem noch größeren Arbeitsanfall geführt, bedeuten für die Mehrzahl der Beschäftigten aber auch eine höhere Verantwortung und Qualifikation.

TAB. 2.10: TECHNOLOGISCHER WANDEL UND EFFEKTE AUF DEN ARBEITSPROZEß (%)

	Firmen mit technologischen Veränderungen	Firmen mit organisatorischen Veränderungen
Aufgabenanzahl		
stieg	34	41
blieb gleich	43	47
ging zurück	23	12
Total	**100**	**100**
Technische Fähigkeiten bzw. Kenntnisse		
stieg	68	54
blieb gleich	-	6
ging zurück	31	40
Total	**100**	**100**
Autonomie/Eigenverantwortung		
stieg	63	68
blieb gleich	3	-
ging zurück	31	32
Total	**100**	**100**

Quelle: Geller 1994: 15

2.4.4 Zusammenfassung und Interpretation

Der neoliberale Erneuerung des chilenischen Kapitalismus vollzog sich auf der Grundlage der Verschlechterung der industriellen Beziehungen. Genauer gesagt, die aus der Zeit der industriellen Importsubstitution übernommene Strukturkrise wurde gelöst durch eine einseitige Verlagerung des Kräfteverhältnisses von Kapital und Arbeit auf die Kapitalseite. Diesen Lösungsweg würde Alain Liepitz vermutlich als „neotayloristischen" bezeichnen (Liepitz & Leborgne 1990: 118), denn er beruht nahezu ausschließlich auf einer rigideren und vor allem flexibleren innerbetrieblichen Arbeitsteilung. Die spezifischen Bedingungen des chilenischen ISI-Fordismus, festgeschrieben im *Código del Trabajo*, hatten neben einem ökonomisch äußerst aktiven Staat gerade auch eine starke Stellung der Arbeiterbewegung und ihrer Organisationen beinhaltet. Stellten diese bis 1973 ein wirksames Hindernis gegen allzu einschneidende Rationalisierungs- und Flexibilisierungsmaßnahmen in den Betrieben dar, so wurde danach ein zu Recht als „autoritär" bezeichnetes Fabrikregiment eingeführt: Bis 1979 herrschte reine unternehmerische Willkür, und ab diesem Zeitpunkt wurde ein drakonisches Fabrikgesetz namens *Plan Laboral* eingeführt, das die schier unbegrenzt flexible Anwendung der Arbeitskräfte nunmehr institutionalisierte.

Der industrielle Sektor als solcher wurde in der nun an komparativen Kostenvorteilen[61] orientierten Entwicklungsstrategie nicht mehr favorisiert und geschützt. Vielmehr führte die plötzliche Konkurrenz mit den internationalen Konzernen zu einer Bankrottwelle und somit zu einer Destrukturierung des Sektors. Nachdem die industrielle Beschäftigung zu Beginn der 80er Jahren auf ein Niveau unterhalb von 1971 gefallen war, kam es ab etwa 1985 zu einer Erholung und Restrukturierung des Sektors. Es waren aber nicht etwa technologische Neuerungen, die diese Renaissance ermöglichten, sondern die nunmehr bis zum Extrempunkt gesteigerte Ausbeutung der Lohnarbeiter. Unter der Fuchtel des Autoritarismus wurden die Arbeitskräfte derart verbilligt, daß sogar ein Rückgang der Arbeitsproduktivität hinzunehmen war, ohne die Akkumulation zu beeinträchtigen.

Nachdem der neotayloristische Lösungsweg aus der Strukturkrise eine neue Akkumulationsphase eingeleitet hatte, geriet er um das Jahr 1990 herum selbst unter Druck. Eine wenn auch nur allmählich erstarkende Gewerkschaftsbewegung, das geringe Angebot an Arbeitskräften auf dem Arbeitsmarkt, die weltmarktüblichen Anforderungen an Produktqualität und Design: All dies machte einen technologischen Modernisierungsschub der chilenischen Industriestruktur notwendig. Paradoxerweise begann sich nun die Einführung der Technologie des 21. Jahrhunderts auf der

---

[61] Es soll hier daran erinnert werden, daß das Theorem der „komparativen Kostenvorteile" keineswegs eine Erfindung des Neoliberalismus ist, sondern aus der ersten Hälfte des 19. Jahrhundert stammt und auf den englischen Nationalökonomen David Ricardo (1959) zurückgeht.

Grundlage von Arbeitsgesetzen[62] zu vollziehen, die eher an das 19. Jahrhundert denken lassen. Die aus den neuen Technologien entspringende Nachfrage nach qualifizierten und selbständig handelnden Mitarbeitern gerät immer mehr in Widerspruch mit dem archaischen Fabrikregiment.

Vor diesem Hintergrund ist es die allseits erstrebte Weltmarktintegration selbst, die die überlieferten Profile in bezug auf Eigenständigkeit und Qualifikation der Arbeitskräfte im Arbeitsprozeß immer mehr in Frage stellt. Und so wird eine wirkliche Demokratisierung der Arbeitsbeziehungen in der nächsten Zukunft zum wirtschaftlichen Faktor (an dem also auch die Unternehmer ein Interesse haben sollten). Das wirft natürlich außerdem die Frage nach einem leistungsfähigen Bildungssystem auf, dessen Dialektik mit dem Beschäftigungssystem Thema von Kapitel 4.8 sein wird.

2.5 Der Mythos des Subsidiaritätsstaats

Bevor wir uns den Akteuren der beschriebenen Transformationen zuwenden, sollen sie im Hinblick auf die Rolle des Staates zusammengeführt werden. Denn hier scheint mir die Diskussion durch eine Schieflage gekennzeichnet. Es ist unabhängig vom politischen oder sozialwissenschaftlichen Standpunkt eine weithin akzeptierte Aussage, daß der Neoliberalismus zur Schwächung und zur tendenziellen Ablösung des Staates als gesellschaftliches Steuerungszentrum geführt habe. Diese These muß vor dem Hintergrund der hier angestellten Beobachtungen modifiziert werden: Der „real existierende Neoliberalismus" hat den Staat nicht geschwächt, sondern konnte sich überhaupt nur auf der Grundlage eines starken und autoritären Staates durchsetzen und ist insofern auf ihn angewiesen. Diese Aussage gilt nicht nur hinsichtlich des politischen Feldes, in dem der autoritäre Staat für die Gleichschaltung der Opposition und damit für ein widerstandsfreies Gelingen der gesellschaftlichen „Modernisierungen" sorgte, sondern durchaus auch für die Ökonomie.

Die liebgewonnene Vorstellung einer ausschließlich durch die Marktkräfte geprägten und „ungestört" von staatlichem Einfluß sich entwickelnden Wirtschaft stellt einen Mythos dar und hat wenig mit der in Chile gemachten Erfahrung zwischen 1973 und 1990 zu tun. Eine detaillierte Analyse des Wechselverhältnisses von Staat und Ökonomie während der verschiedenen Phasen der Entwicklung zeigt statt dessen, daß der Staat in bestimmten Bereichen an Einfluß verloren hat, in anderen jedoch an Bedeutung weiter zulegte. Und noch dort, wo er, wie in den letzten Abschnitten exemplarisch dargestellt, definitiv Entscheidungsgewalt auf den Markt übertrug, ging die Initiative stets von der Regierung und damit von ihm selbst aus.

---

[62] Erinnert sei daran, daß die Reformen der Arbeitsgesetzgebung seit 1990 gerade in bezug auf die Flexibilität bei der Anwendung der Arbeitskräfte (Kündigungsschutz, Vertragslaufzeiten etc.) keine grundsätzlichen Änderungen gebracht haben.

Der Staat griff während der gesamten Pinochet-Periode massiv in die Wirtschaft ein – war also seinerseits, wenn man so will, „interventionistisch"[63] – und hat vermutlich mehr Macht konzentriert denn je. Diese Sichtweise wird durch folgende Beobachtungen unterstrichen:

Erstens war der Anteil der Staatsausgaben (ohne Schuldendienst) am BSP nach der Untersuchung von Martínez & Díaz (1995: 64) in der Pinochet-Ära höher als in der Reformperiode von Frei und Allende. Betrug er in der Periode 1983-88 25,1 %, so waren es im Zeitraum 1967-72 nur 23,6 %. Dieses Faktum ist *zweitens* um so bemerkenswerter, wenn man sich vergegenwärtigt, welch sozialem Druck die Regierungen Frei und Allende seitens der politischen und wirtschaftlichen Interessengruppen ausgesetzt waren, die allesamt staatliche Initiative und Unterstützung einforderten. Dieser jegliches selbständige staatliche Handeln erschwerende Begleitumstand entfiel aber für die Militärdiktatur, denn sie hatte ja sämtliche gesellschaftlichen Kräfte ausgeschaltet, die ein Gegengewicht zu ihrer Politik hätten darstellen können. Und so straffte und hierarchisierte man zwar fraglos den öffentlichen Sektor, um ihn dann aber um so effektiver „regulierend" einzusetzen.

Drittens sollte nicht vergessen werden, daß die Militärs längst nicht alle strukturellen Reformen der Allende-Zeit rückgängig gemacht haben. Dies gilt für den landwirtschaftlichen Bereich und insbesondere für die *Gran Minería*, deren Erlöse zu einer willkommenen Einnahmequelle wurden, auf die die Regierung auf keinen Fall hätte verzichten wollen (können). Obwohl es *viertens* zu einer bemerkenswerten Deregulierung der Preise schon bald nach dem Putsch kam, behielt doch der Staat ein enormes strategisches Gewicht in der Volkswirtschaft, das in der zentralen Festlegung des Wechselkurses, des Zinsfußes, der öffentlichen Tarife und einiger Preise (vor allem im landwirtschaftlichen Bereich) zum Ausdruck kam. Dazu kam die direkte Kontrolle der Mindestlöhne und die staatlichen Beschäftigungsprogramme. *Fünftens* stammten die Einkommen der in Armut lebenden zum größten Teil aus staatlichen Transfergeldern. Dabei muß man wissen, daß der Anteil der – nach der UN-Definition – Armen gegen Ende der Pinochet-Zeit 40 % der Bevölkerung betragen hat (siehe dazu Kap. 4.10). Die Geldsumme, die für deren Unterhalt aufgewendet werden mußte, war also immens.

Alle diese Einzelphänomene verdichten sich zu der ökonomischen und soziologischen Tatsache, daß der Staat in der Wirtschaft – vor allem in den 80er Jahren – eine widersprüchliche Rolle gespielt hat, die man als das Paradoxon eines „neoliberalen

---

[63] Der Gebrauch des Begriffes „interventionistisch" rechtfertigt sich in diesem Zusammenhang nur als Polemik gegen die neoliberale Orthodoxie. Urs Müller-Plantenberg hat mich daran erinnert, daß die qualitativen Unterschiede zwischen den Formen des wirtschaftlichen Eingriffs des Staates in der neoliberalen Gesellschaft einerseits und im klassischen „Interventionsstaat" andererseits weiterhin ihren terminologischen Ausdruck finden müssen; erfolgt doch die staatliche Aktion im ersten Fall zum Zwecke der Herausbildung der Marktregulation, also gewissermaßen zur eigenen Entmachtung, und im anderen Fall langfristig, im Sinne einer aktiven Beeinflussung der wirtschaftlichen *und* wohlfahrtlichen Entwicklung.

Interventionismus" bezeichnen könnte. Ganz im Gegensatz zu den Chicagoer Lehrbüchern und dem zelebrierten „Subsidiaritätsstaat", erforderte die Realisierung des neoliberalen Projekts – das trat spätestens nach der Krise von 1982/83 offen zutage – einen äußerst aktiven Part des Staates. Was sich im Vergleich zum vorherigen Entwicklungsmodell geändert hat, ist der *Charakter* der Interventionen. Hatte sich der Staat bis 1973 explizit als Korrektiv der vom Markt verursachten sozialen Ungleichheiten verstanden, lag seine gesellschaftliche Funktion in den 80er Jahren in der mühsamen und pragmatischen Geburtshilfe der Marktbeziehungen: erstens durch Repression, zweitens durch die Schaffung von institutionellen Bedingungen, in deren Rahmen das Politische immer mehr zugunsten des Ökonomischen zurückgedrängt wurde, und drittens in seiner Eigenschaft als „Krisenmanager", wenn es darum ging, die dramatischen Auswirkungen eines falsch verstandenen „Liberalismus" auszubügeln.

Ohne daß sich deshalb sein Gesamteinfluß auf die Wirtschaft merklich reduziert hätte, traten diese drei Wesenszüge des autoritären Staats je nach Entwicklungsetappe verschieden stark in Erscheinung. In einer ersten Phase, in der die ökonomischen und institutionellen Bedingungen noch weit davon entfernt waren, eigenständig zu funktionieren, dominierte klar die repressive Dimension der staatlichen Tätigkeit. In einer zweiten Phase, die sich vom Boom der späten 70er bis zur Krise von 1982 erstreckte, lag der Schwerpunkt auf der Schaffung von Institutionen, die eine zukünftige staatliche Zurückhaltung in der Wirtschaft garantieren sollten. In diesen beiden ersten Phasen konzentrierte sich die gesamte politische Macht auf die Streitkräfte, die ihrerseits dafür Sorge trugen, daß sich die ökonomische und soziale Macht bis zum Extrempunkt auf die Unternehmer und das große Kapital verlagerte. Die dritte Phase stellte einen Rückschritt auf dem Weg der Übertragung der gesellschaftlichen Belange auf den Markt dar, denn sie war gekennzeichnet durch die Notwendigkeit der Rückübertragung wirtschaftlichen Einflusses auf den Staat. Seine Rolle als Regulator kapitalistischer Krisenprozesse geriet in den Vordergrund. Erst gegen Ende der 80er Jahre begann sich die ökonomische Ordnung aus sich selbst heraus, d.h. ohne gravierende Eingriffe zu reproduzieren, und der Staat zog sich (bis zur nächsten größeren Krise) aus der Ökonomie zurück. Es ist also wichtig festzuhalten, daß sich die Durchsetzung des Neoliberalismus im „Modelland" Chile während der gesamten Militärzeit einem autoritären *und* aktiv in die Wirtschaft intervenierenden Staat verdankte, der sich letzten Endes als fähig erwiesen hat, in verschiedenen Entwicklungsetappen flexibel zu agieren.

2.6 Die Akteure

Wer waren nun die entscheidenden Akteure bei der strukturellen Transformation, die die chilenische Gesellschaft in so kurzer Zeit erfuhr? Wie wir gesehen haben, war die politische Transformation das Werk oppositioneller Militärs, die eine äußerst heterogene soziale Bewegung gegen die gewählte Regierung Allende anführten, das traditionelle demokratische System in eine Ein-Mann-Herrschaft verwandelten und über konstitutionelle Veränderungen das politische System Chiles langfristig zu beeinflussen in der Lage waren. Die Identifikation der Akteure der ökonomischen Transformation erscheint auf den ersten Blick sehr einfach. Eine rein strukturelle Analyse nach der *Cui-bono?*-Devise würde darauf hinauslaufen, diejenigen sozialen Gruppen anzugeben, die von dem ökonomischen Strukturwandel am meisten profitiert haben.

In der Soziologie – wie in der Kriminalistik – reicht es jedoch nicht hin, die Profiteure eines sozialen Ereignisses – in diesem Falle: eine Handvoll wirtschaftlicher Konglomerate oder *grupos económicos*, die innerhalb von nur wenigen Jahren die Kontrolle über die wichtigsten Firmen im Finanz-, Industrie- und Handelssektor übernahmen – zu benennen. Es geht vielmehr auch darum – in einer eher historisch-genetischen Perspektive –, die (Macht)beziehungen in jenem spezifischen Feld zu rekonstruieren, in dem die relevanten Entscheidungen getroffen worden sind. Denn, anders als es nach der bisherigen Darstellung vielleicht zu erwarten wäre, war der Einfluß der Unternehmer auf die ökonomische Politik keinesfalls direkt. Die historische Spezifik des chilenischen Falls liegt vielmehr darin, daß die einschlägigen wirtschaftlichen Entscheidungen von einer politischen Schicht getroffen wurden, die sich gewissermaßen „über" den unmittelbaren Interessen der einzelnen ökonomisch dominanten Klassen und Gruppen befand, deren Einfluß auf diese Weise viel vermittelter zum Tragen kam, als es die reine „Interessenanalyse" nahelegt.

2.6.1 Die Unternehmer und ihre *gremios*

Das chilenische Unternehmertum[64] spielte in jedem Falle eine entscheidende Rolle bei der Destabilisierung und letztendlichen Absetzung der Allende-Administration. Man kann sagen, daß es sich im Laufe dieses Prozesses von einer rein objektiven in eine kollektiv handelnde, soziale Klasse verwandelt hat: Korporative Interessen gemäß der Branchenzugehörigkeit oder der Betriebsgröße begannen in dem Maße in den Hintergrund zu treten, wie das Privateigentum an den Produktionsmitteln als Grundpfeiler der Wirtschaft als solches in Frage gestellt wurde. Wie im ersten Kapi-

---

[64] ... ist in Peter Imbuschs Buch „Unternehmer und Politik in Chile" (1995) bereits en detail untersucht worden, weshalb ich mich hier nur auf seine konkrete Rolle innerhalb des herrschenden Blocks zu konzentrieren habe.

tel gezeigt, bediente sich die UP insbesondere zweier Methoden, um die *área privada* zurückzudrängen – des Kaufs von Aktienpaketen und der Intervention in „unrentable" Unternehmen. Kurioserweise nahmen die Auseinandersetzungen zwischen den kleineren und mittleren Unternehmen und der Regierung einen viel radikaleren Charakter an als die zwischen den großen Unternehmen und der Regierung. Denn während letztere sich, der Logik des Marktes folgend, in Verhandlungen mit dem Wirtschaftsministerium begaben und mitunter ordentliche Preise für ihre Aktienpakete erzielten, war die Zukunft der kleineren und mittleren Betriebe ausgesprochen unklar. Zwar sollten sich die Verstaatlichungen laut Regierungsprogramm zunächst nur gegen die „Monopolisten", also die großen Betriebe richten, jedoch war die Basis der UP und der Gewerkschaften gerade auch in den kleineren Unternehmungen stark vertreten und sorgte immer häufiger für Betriebsbesetzungen, die nichts anderes als die Übernahme des Unternehmens durch die Regierung provozieren sollten. Statt also eine Allianz mit der alten Mittelklasse einzugehen, überwarf man sich mit dieser sozialen Klasse und trug so zum Schulterschluß zwischen Kleinbürgertum und Großkapital bei – und damit zur Schaffung eines überaus mächtigen oppositionellen Blocks.

Spätestens nach der symbolträchtigen Affäre um die *Compañía Manufacturera de Papeles y Cartones* von 1971 (siehe Fußnote 20), begannen die verschiedenen Unternehmerorganisationen – die *gremios* – ihre Aktionen gegen die Regierung zu koordinieren. Unter diesen Protestaktionen kam den sogenannten *paros patronales* vom Oktober 1972 und August 1973 eine herausgehobene Bedeutung zu, denn im Laufe dieser Streiks wurde die Volkswirtschaft – und vor allem die Versorgung der Bevölkerung mit Nahrungsmitteln – und damit das gesellschaftliche Klima überhaupt nachhaltig beeinträchtigt und dem Putsch der Boden bereitet.

Nun läßt sich zwar aus diesen historischen Vorfällen die Unterstützung der Militärregierung durch die *gremios* begreifen, ein Rückschluß auf die Gründe für die Übernahme des von Pinochet angetriebenen neoliberalen Projekts ist aus der Geschichte der Opposition gegen Allende jedoch nicht möglich. Vielmehr hat Campero (1984a: 290) überzeugend argumentiert, daß sich die weitgehende Homogenität der Opposition im allgemeinen und der verschiedenen Fraktionen der Unternehmerschaft im besonderen ausschließlich der gemeinsamen Feindschaft *gegen* den Kurs der UP verdankte, ein gemeinsames Projekt *für* eine bestimmte Entwicklungsrichtung lag jedoch nicht vor:

> „La coalición de los distintos segmentos gremiales se produjo cuando pudo ser formulado un principio común de oposición que los articulara y no porque hubiera surgido un proyecto sociopolítico y económico futuro y concertado. ... La acción gremial fue básicamente una acción de resistencia. Sin embargo, esta unificación permaneció sólo en su dimensión reactiva y no dio lugar a un proyecto común de economía y sociedad."

Ganz im Gegenteil, beim Versuch ein gemeinsames gesellschaftliches Projekt zu formulieren, wären die alten Gegensätze innerhalb der Unternehmerschaft wieder aufgebrochen. Und so unterscheidet Campero reformfreundliche Unternehmerfraktionen von solchen, die so schnell wie möglich wieder in die alte, vom Staat abgesicherte, ökonomische Ordnung zurückwollten. Auch hinsichtlich des Verhältnisses der Unternehmer zur neuen Regierung fanden sich klar voneinander unterscheidbare Positionen. Campero (ebd.) zitiert auf der einen Seite den Führer der *gremios* der kleineren und mittleren Firmen, León Vilarín, dessen Vorstellungen, kundgetan auf dem *Congreso Multigremial* im Dezember 1973, klar in Richtung einer Beibehaltung des *gremialismo* als einer unabhängigen Bewegung gingen: „a la vez interlocutor y fuerza movilizada de respaldo del gobierno"; auf der anderen Seite die Position des Großkapitals, ausgedrückt durch den Präsidenten der *Confederación de la Producción y del Comercio,* Jorge Fontaine, dessen Ausführungen der Bildung einer eigenständigen Unternehmerbewegung oder -partei entgegenstanden, und der die Rolle der Unternehmer auf die unmittelbare Ökonomie reduziert sehen wollte:

> „El gremialismo debe cumplir una labor de unidad nacional en torno al desarrollo, a la justicia social y a los esfuerzos ... para que el país vuelva a recuperar sus valores morales. Sería (en cambio) un grave error convertirse en un gran partido político o en una alternativa frente a ellos. Somos hombres de trabajo y lo que nos interesa es producir."

Den zukünftigen Kurs der Wirtschaftspolitik betreffend, gab es in der Zeit nach dem Putsch keinerlei Konsens, weder innerhalb der *gremios,* noch in der Regierung selbst. Moulián & Vergara (1979) haben gezeigt, daß sich bis zu diesem Zeitpunkt nicht einmal innerhalb der Militärs eine Entscheidung zwischen den konkurrierenden Gruppen abzuzeichnen begann. Der Konsens blieb somit zunächst begrenzt auf eine Agenda allgemeiner Prinzipien: Privateigentum an Produktionsmitteln, freie Konkurrenz, Öffnung der Ökonomie nach außen und einen Katalog von Dringlichkeitsmaßnahmen zu ihrer Durchsetzung: Abwertung der Währung, Liberalisierung der Preise, Entschädigungen zuvor enteigneter ausländischer Konzerne, Kürzung des öffentlichen Etats, Rückgabe der enteigneten und intervenierten Firmen etc. Von einem Konsens in bezug auf die einzuschlagende ökonomische Strategie konnte jedoch nicht die Rede sein.

2.6.2 Die zivile Technokratie: Die *Chicago Boys*

Die Koinzidenz zweier Faktoren, eine starke reaktionäre Bewegung einerseits bei gleichzeitigem Fehlen eines eigenen konsensfähigen Entwicklungsprojekts andererseits, führte geradewegs in die Machtkonzentration nicht nur bei den Militärs, sondern auch bei einer formal von den verschiedenen Unternehmerfraktionen unabhängigen Schicht von Technokraten. Schnell ergab sich eine Koalition zwischen Pinochet und den inzwischen berühmt-berüchtigt gewordenen *Chicago Boys*[65], die nunmehr den Kern der Diktatur bildete, und zwar von nun an nicht allein reaktiv, sondern als Motor einer kapitalistischen Revolution.

Valdés (1989), der eine umfassende Studie über diese technokratische Schicht vorgelegt hat, konstatiert, daß die Militärs zum Zeitpunkt der Regierungsübernahme keinerlei konkrete Vorstellung von der zukünftigen Verfassung von Wirtschaft und Gesellschaft hatten. Dieses Defizit zeigte sich gerade auch im ökonomischen Feld, das zunächst von der Marine übernommen worden war. Aus Mangel an eigener wirtschaftspolitischer Erfahrung handelte sie zunächst, wie es der eigenen Herkunft aus den Mittel- und Oberklasse und den entsprechenden konservativen Traditionen entsprach. Bereits 1972 hatte man den Kontakt mit verschiedenen oppositionellen, zumeist christdemokratischen Ökonomen hergestellt; mit dem Ex-Minister aus der Frei-Ära Sergio Molina, mit Raúl Sáez sowie mit dem Ex-Präsidenten der Zentralbank Carlos Massad. Gerade das Bauen auf Sáez, der lange Jahre leitende Positionen in der CEPAL eingenommen hatte und alles andere als ein Anhänger des Neoliberalismus war, zeigt, daß der Einfluß der Chicagoer Ökonomen keineswegs von Anfang an so stark war, wie es im nachhinein erscheinen mag.

Die zunächst durchgeführte Wirtschaftspolitik wies eher pragmatische Züge auf und lief auf eine Strategie der Restauration der ökonomischen Verhältnisse hinaus, die zu Zeiten der UP aus dem Gleichgewicht geraten waren. Die nunmehr für die Volkswirtschaft verantwortlichen Generäle der Marine begriffen ihre Funktion weniger als eine dauerhafte als die einer kürzeren Zwischenetappe zwischen zwei zivilen und konstitutionellen Administrationen, während der eine repressive Befriedung der aufgebrochenen Widersprüche, aber auch eine Rückführung der Macht an die Partei mit der höchsten parlamentarischen Repräsentanz – die Christdemokraten[66] – umzusetzen sei. Außerdem sah man sich in der Rolle des Vermittlers zwischen den *gremios* der großen und kleinen Unternehmer.

Aber derlei Aspirationen brachen sich mit der Logik der Zentralisation der Macht beim Vorsitzenden der Junta. Dessen Intentionen blieben nicht bei einer Normalisierung von Wirtschaft und Gesellschaft stehen, sondern beanspruchten die Schaffung

---

[65] Die auf äußerster Loyalität und gegenseitigem Vertrauen beruhende Beziehung zwischen den *Chicago Boys* und Pinochet ist beispielhaft dargestellt in Osorio & Cabezas (1995). Schon der Titel dieser Untersuchung *Los Hijos de Pinochet* deutet darauf hin, daß Pinochet seinen jungen Ökonomen ein geradezu väterliches Vertrauen entgegenbrachte und sie unter seinem quasi allmächtigen Schutz an ihr transformatorisches Werk gehen ließ.

[66] Wenn man so will, hätte die Übergabe des Präsidentenstuhls an die Christdemokraten sogar der Verfassung entsprochen: Da der konstitutionelle Präsident tot war und sein Kanzler bzw. seine Minister entweder im Ausland oder aus sonstigen repressiven Gründen „verhindert", wäre die Thronfolge an dem Präsidenten des Senats gewesen, der zum Zeitpunkt des Putschs durch den christdemokratischen Ex-Präsidenten Eduardo Frei Montalva verkörpert wurde. Die Hoffnung, daß dieser Fall eintreten würde, erklärt zu einem Gutteil die anfängliche Unterstützung des Militärregimes durch die Christdemokraten.

einer neuen ökonomischen und politischen Ordnung. Und genau hier lag der entscheidende strategische Vorteil des radikalen Projekts der neoliberalen Ökonomen gegenüber dem pragmatischen Kurs der restlichen Juntamitglieder, der mit ihnen assoziierten Ökonomen und der Christdemokraten.

Dem Schulterschluß zwischen Pinochet und *Chicago Boys* war es vor diesem Hintergrund dienlich, daß jene Schicht nicht einer bestimmten Unternehmerfraktion entstammte und sich ihr Zusammenhalt und ihre ideologische Nähe eher meritokratischen denn sozialstrukturellen[67] Prinzipien verdankte. Wie man den verschiedenen einschlägigen Studien entnehmen kann (Valdés 1989, Osorio & Cabezas 1995), gehen die Ursprünge der geistigen Gemeinsamkeit auf die 50er Jahre zurück, als ein Postgraduiertenaustausch zwischen der Chicagoer Universität und der Universidad Católica de Chile initiiert worden war. In den 60er Jahren waren viele dieser Ökonomen wieder zurück in Chile und bekleideten nun Professorenstellen in den Universitäten oder auch administrative Funktionen in der Regierung Frei. Wieder andere traten in die wichtigsten Firmen ein. Aber in welchen Positionen sie sich auch wiederfanden, allen gemeinsam war eine technizistische Redeweise und, wie Rolf Luders schreibt, „un enfoque racionalista a la solución de los problemas" (zitiert nach Valdés 1989: 16).

Dieser Korpsgeist wurde noch dadurch verstärkt, daß sich die ökonomische Fakultät der Universität Chicago seit den 40er Jahren als eine Trutzburg gegen die Hegemonie der Keynesschen Theorien begriff. Demgegenüber beanspruchte die Gruppe um Milton Friedman die „wahre" ökonomische Wissenschaft zu vertreten, und damit meinte sie einen orthodoxen Liberalismus. Wie Valdés klar herausgearbeitet hat, wurden die gemeinsamen Kompendien zwischen der Chicagoer Universität und der Universidad Católica zu einem Zeitpunkt intensiviert, als die chilenische Rechte in einer tiefen Hegemoniekrise steckte. Erst diese strukturelle Schwäche verlieh der aus Chicago zurückgekommenen Gruppe jene Stärke, die sie benötigte, um ihre „revolutionären Ziele" in die Tat umzusetzen. Die Pleite des demokratischen Systems, die Absetzung der Parteien als Trägerinnen des politischen Willens, der Rechtfertigungsbedarf Pinochets, seine Alleinherrschaft auch über den kurzen Zeitraum, der für die „Befriedung" der Gesellschaft ausgereicht hätte, hinaus auszudehnen: Erst das Zusammenkommen dieser Faktoren verschaffte der Chicagoer Schule die unverhoffte Gelegenheit, ihre im akademischen Nischendasein entwickelte Theorie am praktischen Beispiel Chile auszuprobieren.

Der Aufstieg der *Chicago Boys* zur vollständigen Hegemonie vollzog sich jedoch nur allmählich. Von einer wirklichen Machtübernahme der Neoliberalen kann eigentlich erst ab Ende 1975 die Rede sein, als der bisherige Minister der *Coordinación*

---

[67] Diesen schon insoweit, als daß der Besitz von ausländischen Bildungszertifikaten eine große Rolle in der chilenischen Mittelklasse spielt. Investitionen in Bildungskapital sind von fundamentaler Bedeutung für Aufstieg und Karriere.

Económica Raúl Sáez durch Jorge Cauas ersetzt wurde und damit eine harte antiinflationäre Schockpolitik eingeleitet wurde. Nach Campero nahm der Widerstand der *gremios*, die mehrheitlich nach wie vor einem Wirtschaftsmix aus Markt- und Planelementen anhingen[68], erst im Gefolge der Krise von 1974/75 moderatere Züge an, als mit der wirtschaftlichen Destabilisierung auch Zweifel an der politischen Stabilität der Militärjunta aufkamen. Die Aussicht einer eskalierenden sozialen Auseinandersetzung, die am Ende die gerade erst geschlagenen Kräfte der Unidad Popular zu neuem Leben hätten erwecken können, veranlaßte die Unternehmer zum Schulterschluß mit Pinochet. Erst jetzt konnte dieser praktisch alle wirtschaftspolitisch relevanten Posten seinen engsten Verbündeten – den neoliberalen Technokraten – übertragen.

Die Periode zwischen 1975 und 1982 markierte zweifellos den Höhepunkt der Herrschaft dieses neuen sozialen Akteurs über die ökonomischen Geschicke Chiles. Einmal den Widerstand der „Protektionisten" gebrochen, gingen die *Chicago Boys* nunmehr zur radikalen Öffnung der Wirtschaft nach außen über, wobei allerdings nur diejenigen Wirtschaftszweige favorisiert wurden, die komparative Kostenvorteile gegenüber der ausländischen Konkurrenz besaßen. Die Auswirkungen der Politik der „Reaktivierung" nach 1975 ließen nicht auf sich warten und nahmen einen ausgesprochen selektiven Charakter an. Während viele auf den Binnenmarkt angewiesene Firmen in den Bankrott gerieten, begann der Aufschwung des Agrikulturprodukte exportierenden Sektors. Der aber vielleicht noch wichtigere Effekt der Politik der Liberalisierung der Kapitalmärkte war jedoch – noch zusätzlich attrahiert durch die hohen Zinsen – die Transformation von produktivem in finanzielles Kapital. Indem einerseits die kleineren *financieras* aus dem Boden schossen und andererseits alle Zugangsbeschränkungen zu ausländischen Krediten abgeschafft wurden, war auf den Trümmern der Staatswirtschaft der Boden bereitet für das Entstehen und das Wachstum der *grupos económicos-financieros*; jenem neuen sozialen Akteur, der nunmehr zum ersten Mal rein privatwirtschaftlichen Ursprungs sein sollte.

---

[68] Diese Position kommt noch 1974 in folgender von Martínez & Díaz (1995: 86) zitierten Passage aus einer Verlautbarung der mächtigen *Sociedad de Fomento Fabril* in aller Deutlichkeit zum Ausdruck: „Economía mixta, estado empresario sólo en áreas estratégicas de alto riesgo y en la prestación de servicios 'no economicistas', necesidad imprescindible de la planificación en particular como mecanismo previsor de crisis cíclicas, apertura de un mercado de capitales competivo, ingreso de capital extranjero regulado por un estatuto de protección al interés nacional, uso adecuado de los aranceles como reguladores de la competencia nacional e internacional y transformación de la estructura tradicional de la empresa para dar cabida a objetivos de desarrollo social, factor sin el cual no habría realmente una economía social de mercado."

2.6.3 Die *Grupos Económicos*

In einem Artikel mit dem Titel „La Nouvelle Bourgeoisie" schrieb Ricardo Lagos[69] (1981) einmal, daß das „Neue" der Phase des wirtschaftlichen Booms in den 70er Jahren nicht die Existenz großer ökonomischer Konglomerate war – diese hatte es in Chile immer schon gegeben –, sondern in der Spezifik ihrer wirtschaftlichen Basis lag. Und in der Tat, während sich die privilegierte Stellung der traditionell wirtschaftlich einflußreichen Gruppen ihrer produktiven Basis in Agrikultur, Industrie oder Bergbau verdankte, von wo aus man erst im Finanzsektor aktiv wurde, war es bei den neuen *grupos* umgekehrt: „No tienen su origen en el control de una o varias empresas ligadas a los sectores productivos de bienes, sino más bien en el control de una actividad financiera." Diese Kontrolle über den finanziellen Apparat erlaubte ihnen die Akquisition weiterer Firmen, mitunter nun auch wieder im produktiven Bereich. Dabei hebt Lagos das exorbitante Wachstum dieser *grupos* in den 70er Jahren besonders hervor:

> „No existen cifras precisas que permitan indicar una 'tasa de crecimiento anual' de los grupos, pero es evidente que casi de la nada – recuérdese la situación hacia septiembre de 1973 ... –, hasta llegar hoy (1981) a controlar activos superiores a los mil o mil quinientos millones de dólares en Chile. Es cierto que se han dado condiciones muy especiales, pero en todo caso este ritmo es absolutamente inusual. No es sólo un fenómeno de 'eficiencia' de unos respectos de otros. Es algo más."

Dieses *algo más* bestand gewissermaßen in der „sichtbaren Hand" des Staates, der die *grupos* gemäß seiner Doktrin, die Wirtschaft von der Politik zu „befreien", als kollektiven Akteur erst geschaffen hatte. Die Rede von den neuen Gruppen ohne *raíz histórica* (Lagos) trifft den Kern des Phänomens insofern, als nicht wie bisher eine politisch-technokratische Schicht die Interessen einer alteingesessenen wirtschaftlichen Elite vertrat, sondern umgekehrt: Eine technokratische Fraktion des „hegemonialen Blocks" (Gramsci) produzierte erst die Bedingungen für das Entstehen einer neuen Unternehmerspezies. Der Weg dahin war höchst einfach und ist bereits beschrieben worden. Man übergab die unter Allende verstaatlichten Banken an den Privatsektor und sorgte damit für das Entstehen der *financieras,* die so etwas wie den Embryonalzustand der *grupos* verkörperten. Letztere akkumulierten dann ihr spekulatives Kapital in dem Maße, wie die Wirtschaft nach außen geöffnet wurde und sich der Zugang zu externen Krediten erleichterte. In den 80er Jahren war es vor allem die Schaffung der AFP, die zu idealen Anlageformen von Kapital wurden und – mit dem

---

[69] ..., dessen Ambitionen allein, sozialistischer Präsidentschaftskandidat im Jahre 1999 zu werden, Pinochet jüngst zu einer handfesten Drohung veranlaßt haben. In einer Rede im *Colegio Apoquindo* am 3. September 1996 sagte er mit Bezug auf die Ereignisse des 11. September 1973, aber mit klarer Referenz auf Ricardo Lagos: „ ... cuidado!; podemos repetir el hecho" – übrigens, wie *El Mercurio* (4.9.1996) im Nebensatz bemerkt, „ante la risa de los asistentes".

Geld der Versicherten – zur Akkumulation der *grupos* beitrugen, die ihrerseits bald begannen, diese Institutionen zu kontrollieren.

Hervorzuheben ist schließlich der hohe Verflechtungsgrad zwischen der staatlichen Technokratie und der neuen wirtschaftlichen Elite. Oftmals waren es dieselben Personen, die führende Posten in der Regierung und zugleich strategische Positionen in den wichtigsten Unternehmen innehatten. Die Schaffung eines neuen Unternehmertypus war auch bitter nötig, denn der Reproduktionsmodus des traditionellen Unternehmertums bestand hauptsächlich darin, durch Verhandlungen mit dem Staat günstige Verwertungsbedingungen für den internen Markt zu erzielen. Derlei soziales Kapital hatte aber in der nunmehr nach außen geöffneten Wirtschaft an Relevanz verloren. An die Spitze der Unternehmen gehörten daher neue Führungskräfte – oder, mit Ricardo Lagos gesprochen, neben die Fraktion der *gerentes* mußte die der *analistas* treten:

> „(Ellos) observan el desplazamiento global de la economía chilena, la escudriñan y en función de ello reuelven la política de expansión del grupo, de forestales a textiles, de metalurgia a exportación de frutas, de producción minera a producción de alimentos, según sea su visión del futuro de la economía del país o de la internacional. En este proceso la tan poco aceptada planificación se realiza plenamente, pero al interior de cada grupo. Es este un proceso común en los países avanzados de tipo capitalista. Es extraño ver cómo lo mismo no era muy aplicado en las décadas anteriores. Hoy, estos analistas del grupo son planificadores, pero, como es obvio, al servicio de los intereses del grupo. Se trata de una burguesía que utiliza la técnica y la respeta." (Ebd.)

2.6.4 Vom „Fall" und Aufstieg der Eliten und der Erneuerung des Kapitalismus

Wie wir gesehen haben, war das „Unternehmen Transformation" bis etwa 1980 weitgehend abgeschlossen und ruhte auf drei Säulen: General Pinochet vereinigte auf sich quasi die totale politische Macht; dieser Allmacht und der Konzeptionslosigkeit bzw. der Spaltung des traditionellen Unternehmertums verdankte sich die relative Leichtigkeit, mit der die neoliberalen Ökonomen ihre Prinzipien durchsetzen konnten; und schließlich waren es die von letzteren erzeugten strukturellen Bedingungen, unter denen sich die *grupos económicos* zur marktbeherrschenden Instanz aufschwingen konnten. Gegenüber dieser Troika verkümmerten die traditionellen korporativen Organisationen der Unternehmertums zu Vollzugsgehilfen der Macht, und dies sollte sich erst im Zuge der Krise von 1982/83 ändern.

Während dieser Krise stürzte das von den *Chicago Boys* und den *grupos* konstruierte Finanzkonstrukt zusammen. Angesichts der Verteuerung der externen Kredite und dem entsprechenden Verlust an Marktanteilen der chilenischen Exporte überschuldeten sich viele Unternehmen, und sogar mächtige Konzerne schlitterten geradewegs in die Pleite. Die Aktivitäten der *grupos* wurden nun in dem Maße von den anderen Sektoren der Unternehmerschaft in Frage gestellt, wie sie sich selbst, infolge des Domino-Effektes der Bankrotte, der von den großen Unternehmen ausgegangen war und auf die Banken übergegriffen hatte, bedroht sahen. Dabei ging die Initiative von den *gremios* der kleineren und mittleren Betriebe aus, die von anfänglicher Detailkritik am wirtschaftspolitischen Kurs zu aktiver Mobilisierung und offener Gegnerschaft der einseitig auf die *grupos* ausgerichteten Regierungslinie übergingen. Man forderte eine pragmatische und weniger marktorthodoxe Politik. Unterstützt wurde man dann später auch von der *Confederación de la Producción y del Comercio,* der zentralen Organisation der großen Unternehmen, und der langsam wiedererstarkenden politischen Opposition, die den Widerstand gegen das Regime immer wirkungsvoller zu organisieren verstand.[70]

Angesichts dieser Dreifronten-Herausforderung war das Regime gezwungen, seine internen Machtstrukturen zu modifizieren. Die neoliberalen Führer wurden reihenweise zum Rücktritt gezwungen.[71] Als eine deutliche Reminiszenz an die *gremios* der Großunternehmer und als Reaktion auf die Protestaktionen wurde vor allem die Berufung von Sergio Onofre Jarpa zum Innenminister aufgenommen, einem eher traditionell und korporatistisch ausgerichteten Politiker.[72] Unter dem neuen Wirtschaftsminister Hernán Büchi ging man zwar nicht vom neoliberalen Kurs ab, dieser bekam jedoch deutlich pragmatischere Züge, was sich insbesondere in der reaktivierten Rolle des Staates ausdrückte. Dieser übernahm nunmehr das Management der externen Schulden sowie mit der Übernahme diverser Banken die Kontrolle des nationalen Finanzsystems.

Nachdem jedoch der Druck der Proteste von 1983/84 abgeflaut war und die Verschuldungsprobleme durch die *acuerdos* mit den großen internationalen Kreditorganisationen unter relative Kontrolle gebracht worden waren, konnte Pinochet, der zuvor einen Teil seiner Kompetenzen auf Jarpa übertragen hatte, seine herrschende Position innerhalb der Regierungsequipe ebenso wiederherstellen wie die technokratisch-neoliberale Fraktion ihre dominierende Stellung in der Wirtschafts- und Sozialpolitik. Die intervenierten Banken und Unternehmen wurden erneut dem privaten Sektor übertragen, genauso übrigens wie einige seit jeher in Staatsbesitz befindliche Firmen. Mit der Reduzierung der Auslandsschuld und der erneuten Privatisierungswelle entstand nicht nur eine neue Struktur der chilenischen Wirtschaft, sondern es wurde auch eine bis heute anhaltende Wachstumsphase eingeleitet. Damit wurden die

---

[70] Die spektakulärsten Aktionen waren die nationalen Protesttage, die ab dem 11. 5. 1983 einmal im Monat durchgeführt wurden.

[71] Am meisten Aufsehen erregte der Rücktritt José Piñeras als Bergwerksminister und der des „Anführers" der *Chicago Boys*, Sergio De Castro, als Finanzminister.

[72] Der Prototyp eines südamerikanischen *patrón*, der bereits eine zentrale Rolle bei der Opposition gegen Allende spielte und zuvor sogar schon General Ibáñez und seine populistische Regierung unterstützt hatte.

kapitalistischen Strukturen der Wirtschaft vertieft und auf lange Sicht abgesichert, und im gleichen Maße wie das erneuerte, pragmatischere neoliberale Modell Fuß zu fassen begann, ging der Einfluß des Korporatismus auf das Regierungshandeln wieder zurück. Deshalb markiert die Periode der Krise von 1982/83 eigentlich nicht den „Fall" der in den 70er Jahren entstandenen Elite aus Diktator, neoliberaler Technokratie und *grupos*. Sie ist eher als Episode zu begreifen, in der diese Allianz vorübergehend Zugeständnisse an die klassischen Unternehmerverbände und andere Interessengruppen zu machen gezwungen war. Dann aber, nach überstandener Hegemoniekrise, ging man daran, noch tiefgreifendere Strukturmaßnahmen in Richtung einer Gesellschaft des Marktes durchzusetzen. Oder in der Feldherrenterminologie von Pinochet selbst: „Se había tratado sólo de un juego de piernas, para recobrar fuerzas." (Zitiert nach Martínez & Díaz 1995: 97)

Auch wenn es der Opposition in ihren Protestaktionen nicht gelungen war, Pinochet direkt abzusetzen, so wurde durch diese gemeinsamen Aktionen doch der politische Raum für eine gemeinsame Strategie zur Absetzung Pinochets auf dem von ihm selbst vorgesehenen konstitutionellen Wege eröffnet: In Vorbereitung des Plebiszits von 1988 gelang nicht nur der Schulterschluß der Opposition für eine gemeinsame Kampagne gegen eine weitere Amtszeit Pinochets, sondern auch die Einigung auf einen gemeinsamen Präsidentschaftskandidaten bei der Wahl danach. Auch die Unternehmerverbände warteten mit neuer Eigenständigkeit auf, indem sie sich nicht wieder auf dieselbe willfährige Rolle gegenüber der Militärregierung wie vor der Krise reduzieren ließen, sondern einen Dialog mit den großen Gewerkschaftsverbänden wie mit einzelnen Parteien der Opposition begannen. Und sogar die klassische parlamentarische Rechte tat kund, daß man die Regierung zwar unterstütze, aber kein Teil von ihr sei, und demonstrierte so einen gewissen Grad an Autonomie. Damit soll nicht gesagt werden, daß die Unternehmer oder die politischen Rechte auf Konfrontationskurs mit der Regierung gegangen wären, man unterstützte vielmehr sowohl den Kandidaten Pinochet (1988) als auch danach Hernán Büchi (1989). Zugleich bekundete man aber nachdrücklich – wie übrigens auch Teile der Armee selbst, die ja selber zum Opfer der Alleinherrschaft Pinochets geworden war – Loyalität und Treue zur Verfassung von 1980. Entsprechend unterstütze man Pinochet bei seiner Kampagne, zeigte sich aber im Falle einer Niederlage zu keinerlei weiterem Putschabenteuer bereit.

Die Geschichte ist bekannt. Trotz populistischer Wahlgeschenke und der Unterstützung der Unternehmerschaft verlor Pinochet das Plebiszit vom Oktober 1988[73] gegen eine nunmehr vereinigte Opposition, die geschlossen dazu aufgerufen hatte, mit *NO* zu stimmen. Bei den daraufhin notwendig gewordenen Präsidentschaftswahlen vom Dezember 1989 setzte sich Patricio Aylwin als Kandidat der *Concertación por la Democracia*, dem aus der Kampagne für das *NO* hervorgegangenen Parteien-

---

[73] Wenn auch mit dem beachtlichen Stimmenanteil von 44 %.

bündnis mit Christdemokraten und Sozialisten an der Spitze, mit 55 % der Stimmen durch. Für den Kandidaten der bisherigen Regierung Büchi entschieden sich 29 %.

Die politische Niederlage beim Plebiszit mag für Pinochet empfindlich gewesen sein, sein „Unternehmen" jedoch, das in der kapitalistischen Transformation der chilenischen Gesellschaft bestand, war bereits weitgehend abgeschlossen, und so konnte er sich mit seinen Truppen beruhigt in die Kasernen zurückziehen. Ähnlich verhielt es sich mit der zweiten tragenden Säule des Regiments, den *Chicago Boys*, die an die Spitze der einflußreichsten *grupos económicos* und nur im Ausnahmefall ins Privatleben zurückkehrten. Und was schließlich die alten Unternehmerorganisationen betrifft, so hatten sie während der letzten Jahre der Diktatur wieder gelernt, für sich selbst zu sprechen. Der Gesprächs- und Verhandlungswille der Unternehmer mit den Parteien der Rechten, den Gewerkschaften und den in der *Concertación* versammelten Parteien hat eine nicht unwichtige Rolle beim friedlichen Übergang zu demokratischen Verhältnissen gespielt.

Im Zeitraum 1973-89 wurden in Chile äußerst einschneidende und radikale Strukturveränderungen durchgeführt, die in einer Erneuerung des Kapitalismus gemündet haben. Sie wurden durchgesetzt von einem starken Staat oder, wie Antonio Gramsci (1967) vielleicht gesagt hätte, einem „Block an der Macht", der aus einer militärischen und technokratischen Fraktion bestand. Infolge der Radikalität und Brutalität, mit der dieser Block seine neoliberalen Zielsetzungen in die Tat umsetzte, wurden die traditionellen demokratischen Institutionen der Zivilgesellschaft zerstört. Die wichtigsten Dimensionen dieser Transformation sind zu sehen in den Übergängen der Entscheidungsgewalt vom Staat auf den Privaten Sektor, von den Löhnen zum Kapital und von der Importsubstituierung auf eine auf komparativen Kostenvorteilen beruhenden Strategie der Weltmarktintegration. Im weiteren gilt es, die sozialstrukturellen Folgen dieser Entwicklung in den Blick zu nehmen. Bevor dies geschieht, soll aber der historische Rückblick mit einer knappen Schilderung der Ereignisse nach dem Abtritt der Militärregierung abgerundet werden.

Drittes Kapitel

Die *Concertación*

Die Radikalität der Transformationen, mit der die Militärregierung vorging, legt die Vermutung nahe, daß die Zeit der Diktatur für die Veränderungen der Sozialstruktur viel wichtiger ist, als die mithin schon sieben Jahre andauernde Regierungszeit der *Concertación*. Zum einen aus diesem Grund, zum anderen, weil die Demokratisierung der chilenischen Gesellschaft bereits ein Hauptgegenstand soziologischer und politologischer Forschung ist[74], beschränke ich mir hier auf einige Grundlinien dieser bis heute anhaltenden Periode. Wie bisher stelle ich zunächst die politische (1) und ökonomische Entwicklung (2) dar, um dann mit Hilfe der amtlichen Statistik einen Vergleich einiger sozioökonomischer Indikatoren zwischen der Militär- und der jetzigen demokratischen Regierung anzustellen (3).

3.1 Die politischen Reformen der *Concertación*

Die scheidende Regierung Pinochet hatte die Zeit zwischen dem Plebiszit und der Amtsübernahme der *Concertación* dazu genutzt, wesentliche Momente des Autoritarismus festzuschreiben. Neben der bereits erwähnten starken Stellung der Militärs in der Verfassung von 1980 ist dabei insbesondere die Ernennung von einem Fünftel der Senatoren nach berufsständischen Prinzipien zu nennen, was in den vergangenen Jahren stets dazu geführt hat, daß sich die gewählte Regierungsmehrheit im Senat in der Minderheit wiederfand. Die designierten Senatoren wurden zu einem der effektivsten Bremsmittel gegen jede Art demokratischer Reform.[75] Pinochet selbst bleibt bis 1998

---

[74] Vgl. in deutscher Sprache García et al. (1994:170ff.), Imbusch (1995: 128ff.), Römpczyk (1994: 129ff) und Koch (1997). Die chilenische Literatur ist quasi endlos. Eine Auswahl: Rivas (1991), Frías (1991), Bengoa & Tironi (1994), Flisfisch (1994), Moulian (1994) (und die gesamte Ausgabe 25 der *proposiciones*, SUR 1994), MIDEPLAN (1994), Foxley (1995) und Vial (1995).

[75] Am hartnäckigsten wehren sich die designierten Senatoren selbst gegen die Abschaffung ihrer Ernennungspraxis. Aufgrund dieses Widerstandes ist bis heute keine Änderung eingetreten.

Oberbefehlshaber des Streitkräfte, die ja über den nationalen Sicherheitsrat große Mitbestimmungsbefugnisse in die zivilen Belange haben. Im Laufe des Jahres 1997 wird er bis zu fünf ihm ergebene Personen bekanntgeben, unter denen Präsident Frei seinen Nachfolger bestimmen wird. Im übrigen durchsetzte Pinochet noch im Jahre 1989 die Heeresführung mit engen Vertrauten, so daß an eine zivile Vorherrschaft über das Militär bis auf weiteres nicht zu denken ist.[76] Darüber hinaus ernannte er nach dem Plebiszit neun von sechzehn Richtern des Obersten Gerichtshofes neu. Diese können ihr Amt bis zum 75. Lebensjahr ausüben, und so ist auch auf seiten der Judikative für Kontinuität gesorgt.

Angesichts dieser Hindernisse, die Pinochets und Alessandris Verfassung mit sich bringen, konnte es die Devise der *Concertación* nur sein, sich mit Hilfe einer „Salami"-Taktik wechselnde parlamentarische Mehrheiten zu verschaffen, um so der Demokratie allmählich zum Durchbruch zu verhelfen. Das Regierungsprogramm sah aber gleichwohl – bei grundlegender Beibehaltung des neoliberalen Wirtschaftsmodells – ein ambitioniertes Reformpaket vor. Zentrale Aufgabenbereiche waren dabei die Verfolgung und Sühne der Menschenrechtsverbrechen, die Beseitigung der autoritären Relikte in der Verfassung und den gesetzgebenden Institutionen, die Justizreform sowie schließlich die Wiederherstellung der zivilen Suprematie über das Militär.

Die Erfolgsbilanz bei der Umsetzung dieses Programms fällt widersprüchlich bis dürftig aus. Gegen die Bestrafung der Verantwortlichen der andauernden Menschenrechtsverletzungen hatten sich die Militärs bereits 1978 ein Amnestiegesetz für alle bis dato begangenen Verbrechen genehmigt. Und auch danach sorgte die Militärregierung durch eine Vielzahl von Erlassen und gesetzlichen Verfügungen dafür, daß die Identifizierung und Bestrafung der Täter außerordentlich erschwert wurde. Abgesehen von einigen besonders spektakulären Fällen wie dem des Ex-DINA-Chefs Contreras wird die Mehrzahl der Verbrechen ungesühnt bleiben. Auch bekommen längst nicht alle Opfer oder deren Angehörige eine Entschädigung für das ihnen zugefügte Unrecht. Und da auf der anderen Seite die ehemaligen Folterer in aller Regel keine Selbstkritik erkennen lassen, sondern vielmehr fortfahren, sich ihrer Taten zu

---

[76] Auch Pinochets informeller gesellschaftlicher Einfluß ist nach wie vor immens. Jede Äußerung von ihm erfreut sich größter Beachtung in den Medien, deren Kontrollgremien er übrigens vor seinem Abtritt noch mit jüngeren Gefolgsleuten durchsetzt hat. Bei „zu weit" gehenden Reformprojekten etwa im Sozial- oder Justizwesen scheut er sich nicht, die Gesellschaft mit Militärübungen in Angst und Schrecken zu versetzen. Aber am deutlichsten kam seine vorherrschende Stellung in der Gesellschaft wohl anläßlich der Feierlichkeiten zu seinem achtzigsten Geburtstag im November 1995 zum Ausdruck, als sein Werk von seinen Anhängern im ganzen Land zelebriert und mit dem des Staatsgründers Bernardo O'Higgins auf eine Stufe gestellt wurde. Um angesichts der pompösen Feiern zu Ehren Pinochets nicht das Gesicht zu verlieren, blieb dem demokratisch gewählten Präsidenten Eduardo Frei Ruiz-Tagle Junior (Sohn des christdemokratischen Präsidenten von 1964-70 und seit 1994 Nachfolger von Patricio Aylwin) nichts anderes übrig, als eine Auslandsreise „einzulegen".

rühmen, ist eine Aussöhnung der Chilenen zumindest in dieser Generation nicht zu erwarten. Ähnlich wie im Falle des spanischen Bürgerkriegs wird es wohl noch Jahrzehnte dauern – wenn die Hauptakteure eines natürlichen Todes gestorben sind –, bis eine einigermaßen objektive und ideologiefreie Sichtweise einsetzen wird.[77]

Auch die Beseitigung von autoritären Enklaven in der neu entstandenen Demokratie erweist sich als ausgesprochen schwierig. Zumindest bis zum Ende meines Aufenthaltes in Chile (März 1996) hat sich trotz vielfacher Versuche und Kompromißangebote von Regierungsseite nichts an der Ernennungspraxis der Senatoren und an der Berufung und Abberufung des Oberkommandierenden der Streitkräfte geändert. Auch im Falle des besonders kompromittierten Justizsystems geriet die neue Regierung schnell an die Grenzen der „Konsensdemokratie". Man wollte eine Wiederherstellung der Unabhängigkeit der Justiz und einen verbesserten Schutz des Individuums vor staatlicher Repression erreichen. Die bisherige Ernennungspraxis der obersten Richter[78] sollte abgeschafft und der gesamte Justizapparat modernisiert werden. Wie im Fall der designierten Senatoren hat jedoch die politische Rechte die Reformen bis heute verhindert.

Eine weitere Lektion in Sachen realer Machtverteilung erhielt die Regierung bei ihren zaghaften Versuchen, die Macht der Militärs zu begrenzen. Weder ließ sich deren verfassungsmäßig gesicherte Position als „Hüter der Ordnung und der Verfassung" und insoweit als vierte Gewalt beschneiden, noch gelangen kleinere Reformprojekte wie die Zuordnung der *Carabineros* (Militärpolizei) zum Innenministerium (und nicht mehr zum Verteidigungsministerium). Einen Erfolg der Regierung im Sinne der fortschreitenden Demokratisierung stellte immerhin die Reform der Gemeindeverwaltungen dar, deren Bürgermeister jetzt nicht mehr wie zuvor eingesetzt, sondern gewählt werden.[79] Diese Neuerung wurde begleitet von einer Verlagerung der Entscheidungskompetenz lokaler Belange von der zentralen auf die kommunale Ebene. Im allgemeinen gelten aber die Fortschritte bei der Zurückdrängung der *enclaves autoritarios* als bescheiden.[80] Und so liegen die größten Erfolge der demokratischen Regierung wohl mehr darin, eine gesamtgesellschaftliche Atmosphäre ge-

---

[77] Der Bericht der von Aylwin eingesetzten *Comisión Nacional de Verdad y Reconciliación* (Kurz: Rettig-Bericht) dokumentiert die nach 1978 begangenen Verbrechen und ist sicherlich ein Schritt in die richtige Richtung. Auch wenn es keine weitere Verfolgung der Schuldigen geben wird, so benennt er doch klar die systematische Verletzung der Menschenrechte durch die Militärs samt ihres willfährigen Justizsystems und wertet so die vielen Opfer und ihre Hinterbliebenen zumindest moralisch auf.

[78] Gegen drei von ihnen strengte das Parlament sogar Verfassungsbeschwerden an, was in einem Fall zur Amtsenthebung führte.

[79] Und dies im Jahre 1996 schon zum zweiten Mal.

[80] Siehe die Bewertung von García et al. 1994: 177, an deren Gültigkeit sich auch in der seither vergangenen Zeit nichts geändert hat.

schaffen zu haben, die weitgehend frei von Angst ist,[81] als in der formalen Durchsetzung der Demokratie.

3.2 Die Wirtschaftspolitik der *Concertación*

Die Wirtschaftspolitik der Regierung Aylwin (1990-93) und Frei (seit 1994)[82] war bzw. ist in ihren wesentlichen Zügen charakterisiert durch Kontinuität gegenüber ihrem Vorgänger. Man behielt die strikt am Export und am Weltmarkt orientierte Wirtschaftsform bei, anerkannte auf der anderen Seite aber auch die aus der Militärzeit geerbte *deuda social* als ein gesellschaftliches Problem, zu dessen Lösung der Staat einen aktiven Beitrag zu leisten hat. Um das Problem zu lösen, gleichzeitig die „Soziale Schuld" zu sühnen ohne das Wachstum zu gefährden, bezieht sich die Regierung – zumindest auf dem Papier – auf das von der in Santiago ansässigen CEPAL entwickelte Konzept eines Wirtschaftswachstums mit sozialem und ökologischem Ausgleich (vgl. CEPAL 1990, 1992b), das im Kern auf vier Thesen[83] beruht: a) Weltmarktintegration und der Aufbau von Industriestrukturen sind gleichzeitig möglich; b) Weltmarktorientierung und relativ egalitäre Einkommensstrukturen schließen sich nicht prinzipiell aus; c) Bei der Weltmarktintegration gilt es nicht mehr nur – wie bisher – einseitig auf gegebene Kostenvorteile zu vertrauen (in der Regel niedrige Löhne, natürliche Ressourcen), eine dauerhafte Wettbewerbsfähigkeit bedarf vielmehr der Schaffung neuer Wettbewerbvorteile auf der Grundlage der neuen Technologien; d) ein leistungsfähiger Sozialstaat trägt zur Effizienz der Ökonomie bei, da er politische Stabilität und ein relevantes Maß an sozialer Gerechtigkeit garantiert. Ökonomisches Wachstum, politische Demokratie und sozialer Ausgleich schließen sich also nach dem CEPAL-Konzept nicht mehr aus, sondern bedingen sich vielmehr gegenseitig.

Die konkrete Politik der *Concertación* ist entsprechend an gesamtwirtschaftlicher Stabilität orientiert und darauf ausgerichtet, die unter Büchi erreichten Weltmarktpo-

---

[81] Dies bestätigen sowohl die meisten chilenischen Gesprächspartner als auch Ausländer, die sich bereits zu Zeiten der Diktatur in Chile aufgehalten haben. Man bewegt sich dieser Tage so unbehelligt in den Straßen Santiagos wie in einer heutigen Metropole eben üblich und möglich. Es herrscht weder Ausnahmezustand noch Ausgangssperre, und man braucht normalerweise keine Angst vor willkürlicher Verhaftung oder sonstiger Repression zu haben.

[82] Siehe zu Wirtschaftsmodell und Wirtschaftspolitik der *Concertación* weit ausführlicher MIDEPLAN (1994), Meller (1994), Ffrench-Davis & Labán (1995), Arellano (1995), Pizarro (1995) und die anderen in CIEPLAN (1995) versammelten Beiträge. Im Text beziehe ich mich hauptsächlich auf diese Aufsätze.

[83] Auf eine genauere Darstellung der Position der CEPAL und die sich darauf beziehende theoretische Diskussion wird hier verzichtet. Vgl. für die deutsche Diskussion Müller-Plantenberg (1993), und Hurtienne & Messner (1994).

sitionen noch zu verbessern, eine Modernisierung des Produktionsapparates zu erreichen und die Armut zu reduzieren. Damit neben die Wachstumsstrategie eine Verteilungsstrategie (vgl. García et al. 1994: 172) treten konnte, galt es, zwei Aufgaben gleichermaßen anzugehen: Einerseits mußte das Vertrauen des Unternehmertums und des internationalen Kapitals gewonnen werden, die an erster Stelle von der Militärregierung profitiert und sie bis zuletzt unterstützt hatten, um so das Tempo des ökonomischen Wachstums beizubehalten. Andererseits mußten gravierende soziale Ungleichheiten, vor allem die Armut, reduziert werden. In diesem Sinne verfolgte die Regierung eine Politik der „konzertierten Aktion", indem sie eine Mittlerrolle zwischen Unternehmern, Gewerkschaften und Parteien einnahm, um einen möglichst breiten gesellschaftlichen Konsens über die Lösungen der vorrangigen Probleme zu erreichen.

Nach langen Verhandlungen und bedeutenden Zugeständnissen an die Opposition gelang es der Regierung, eine auf vier Jahre begrenzte Steuerreform zu verabschieden, mit Hilfe derer die Ausgaben für soziale Zwecke erhöht werden konnte (vgl. Pizarro 1995). Letztlich wurde eine zehnprozentige Gewinnsteuer und eine Progression der Einkommenssteuer eingeführt. Die Umsatzsteuer wurde von 16 auf 18 % erhöht. Darüber hinaus trug man aktiv dazu bei, daß ein sogenannter *Acuerdo Marco*, nach dem sich Arbeitnehmer- und Arbeitgeberorganisationen sowie Regierung vier Jahre lang auf ein bestimmtes Niveau der Gehälter des öffentlichen Dienstes, des Minimallohns und der staatlichen Renten und Pensionen verständigten, unterschrieben wurde. Der *Acuerdo Marco* wurde darüber hinaus zur Grundlage der Verhandlungen über eine Modifikation der Arbeitsgesetzgebung.

Wie wir gesehen haben, hatte der *Plan Laboral* von 1979 zu einer strategischen Schwächung der Gewerkschaften geführt, da er das Streikrecht befristete, die Kollektivverhandlungen auf die Betriebsebene reduzierte, die Zersplitterung der Gewerkschaften förderte und Kündigungen problemlos ermöglichte. Die Neuverhandlungen der Arbeitsgesetzgebung brachte demgegenüber nur leichte Veränderungen, stellte die kapitalfreundliche Gesamtorientierung in keiner Weise in Frage und verbesserte die gewerkschaftliche Position nur geringfügig: Die grundlose Kündigung wurde dadurch ersetzt, daß die Arbeitgeber im Kündigungsfall jetzt „firmenspezifische Gründe" ohne genauere Ausführung angeben[84] und eine geringe Entschädigung zahlen müssen (vgl. Miño 1991: 88). Man wertete die Gewerkschaften weiterhin formal als einzige legitime Arbeitnehmerorganisation auf und gestand ihnen das Recht zur Gründung von Zentralen in den Betrieben zu. Schließlich wurden – unter bestimmten Bedingungen (vgl. ebd.: 92) – Kollektivverhandlungen über die Ebene eines konkreten Unternehmens hinaus ermöglicht.

---

[84] Was in der Praxis überhaupt kein Problem ist. Dazu kommt, daß diese Farce von Kündigungsschutz auch noch erst nach zwölf Monaten Betriebszugehörigkeit wirksam wird.

Auf dem Feld der internationalen Wirtschaftsbeziehungen hat die mit der Demokratisierung verbundene Aufwertung Chiles in jedem Fall viel bewegt. Bis in das Jahr 1996 hinein schien sogar ein Beitritt zum „Nordamerikanischen Freihandelsabkommen" (NAFTA) unmittelbar bevorzustehen. Die Verhandlungen sind jedoch bisher am Widerstand des US-amerikanischen Kongresses gescheitert, der bei einer Öffnung der Märkte den Verlust von Arbeitsplätzen in den USA befürchtet. Auch in Chile kam es zu Protesten der Unternehmer gegen diesen Beitritt, da über mögliche Umwelt- und Arbeitsschutzklauseln, die mit den USA vereinbart werden könnten, das Land entscheidend an Standortvorteilen verlieren könne. Auch die Landwirte sehen sich außerstande, mit den in den USA subventionierten Agrarfabriken mitzuhalten. Etwas überraschend trat Chile dann am 25. Juni 1996 dem MERCOSUR (*Mercado Común del Cono Sur*) bei. Mit dem Vertrag von Asunción vom 1. 1. 1996 haben sich die Mitgliederländer Argentinien, Brasilien, Paraguay, Uruguay und nun auch Chile auf die Entstehung eines Binnenmarktes für den freien Waren-, Dienstleistungs- und Kapitalverkehr in der Region verständigt. Der MERCOSUR ist zwar kleiner als die NAFTA, hat aber ein größeres Wachstumspotential. Chile realisiert dort heute 14 % des Außenhandels, und zwar in erster Linie industriell verarbeitete Produkte. In die NAFTA gehen zwar 20 % der Exporte, jedoch vor allem Gemüse und Obst. Außerdem sind die Stimmen aus den USA unüberhörbar, auch fürderhin nur landwirtschaftliche Güter aus Chile importieren zu wollen, womit sein Status als Rohstoffproduzent auf Dauer festgeschrieben bliebe. Insgesamt bietet also die Mitgliedschaft im MERCOSUR viel bessere Möglichkeiten, den bereits unter Büchi eingeleiteten Prozeß der Exportdiversifizierung voranzutreiben.[85]

3.3 Ein Vergleich der Resultate der Wirtschaftspolitik der Militärregierung und der *Concertación*

Die Wirtschaftspolitik der *Concertación* wurde von den Unternehmern und der politischen Rechten von Anbeginn mit Argusaugen betrachtet. Noch die moderateste Steuererhöhung und die vorsichtigsten Reformen in den Arbeitsbeziehungen wurden als Rückkehr zur vermeintlich wachstumshemmenden etatistischen Politik gebrandmarkt, waren doch die innerhalb der UP federführenden Sozialisten nun erneut an der Regierung beteiligt. Während ich auf die Resultate der Sozialpolitik im Kapitel zur

---

[85] Da darüber hinaus Verhandlungen zwischen MERCOSUR und NAFTA über ein Freihandelsabkommen oder den kollektiven Beitritt des MERCOSUR zur NAFTA im Gange sind, ist Chile die Perspektive des Zugangs zum nordamerikanischen Markt mit der Entscheidung für den MERCOSUR nicht endgültig verstellt.

Sozialstruktur gesondert eingehe, sollen in diesem Abschnitt einige Indikatoren der im engeren Sinne wirtschaftlichen Entwicklung betrachtet werden. Dabei läßt sich ein Vergleich der wirtschaftspolitischen Ergebnisse zwischen der ersten Regierung der *Concertación* Patricio Aylwin und der Militärregierung Pinochet vornehmen.[86]

Betrachten wir zunächst einige zentrale Aspekte der produktiven Entwicklung, so betrug das *Wachstum des Bruttoinlandprodukts* während der Pinochet-Diktatur (1973-89) im Jahresdurchschnitt 3,5 %, wobei in der Periode 1985-89, die in etwa der Amtszeit Hernán Büchis entspricht, mit jährlich 6,4 % ein weit überdurchschnittliches Ergebnis erzielt wurde. In der demokratischen Periode 1990-93 wurde mit 6,3 % ein fast ebenso gutes Jahresresultat erreicht. Das *Wachstum der Exporte* betrug während der Regierung Pinochet im Jahresdurchschnitt 10,6 %[87] und im Abschnitt 1985-89 10,2 %. Während der Regierungszeit Aylwin wurde diese Exportdynamik mit jährlich 9,3 % nahezu beibehalten. Bei der durchschnittlichen jährlichen *Investitionsrate* hat die demokratische Regierung bereits deutliche Vorteile, denn sie betrug zwischen 1990 und 1993 24,8 %, während sie zu Zeiten Pinochets nur einen Wert von 18,7 % erreichte (1985-89: 19,8 %).

Als makroökonomische Indikatoren werden die *Inflationsrate* und die *Arbeitslosenquote* miteinander verglichen. Die durchschnittliche jährliche Inflationsrate, periodisch gemessen an den Preisen eines gegebenen Warenkorbes, lag zwischen 1974 und 1989 bei 57,3 %, wobei in der Periode 1985-89 mit 19,8 % ein deutlich besseres Resultat erzielt wurde. Während der ersten demokratischen Administration wurde dieser Wert mit 17,5 % weiter reduziert.[88] Die Arbeitslosenquote lag mit durchschnittlich 17,3 % während des gesamten Militärregiments sehr hoch (1985-89: 13,0 %), während sie während der Regierung Aylwin lediglich 5,6 % betragen hat. Der Wert von 1993 lag bei nur 4,9 % und war damit der geringste seit der Unidad Popular.[89]

Ein sinnvoller Indikator des *Lebensstandards der Bevölkerung* ist der vom INE herausgegebene *Consumo Total por Habitante*, der die Menge an Gütern und Dienstleistungen (im privaten und öffentlichen Sektor) mißt, die die Bevölkerung im Durchschnitt konsumiert. Dieser ergibt, daß sich der Konsumstandard pro Einwohner während der Zeit der Diktatur nicht erhöht hat, sondern sich um 0,2 % reduzierte. Lediglich zwischen 1985 und 1989 kam es zu einer Steigerung um jährlich 3,2 %.

---

[86] Alle im folgenden verwendeten Daten beruhen auf Informationen des INE (*Instituto Nacional de Estadística*), und der *Banco Central de Chile*. Alle Werte beziehen sich auf die Preise von 1986. Siehe auch die Aufarbeitung dieser Daten bei Meller et al. (1993) und in CIEPLAN (1995).

[87] Dieser hohe Wert ist natürlich stark beeinflußt durch die deprimierende Basis des Jahres 1973.

[88] Wobei die Inflation seit 1990 eine deutlich rückläufige Tendenz aufweist. Sie betrug im ersten Jahr noch 27,3 % um bis 1993 auf 12,0 % zurückzugehen. Seit dem Jahr 1994, das in diesem Vergleich nicht berücksichtigt ist, liegt die Inflation durchweg bei unter 10 %.

[89] Die Arbeitslosigkeit ist in den Jahren 1994 bis 1996 allerdings wieder leicht angestiegen (vgl. Kapitel 4.10).

Während der Regierung Aylwin erhöhte sich dieser Wert dagegen um durchschnittlich 4,2 %. Die Untersuchung der *Entwicklung der Reallöhne*, gemessen am *Indice Real de Sueldos y Salarios* des INE, ergibt ein ähnliches Bild. Zwischen 1973 und 1989 stiegen die Reallöhne um durchschnittlich 2,3 %, wobei zum Ende der 70er und Anfang der 80er Jahre zum ersten Mal ein akzeptables Lohnniveau erreicht worden war, das im Gefolge der Krise von 1982/83 jäh abstürzte. Zur Zeit der ökonomischen Erholung (1985-89) betrug das jährliche Wachstum der Reallöhne bescheidene 1,1 %. Auch dieser Wert wird in der Periode 1990-93, in der er bei 3,7 % lag, bei weitem übertroffen. Schließlich soll ein Blick auf die *Entwicklung der Sozialausgaben pro Kopf* geworfen werden. Nach einem Index von CIEPLAN, bei dem die Sozialausgaben pro Kopf für das Jahr 1993 gleich 100 gesetzt werden, kommt die Regierung der *Concertación* auf durchweg bessere Ergebnisse. Für Gesundheit, Bildung, Soziale Vorsorge und Wohnungsbau wurden in dieser Reihenfolge 83,9 %, 91,0 %, 91,7 % und 87,9 % der Ausgaben von 1993 getätigt, während die Militärregierung auf nur 66,5 %, 87,8 %, 81,4 % und 62,9 % kam.

Die hier angeführten wirtschaftlichen Indikatoren weisen aus, daß die demokratische Regierung in ihrer ersten Amtszeit ihren wirtschafts- und sozialpolitischen Zielen relativ nahe gekommen ist. Denn nicht nur konnte die wirtschaftliche Wachstumsdynamik und die Exportorientierung der Militärzeit beibehalten bzw. sogar noch verstärkt werden, es gelang auch – über eine Eindämmung der Inflation und der Arbeitslosigkeit – ein relevanter Anstieg der Reallöhne. Da zugleich durch die Steuerreform die Sozialausgaben erhöht werden konnten, ist davon auszugehen, daß sich die Lebens- und Konsumsituation der Chilenen zwischen 1990 und 1993 im Vergleich zur Diktatur deutlich verbessert hat. Eine andere Frage ist allerdings, ob sich die beanspruchte Kompatibilität zwischen ökonomischem Wachstum und sozialem Ausgleich auch langfristig beibehalten läßt und ob sich die soziale Ungleichheit nennenswert reduziert hat. Hier muß das nächste Kapitel über die Sozialstruktur näheren Aufschluß bringen.

Viertes Kapitel

Die Transformation der Sozialstruktur

Wie in vielen Teilen der Welt waren auch in Chile die 60er Jahre die Ära des politischen Aufbruchs und der sozialen Mobilisierung. Ob linke oder rechte Parteien, Studenten- oder Landbewegung, alle politischen und sozialen Akteure hatten sich bedeutsame gesellschaftliche Reformen vorgenommen und damit die Einleitung einer neuen Entwicklungsetappe (vgl. Kapitel 1). Wenn sich dies für die einen auch weitgehend auf ökonomisches Wachstum beschränkte und für die anderen eine fundamentale soziale Transformation bedeutete, so war eine Diagnose doch relativ unbestritten: daß nämlich die ökonomischen und sozialen Resultate, wie sie sich aus der bis dahin verfolgten Entwicklungsstrategie der industriellen Importsubstitution ergeben hatten, immer magerer geworden waren. Aus diesem Grund galt es, etwas qualitativ Neues zu versuchen. Und genau dies setzten die Regierungen Frei, Allende und auch Pinochet in ihrer jeweils spezifischen Art in die Tat um.

Die lateinamerikanische Literatur[90] hat die beiden Hauptdimensionen des Strukturwandels der Jahre 1930-70 genau benannt: die Urbanisierung und die sektoralen Verschiebungen innerhalb des Wirtschaftsgefüges (Abnahme der im Agrarsektor arbeitenden Bevölkerung, Zunahme des tertiären Sektors, immer wichtigere Rolle der Industrie). Die Effekte auf die Sozialstruktur sind ebenso klar herausgearbeitet wor-

---

[90] Die Debatte über die Sozialstruktur war lange Zeit von der entwicklungstheoretischen Diskussion um Modernisierungs- versus Dependenztheorie beeinflußt. Gelungene modernisierungstheoretische Untersuchungen finden sich mit Bezug auf Argentinien im Werk von Gino Germani (1955 und 1968) und bei José Medina Echavarría (1964, 1967 und 1973). Eine im Bezugsrahmen des *Dependencia*-Ansatzes entwickelte Analyse hat der heutige brasilianische Präsident F.H. Cardoso gemeinsam mit Enzo Faletto vorgelegt (1976). Auch Florestán Fernandes betont die Besonderheiten der Herausbildung des lateinamerikanischen Kapitalismus gegen den diesbezüglich indifferenten Modernisierungsansatz und die sich daraus ergebenden Effekte für einen klassentheoretischen Versuch (1968 und 1973). Dem Leser empfohlen seien aber gerade auch die Spezialuntersuchungen einzelner Klassen oder Gruppen der Sozialstruktur: so die Untersuchung der alten Oligarchien – der *patrones* – von Francois Bourricaud (1969), der Unternehmer von Guillermo Campero (1984), der städtischen lohnabhängigen Mittelklasse von Jorge Graciarena (1967) und Luis Ratinoff (1967), der Arbeiterklasse von Torcuato Di Tella (1964) und der Landbevölkerung von Arthur Stinchcombe (1962).

den. Die fortschreitende Industrialisierung tendierte dazu, die archaische, auf dem Großgrundbesitz basierende, agrarisch bis feudal geprägte Ordnung aufzulösen oder zumindest gehörig zu transformieren. Dies bereitete den Weg für die Entstehung neuer Unternehmergruppen, eines relativ starken Proletariats, das sich in den großen Industrie- und Bergbaubetrieben konzentrierte, und schließlich für das Wachstum einer urbanen Mittelklasse, die vor allem im öffentlichen Dienst und im privaten Dienstleistungs- und Handelssektor beschäftigt war. Als sich in den 50er Jahren vor dem Hintergrund der massenhaften Migration an den Rändern der Städte neue, schwach entwickelte Siedlungen und Stadtteile auszubilden begannen, stieß man auf das soziologische und sozialpolitische Problem der urbanen Marginalität. Neu war dabei nicht die Existenz von Slums, wohl aber ihre große und rasch wachsende Anzahl.

In diesem Kapitel der Untersuchung soll verfolgt werden, wie sich die skizzierten sozialstrukturellen Entwicklungen nach der Einführung des autoritären und neoliberalen Entwicklungsmodells in Chile fortgesetzt haben.[91] Dies geschieht, was die 70er Jahre betrifft, anhand der chilenischen Literatur zur Sozialstruktur. Die 80er Jahren und 90er Jahre sind dagegen der Zeitraum, auf den sich die empirische Arbeit bezieht. Auf der Grundlage eines Datensatzes der Universidad de Chile[92] sollen die wesentlichen Veränderungen innerhalb des Beschäftigungssystems offengelegt werden. Dabei kommen Fragen des neuen Charakters der Informalisierung und Tertiärisierung ebenso in den Blick wie der Wandel in der Bildungspartizipation und der Klassenstruktur. Neben den einzelnen konkreten Forschungsschwerpunkten werde ich dabei die allgemeine These entwickeln, daß es in Chile nach der Destrukturierung des Sozialstruktur in den 70er Jahren zu einer Restrukturierung ab etwa Mitte der 80er Jahre gekommen ist.

4.1 Die Destrukturierung der siebziger Jahre (1973-83)

Während der Antragsphase zu diesem Forschungsprojekt nahm ich Kontakt mit erfahrenen Sozialstrukturforschern Chiles auf.[93] Dabei stellte sich heraus, daß die Sozialstruktur als Forschungsgegenstand in den Hintergrund geraten war, und zwar aufgrund der Notwendigkeit, sich mit den Problemen des gesellschaftlichen Übergangs zu demokratischen Verhältnissen zu beschäftigen. Die in den 80er Jahren eingetrete-

---

[91] Für eine schlanke Zusammenfassung der sozialstrukturellen Entwicklungslinien vgl. Koch (1998).
[92] Er wird in Abschnitt 2 en detail vorgestellt.
[93] Zunächst mit Jaime Ruiz-Tagle (PET), Dagmar Raczynski (CIEPLAN) und Javier Martínez (SUR).

nen Veränderungen der Sozialstruktur Chiles sind aus diesem Grund bislang weitgehend unerforscht geblieben, und um sie geht es deshalb in den folgenden Abschnitten. Bis etwa Mitte der 80er Jahre war, wie bereits erwähnt, die Sozialstrukturanalyse in der chilenischen Soziologie gut vertreten, und es entstanden sehr gelungene Arbeiten, vor allem in bezug auf die Jahre 1960 bis 1980. Herausragend sind dabei die Untersuchungen von Javier Martínez und Eugenio Tironi[94], weil sie sich der Mühe unterzogen haben, ihre sozialstrukturellen Kategorien (zumindest zum Teil) theoretisch herzuleiten.[95] Geradezu erfrischend ist ihr undogmatischer Umgang mit der Marxschen Klassentheorie, die sie lediglich zur Formulierung von Hypothesen über den empirischen Verlauf des Strukturwandels heranziehen, aber eben auch durch die Konfrontation mit der historischen Entwicklung auf die Probe stellen. Die klassentheoretische Diskussion hatte sich viel zu lange mehr oder weniger ausschließlich mit der „richtigen Ableitung" von Klassen beschäftigt, wobei sich die empirische Tragfähigkeit der vorgeschlagenen Modelle von selbst zu verstehen schien.

Gleichwohl folgt die Klassifikation von Martínez & Tironi den sich aus Marxens Analyse der kapitalistischen Produktionsweise ergebenden Grundkategorien von Lohnarbeit und Kapital: Zur „Arbeiterklasse" gehören bei ihnen diejenigen Lohnarbeiter, die produktive (im Sinne von Marx) und zudem relativ einfache Arbeit leisten (vgl. Martínez & Tironi 1983: 22). Zwar verrichtet ein Techniker auch produktive Arbeit, wird aber aufgrund seiner Qualifikation und seines Einkommens der „lohnabhängigen Mittelklasse" zugerechnet (*clase media asalariada*). Neben den qualifizierten produktiven Arbeitern besteht die Mittelklasse weiterhin aus den unproduktiven Lohnarbeitern in Zirkulations- und Dienstleistungsfunktionen. Daneben gibt es weiterhin den Produktionsmittel besitzenden Teil der Mittelklasse (*clase media independiente*), von der sich wiederum die Absetzung zur Unternehmerschaft (*clases empresarias*) durch das Kriterium der Mitarbeiteranzahl ergibt. Nicht ganz trennscharf ist bei Martínez & Tironi die Grenzziehung von Arbeiterschaft bzw. Mittelklasse zu den Informellen (*sectores marginales*). Diese bestehen aus kleineren Selbständigen, die keine Arbeitskräfte beschäftigen (*cuentapropistas*), und Lohnarbeitern aller Sektoren. Unabhängig davon, ob sie selbständig oder abhängig beschäftigt produzieren, wird erneut die Unterscheidung produktiv/unproduktiv herangezogen, um dieser höchst vielfältigen sozialen Gruppierung eine Binnendifferenzierung zu geben.

Damit bieten also Martínez & Tironi hinsichtlich der Arbeiter-, Unternehmer-, und Mittelklasse eine an Marx anschließende Klassifikation an und folgen andererseits, was die *sectores marginales* anbelangt, der lateinamerikanischen Tradition. Ausgerü-

---

[94] Und überhaupt die Arbeiten aus dem Forschungsverbund *SUR Profesionales*. Siehe Martínez & Tironi (1982 und 1983), Martínez & Mires (1985), Tironi (1987).

[95] Dies muß in Zeiten, in denen soziologische Kategorien immer häufiger mit alltagssprachlichen ineinsgesetzt werden, leider betont werden. Der Arbeit einer „Konstruktion" soziologischer Kategorien auf der Basis einer eigenständigen Gesellschaftstheorie im Sinne von Bourdieu (1991: 43) unterzieht sich kaum noch jemand.

stet mit diesem Modell von Klassenlagen, das ferner die landwirtschaftlichen und industriellen Arbeiter als zwei Abteilungen der Arbeiterklasse zusammenfaßt, machen sie sich an die empirische Analyse der Veränderungen der Klassenstruktur zwischen 1960 und 1980. Tab. 4.1 zeigt die quantitative Verteilung der erwerbstätigen Bevölkerung auf die Klassen von Martínez & Tironi:

TAB. 4.1: ENTWICKLUNG DER KLASSENSTRUKTUR NACH MARTÍNEZ & TIRONI (1960-80)

Klasse/Berufsgruppe	1960	1970	1980
Unternehmer	**2,1**	**2,5**	**3,7**
Mittelklasse	**38,6**	**46,0**	**47,6**
Selbständig	11,1	10,7	11,7
Lohnabhängig	27,5	35,3	35,9
Arbeiterklasse	**27,8**	**23,3**	**21,3**
Landwirtschaft	0,2	0,4	0,7
Industrie	20,6	17,0	14,9
Bauwesen	5,1	4,3	4,8
Transport	1,9	1,6	0,9
Marginale Schichten	**31,5**	**28,3**	**27,4**
Marginale Schichten produktiv	6,1	4,0	4,5
Marginale Schichten unproduktiv	25,4	24,3	22,9
Total	**100**	**100**	**100**

Quelle: Aus der Tabelle 8 A in Martínez & Tironi 1982: 22.

Wie wir im zweiten Kapitel gesehen haben, vollzog sich in den Jahren 1973-83 ein drastischer Wandel in den Besitzverhältnissen, dem Fabrikregiment und den institutionellen Bedingungen, mit anderen Worten, der gesamten gesellschaftlichen Regulationsweise. Auch wenn das Wirtschaftswachstum in dieser Periode insgesamt praktisch Null betrug, so hatten die deshalb von der Linken als lediglich „auf dem Papier" verspotteten und von der Junta als „Modernisierungen" gefeierten Reformen weitreichende Auswirkungen auf die Sozialstruktur. Besonders zwischen 1970 und 1980 ist das Wachstum der Unternehmerklasse auffällig. Obwohl im gesamten Vergleichszeitraum zu beobachten, nimmt es in den 70er Jahren noch deutlich an Rasanz zu. Die Mittelklassen, als Ganze betrachtet, haben, nach einem beschleunigten Wachstum in den 60er Jahren, auf dem Niveau von 1970 stagniert. Bei genauerer Betrachtung zeigt sich innerhalb dieser Klasse ein Bedeutungszuwachs der Selbständigen und ein deutlich gebremstes Wachstum auf seiten der Lohnabhängigen. Das abnehmende relative Gewicht der Arbeiterklasse kommt nicht erst, wie man vielleicht vermuten könnte, ab 1973 zum Tragen, sondern stellt eine langfristige Tendenz seit 1960 dar.[96] Der Rückgang fällt zwischen 1960 und 1970 sogar stärker aus als zwischen

---

[96] Was allerdings zum Teil auf rein juristische Veränderungen in der statistischen Erfassungsweise zwischen 1960 und 1970 zurückzuführen ist. In dieser Zeit wurde eine große Zahl der Industriearbeiter zu Angestellten, die Martínez & Tironi unisono in die „lohnabhängige Mittelklasse" plazieren.

1970 und 1980. Besonders betroffen waren hiervon die industriellen Arbeiter, deren Anteil um etwa ein Drittel zurückging. Bemerkenswert ist schließlich die Reduktion der marginalen Schichten, insbesondere zwischen 1970 und 1980, die auf eine insgesamt positive wirtschaftliche Entwicklung mit entsprechenden Beschäftigungseffekten schließen läßt. Allerdings sollte man dabei nicht vergessen, daß 1980 ein Boom-Jahr war und daß die chilenische Ökonomie nur zwei Jahre später in ihre bis dato größte Krise geraten sollte – und dies natürlich, wie wir weiter unten sehen werden, mit gravierenden Auswirkungen für die Beschäftigung, gerade auch im informellen Sektor.

Nicht aus der Tabelle geht der starke Rückgang der in der Agrikultur[97] beschäftigten Lohnarbeiter hervor. Quellen des INE zeigen aber, daß die Abnahme dieses Beschäftigungssegments zwischen 1960 und 1980 in etwa ein Drittel betragen hat. Dies hängt einerseits mit der langfristigen Tendenz der Urbanisierung zusammen (siehe unten) und andererseits mit Veränderungen in den Besitzformen im Zuge der Landreformen und der Kapitalisierung von Grund und Boden danach. Mit dem Rückgang der industriellen und agrikulturellen Beschäftigung einher ging der Anstieg der *cuentapropistas*, und zwar sowohl in der Güterproduktion als auch in der Landwirtschaft. Martínez & Tironi interpretierten dies als einen Indikator für die steigende Bedeutung der Kleinproduktion innerhalb der chilenischen Wirtschaft. Dies wird durch eine weitere Beobachtung der beiden Autoren noch erhärtet. Denn anders als in anderen lateinamerikanischen Staaten wie Mexiko und Brasilien ging die Deindustrialisierung des Beschäftigungskörpers keineswegs einher mit der Entstehung irgendeines „neuen Proletariats": Wie wir bereits im zweiten Kapitel zur Kenntnis genommen haben, war die Deindustrialisierung Chiles keine Folge der Inkorporation neuer Technologien, die zur Ausbildung neuer Klassenfraktionen hätte beitragen können, sondern das direkte Resultat des einseitig auf komparative Kostenvorteile setzenden und sich von jeglicher Industriepolitik verabschiedenden wirtschaftlichen Kurses der Regierung.

Anders verhielt es sich in der Landwirtschaft, wo in der Tat ein neuer sozialer Akteur entstand, nachdem die Landreformen mit den *parceleros* eine bis dato praktisch nicht existente agrarische Mittelklasse generiert hatten. Allerdings zeigte der Verlauf der 70er Jahre, daß diese Parzellen nur selten zu Kanälen der Aufstiegsmobilität der *campesinos* wurden. Ganz im Gegenteil, bald sahen sich viele kleine und mittlere Bauern gezwungen, ihre Ländereien wieder zu verkaufen. Ihre im Vergleich zur nun

---

[97] Die von Martínez & Tironi benutzte empirische Basis ist dieselbe, die auch dem vorliegenden Buch zugrunde liegt; die *Encuesta de Ocupación y Desocupación* der Universidad de Chile. Diese Umfrage und auch die Probleme, die sich bei der Operationalisierung von theoretisch konstruierten Klassenlagen aus den mit ihr statistisch erfaßbaren Berufsgruppen ergeben, werden im nächsten Abschnitt im einzelnen vorgestellt. Hier sei nur gesagt, daß sich die Erhebung lediglich auf den Großraum Santiago bezieht, so daß also die landwirtschaftliche Bevölkerung in der Stichprobe deutlich unterrepräsentiert ist.

unbarmherzigen nationalen und internationalen Konkurrenz zu niedrige Arbeitsproduktivität hätte sich nur um den Preis einer gehörigen Verschuldung beim Finanzsektor anheben lassen – ein Weg, der natürlich nicht oft gegangen werden konnte.

Ein weiterer von Martínez & Tironi betonter Aspekt betrifft den deutlich verlangsamten Zuwachs der Mittelklassen. Anders als die selbständige Mittelklasse, die seit 1960 stagnierte, wies die lohnabhängige Mittelklasse in der Periode 1960-70 spektakuläre Wachstumsquoten auf, um allerdings in der Dekade danach nur noch gering anzusteigen (Tab. 4.1). Wie so oft in Chile, dürfte auch dies mit der veränderten Rolle des Staates zu tun gehabt haben, denn er reduzierte in den 70er Jahren einen erheblichen Anteil seines Personals. Zugleich kam es aber zu einer beträchtlichen Ausweitung der unproduktiven Tätigkeiten innerhalb der Privatkapitale, derjenigen Tätigkeitsbereiche also, die im weitesten Sinne um den Kauf und Verkauf der Waren kreisen (zum Beispiel auch in den Finanzierungsabteilungen der Unternehmen). Das von Martínez & Tironi so bezeichnete „bürokratische Personal" (die beim Staat beschäftigten Lohnabhängigen) nahm also ab, während sich die „kommerziellen" Kapitalfunktionen ausweiteten, so daß sich beide Tendenzen in etwa ausglichen.

Die vermutlich einschneidendste Modifikation der Sozialstruktur spielte sich aber nicht innerhalb des Beschäftigungssystems ab, sondern im Verhältnis der dort aktiven Personen zur arbeitsfähigen Bevölkerung insgesamt. Martínez & Tironi veranschlagen den Anteil der arbeitslosen oder in staatlichen Notprogrammen beschäftigten Lohnarbeiter für die gesamte Periode 1973-83 auf durchschnittlich 20 %, womit er viermal so hoch lag wie in der Dekade zuvor. Direkt davon betroffen waren, wie erwähnt, die landwirtschaftlichen und industriellen Lohnarbeiter, aber auch die Struktur des *sector marginal* wurde gehörig beeinflußt. Denn während erstere sich in der offiziellen Arbeitslosenstatistik zu registrieren neigten, wurde letzterer zum Schauplatz der Entstehung eines zweiten[98], staatlich subventionierten Arbeitsmarkts, in den gerade diejenigen eintraten, die traditionell wirtschaftlich „inaktiv" waren: Frauen und Jugendliche. Häufig hatten sich auch ältere Menschen an den Beschäftigungsprogrammen zu beteiligen, wenn nämlich die Rente nicht zu einem menschenwürdigen Überleben hinreichte. Die hier angebotene Arbeit war allerdings gleichermaßen unterbezahlt. Bis etwa Mitte der 80er Jahre sah es so aus, als engagiere sich der Staat dauerhaft für die marginalisierten Schichten, um so die Armut nicht zu einem bedrohlichen Oppositionspotential werden zu lassen.[99] In dieser staatlichen Intervention besteht ein interessanter Kontrapunkt zu der eben beschriebenen Entwicklung der Mittelklassen. Denn während diese durch die Einsparungen und Rationalisierungen im öffentlichen Sektor „entbürokratisiert" und privatisiert wurden, wurde die Margi-

---

[98] Oder besser: eines dritten Arbeitsmarkts, wenn man nämlich den „klassischen" informellen vom staatlichen informellen Sektor unterscheidet.

[99] So sind die Protesttage ab 1983 nicht in erster Linie von der organisierten Arbeiterbewegung getragen worden, sondern in den *poblaciones*, den Armutsquartieren, spontan entstanden.

nalität der administrativen Kontrolle unterstellt und auf diese Art gewissermaßen „verstaatlicht".

All diese Veränderungen der Sozialstruktur kamen in der Verteilung des Einkommens zum Ausdruck, denn zwischen 1973 und 1983 verbesserten alle Selbständigen ihre Einkommensposition deutlich auf Kosten der abhängig Beschäftigen. Martínez & Tironi schließen ihre Ausführungen mit der generellen Beobachtung, daß es von allen Klassen und sozialen Gruppierungen die Selbständigen waren, die im Vergleich zu den vorangegangen Dekaden ihren Status zum Leidwesen der abhängig Beschäftigten verbessern konnten. Weiterhin profitierten alle, die in den privaten kommerziellen Diensten arbeiteten und mit der Distribution der Waren befaßt waren, gegenüber denjenigen, die in der Produktion tätig waren. Damit folgte die empirische Entwicklung der chilenischen Sozialstruktur der 70er Jahre genau einem dem „klassischen" Industrialisierungsmodell entgegengesetzten Muster – ein Sachverhalt, der von Martínez & Tironi auch theoretisch gebührend reflektiert wird.

Dies geschieht durch einen Bruch mit einer zur Schablone verkommenen ökonomistischen Klassenanalyse, aber auch mit liebgewonnenen Stereotypen der chilenischen und internationalen Arbeiterbewegung. Zu diesen gehörte die mechanizistische Vorstellung einer quasi „Naturgesetzen" folgenden kapitalistischen Entwicklung, derzufolge die Arbeiterklasse sich beständig ausdehne (und die Mittelklassen entsprechend ausgedünnt würden) (Martínez & Tironi 1983: 23ff.), und zwar in demselben Maße, wie die Industrie – einem Naturgesetz gleich – an relativem Gewicht in der Gesamtwirtschaft gewönne (ebd.: 26). Eine weitere für selbstverständlich gehaltene These bezieht sich auf die interne Struktur der Arbeiterklasse und postuliert ihre ständig steigende Homogenität (ebd.: 29ff.).

Wie gesehen treffen diese Thesen mitnichten auf den Entwicklungsweg des chilenischen Kapitalismus der 70er Jahre zu. Denn dieser war ja – ganz im Gegenteil – gekennzeichnet durch eine Deindustrialisierung und eine quantitative Reduktion der Arbeiterklasse bei steigender interner Heterogenität. Statt dessen wurde in den 70er Jahren der Übergang von einer binnenmarktorientierten, staatlich regulierten Wirtschaft zu einer Exportökonomie von Primärprodukten mit hoher Grundrente (oder ricardianisch: komparativer Kostenvorteile) vollzogen, während dessen gerade die Klassen und Schichten an Gewicht zunahmen, die vom primitiven Marxismus als „Komparsen" des Klassenkampfs bezeichnet worden sind: Angestellte, arme Schichten im informellen Sektor, neue Formen selbständiger Beschäftigung. Auf diese Weise stellen die 70er Jahre die Ära der Dekomposition der mit der ISI korrespondierenden Sozialstruktur da. Wie wir sogleich sehen werden, entstand damit aber auch ein neuartiger – neoliberaler – Kapitalismus, den es nun seiner Sozialstruktur nach zu untersuchen gilt.

4.2 Die Restrukturierung der achtziger Jahre (1984-94)

Die erste Dekade der Militärdiktatur (1973-83) war geprägt durch die Außenöffnung der Ökonomie, die Deindustrialisierung und die Reduktion des öffentlichen Sektors. Die Konsequenz war die Auflösung der alten, aus der Zeit der industriellen Importsubstitution übernommenen Sozialstruktur. Dies kam zum Ausdruck durch die deutliche Zunahme der offiziellen und versteckten Arbeitslosigkeit, die De-Salärisierung, das steigende Gewicht des informellen Sektors, die Tertiärisierung der Beschäftigung und die zunehmende Armut. In diesem Kapitel wird nun die These vertreten, daß diese Entwicklungen nicht angehalten haben. Die zweite Hälfte der 80er Jahre brachte eine wirtschaftliche Erholung, die ab etwa 1988 in Expansion umschlug. Wie ich in den einzelnen Abschnitten dieses Kapitels zeigen werde, entstand mit dieser wirtschaftlichen Renaissance eine qualitativ neue Sozialstruktur, die – unter anderem – charakterisiert ist durch einen Rückgang der Arbeitslosigkeit, eine neue Salärisierung, eine Abnahme der informellen und tertiären Beschäftigung[100] und eine Reduktion der Armut: Nach der Destrukturierung kam die Restrukturierung der Sozialstruktur. In Tab. 4.2 sind die wichtigsten Dimensionen dieses umfassenden Strukturwandels (und damit zugleich die zentralen Ergebnisse der vorliegenden empirischen Untersuchung) synthetisiert. Man sieht, daß die Extrem- bzw. Umschlagsphasen der jeweiligen Indikatoren sich um das Jahr 1982 herum abgespielt haben. In den 90er Jahren ist der Strukturwandel bereits überwunden.

Die These einer Restrukturierung der Sozialstruktur werde ich im folgenden durch die Darstellung der einzelnen empirischen Untersuchungsschritte entfalten. Ausgangspunkt ist dabei die Entwicklung der Bevölkerung und des gesellschaftlichen Arbeitskörpers (Abschnitt 3). Es schließen sich Betrachtungen zum alten und neuen Gehalt der Tertiärisierung sowie zur Informalisierung des Beschäftigungssystems an (4 und 5). Darüber hinaus kommt der geschlechtsspezifische Zugang zu ihm in den Blick. Um die Frage zu klären, mit welcher Berechtigung man von Chile als einer Klassengesellschaft sprechen kann, wird im nächsten Schritt ein klassentheoretisch fundiertes Berufsstrukturmodell entwickelt (6). Dieses wird sodann auf den hier verwendeten Datensatz der Universidad de Chile bezogen und so zugleich empirisch überprüft. Im einzelnen geht es um die quantitative Verteilung der Bevölkerung auf soziale Klassen und Gruppen (7), den Zusammenhang von Bildungspartizipation und Berufspositionen (8) sowie die klassenspezifische Einkommensverteilung (9). Auf

---

[100] Wenn ich im folgenden von Desalärisierung oder Detertiärisierung spreche, so beziehe ich mich fast immer auf Relationen. Verglichen werden zumeist die jeweiligen Prozentanteile, mit denen bestimmte Beschäftigungsgruppen zu verschiedenen Zeitpunkten in das Beschäftigungssystem eingehen.

der Basis der bisherigen Ergebnisse werden schließlich Überlegungen zum neuen Charakter der Armut in Chile angestellt (10).

TAB. 4.2: DESTRUKTURIERUNG UND RESTRUKTURIERUNG DER SOZIALSTRUKTUR IN CHILE 1972 BIS 1994 (IN PROZENT DES BESCHÄFTIGUNGSSYSTEMS)

Transformationen der Berufs- und Sozialstruktur	1972	1982	1990	1994
Arbeitslosigkeit	3,1	19,6	5,7	5,9
Beschäftigungsnotprogramme	0,0	11,0	0,0	0,0
Salärisierung	69,4	48,4	64,8	64,6
Industrialisierung	24,6	12,7	16,0	16,4
Tertiärisierung[101]	64,2	72,1	67,5	66,0
Informalisierung[102]	20,9	30,2	18,8	19,2
Intellektualisierung (mittlere und höhere Bildungsabschlüsse)	49,3	60,5	73,0	77,3

Quelle: Verschiedene Materialien aus INE, MIDEPLAN und Universidad de Chile. Die Berechnungsmethoden sind im einzelnen in den entsprechenden Abschnitten dargestellt.

Den meisten Untersuchungsschritten liegt als empirische Basis der Datensatz der *Encuesta Ocupación y Desocupación Gran Santiago* zugrunde.[103] Dieser Datensatz ist sehr flexibel handhabbar, denn er kategorisiert das Beschäftigungssystem nach insgesamt 90 Produktionszweigen und Berufsgruppen, diversen Bildungsniveaus sowie nach geschlechtsspezifischen Unterschieden. Sein entscheidender Vorteil für unsere Fragestellung besteht darin, daß er jährlich seit 1957 erhoben wird, so daß er also vergleichende Aussagen über längere Zeiträume hinweg problemlos ermöglicht. Alle relevanten Verteilungen können so für die Jahre 1972, 1976, 1982, 1986, 1990 und 1994 erstellt werden. Andere in Chile verfügbaren Datensätze sind nur bedingt über die Jahre hinweg vergleichbar, da im Laufe der Zeit die Art der Berufsklassifizierung mehrfach geändert wurde. Im Falle der Zensusdaten und der Beschäftigungsumfrage des nationalen statistischen Instituts würden diese Modifikationen zu höchst umständlichen Umgruppierungsarbeiten führen, die noch dazu im Falle der 70er Jahre fast unmöglich wären, da die entsprechenden Primärdaten aus dieser Zeit teilweise nicht mehr vorhanden sind. Der Nachteil des von mir herangezogenen Datensatzes der Universidad de Chile besteht darin, daß er sich auf die metropolitane Region Santiago beschränkt und deshalb nicht für ganz Chile Repräsentativität beanspruchen kann. Naturgemäß ist vor allem der landwirtschaftliche Sektor, der ja einen wesentlichen Träger der Weltmarktintegration Chiles darstellt, in der Stichprobe stark unter-

---

[101] Die hohen Tertiärisierungswerte verdanken sich der statistischen Erfassungsweise des INE oder auch der Universidad de Chile, die nahezu alle Tätigkeiten, in denen keine materielle Güter hergestellt werden, als „tertiär" ausweisen. Eine theoretisch ambitioniertere Einteilung nach „manuellen", „Zirkulations-" und Dienstleistungsberufen findet sich in Abschnitt 6.

[102] Reduzierte Fassung gemäß Tab. 4.12.

[103] Das Datenmaterial für diese Untersuchung wurde mir vom *Departamento de Economía* der *Universidad de Chile* zur Verfügung gestellt. Ich möchte mich an dieser Stelle besonders bei Ernesto Castillo für seine freundschaftliche Unterstützung bedanken, ohne die dieses Projekt unmöglich gewesen wäre.

repräsentiert. Andererseits lebt heute jeder dritte Chilene in dieser Region, so daß also alles andere als ein zufälliger Eindruck der Sozialstruktur entsteht. Es bleibt also nichts anderes übrig, als den angesprochenen Mangel so gut wie möglich durch Verweise auf und Vergleiche mit anderen Erhebungen, die sich auf die nationale Ebene beziehen, wettzumachen.

4.3 Bevölkerungs- und Beschäftigungsentwicklung

Tab. 4.3 faßt das empirische Material des INE in bezug auf die Entwicklung der Gesamt- bzw. erwerbstätigen Bevölkerung Chiles der Jahre 1972 bis 1994 zusammen. Weiter unter werden diese Werte mit der metropolitanen Region verglichen. Man sieht, daß sowohl die Anzahl der Bevölkerung als auch – und zwar in noch beschleunigterem Tempo – die der im Beschäftigungssystem Aktiven ständig wachsen. Neben diesem langfristigen Trend – Bevölkerungswachstum bei noch schnellerer Aktivierung des Beschäftigungspotentials – offenbaren sich allerdings auch die „konjunkturellen" Einschnitte in der jüngeren Geschichte Chiles.

TAB. 4.3: BEVÖLKERUNGS- UND BESCHÄFTIGUNGSENTWICKLUNG CHILES (IN TSD. UND PROZENT)

Jahr	Bevölkerungszahl	Aktiv im Beschäftigungssystem	Quote	Beschäftigt	Quote	Arbeitslos	Quote
1972	10.185	2.981	29,2	2.888	96,9	93	3,1
1976	10.510	3.182	30,3	2.779	87,3	403	12,7
1982	11.398	3.661	32,1	2.944	80,4	718	19,6
1986	12.163	4.270	35,0	3.896	91,2	374	8,8
1990	12.902	4.728	36,6	4.460	94,3	268	5,7
1994	13.732	5.300	38,7	4.988	94,1	311	5,9

Quelle: INE, verschiedene Jahrgänge

Von einer „Destrukturierung" der Sozialstruktur zu sprechen, rechtfertigte sich vor dem Hintergrund der steigenden Arbeitslosenzahlen bis in die 80er Jahre: Obwohl sowohl Bevölkerung als auch ihr im Beschäftigungssystem aktiver Teil ständig wuchsen, hatten 1982 kaum mehr Personen eine Lohnarbeit als 1972. Das Ausmaß dieser Beschäftigungskrise wird aber erst hinreichend deutlich, wenn man in Rechnung stellt, daß in der als „beschäftigt" ausgewiesenen Spalte diejenigen enthalten sind, die unter die von der Militärregierung 1975 initiierten und 1988 auslaufenden Beschäftigungsnotprogramme (*Programa ocupacional para jefes de hogar* und *Programa de empleo mínimo*) fallen. Allein 1982 wurden über 439 Tsd. Menschen in diesen Programme notbeschäftigt, so daß der Anteil der realen Arbeitslosigkeit in diesem Jahr knapp 32 % betragen hat. Es ist angesichts dieses Drittels der aktiven

Bevölkerung, die entweder gar nicht oder notbeschäftigt waren, keineswegs übertrieben, von einem Zusammenbruch des Arbeitsmarktes in neun Jahren Militärdiktatur zu sprechen.

Ab Mitte der 80er Jahre zeigen sich aber auch klare Anzeichen einer Erholung oder, wenn man so will, einer Restrukturierung des Arbeitsmarktes. Der Anteil der offenen Arbeitslosigkeit geht bis 1986 auf 8,8 % zurück. Rechnet man die noch verbliebenen 184 Tsd. Notbeschäftigten dazu, kommt man für dieses Jahr auf einen Arbeitslosenanteil von 13,1 %. Beide Beschäftigungsprogramme liefen 1988 aus, und die Arbeitslosigkeit pendelte sich in den 90er Jahren bei unterhalb von 6 % ein. In diesen Zusammenhang gehört auch ein Phänomen, das in den 80er Jahren mehrfach Gegenstand von sozialwissenschaftlicher Analyse war, und zwar in den mehr *und* weniger entwickelten Ländern: die *De-Salärisierung*, mit anderen Worten ein abnehmender Anteil der abhängig Beschäftigten am Beschäftigungssystem. Dabei handelt es sich um eine Erscheinung überregionalen Charakters, denn in ganz Lateinamerika verlor während der Krise der Anpassung an das neoliberale Entwicklungsmodell die Lohnarbeit an quantitativem Gewicht, während die Selbständigen zulegten. Tab. 4.4 zeigt den Anteil der abhängig Beschäftigten an allen erwerbsmäßig Aktiven zwischen 1972 und 1994.

TAB. 4.4: ANTEIL DER ABHÄNGIG BESCHÄFTIGTEN AM BESCHÄFTIGUNGSSYSTEM (%)

	1972	1976	1982	1986	1990	1994
Abhängig beschäftigt	69,4	64,2	48,4	63,6	64,8	64,6

Quelle: INE, *Encuesta del Empleo*, verschiedene Jahrgänge

Bis 1982 folgt auch Chile diesem Entwicklungsmuster. Das relative Gewicht der Lohnarbeiter reduzierte sich von gut zwei Dritteln der erwerbsmäßig Aktiven (1972) auf unter die Hälfte (1982). Absolut ging die Zahl der Lohnarbeiter um rund 300 Tsd. zurück (von 2.070 Tsd. 1972 über 1.889 Tsd. 1976 bis auf 1.771 Tsd. 1982). Etwa die Hälfte dieses Beschäftigungsrückgangs erklärt sich aus dem drastischen Einschnitt in der öffentlichen Beschäftigung (-75 Tsd.) und der ebenfalls starken quantitativen Verminderung der Industriearbeiter (-65 Tsd.) (vgl. Díaz 1989). Findet also der neoliberale Anpassungskurs an die externen Schocks 1974/75 und 1982/83 seinen unmittelbaren Ausdruck in der Beschäftigungsentwicklung, so sind ab Mitte der 80er Jahre Erholungstendenzen – eine *Re-Salärisierung* – unverkennbar. Als Ausdruck der überwundenen Anpassungskrise kann gelten, daß bereits 1986 wieder das Salärisierungsniveau der 70er Jahre erreicht war und seitdem relativ stabil geblieben ist.[104]

---

[104] Re-Salärisierung nun aber mit dem Comeback der lohnabhängigen Klassen auf die politische Bühne zu identifizieren, wäre sicherlich verkürzt. Denn ihre quantitative Renaissance fand bisher nicht ihr Pendant in einer entsprechend größeren Mitbestimmung der Gewerkschaften im Produktionsprozeß. Zudem hat sich die interne Struktur der Lohnarbeiter seit den 70er Jahren z.T. stark verändert.

Im verbleibenden Teil dieses Abschnitts wird auf die Bevölkerungs- und Beschäftigungsentwicklung im Großraum Santiago eingegangen. Dies geschieht einerseits, um die beiden Stichproben miteinander zu vergleichen, andererseits läßt der Datensatz der Universidad de Chile bereits erste Schlüsse auf den geschlechtsspezifischen Zugang zum Beschäftigungssystem zu.

TAB. 4.5: BEVÖLKERUNGS- UND BESCHÄFTIGUNGSENTWICKLUNG IN DER METROPOLITANEN REGION (IN TSD.)

Jahr	Bevölkerungszahl	Aktiv im Beschäftigungssystem	Quote	Beschäftigt	Quote	Arbeitslos	Quote
1972	3.046	1.075	35,3	1.036	96,4	39	3,6
1976	3.376	1.214	36,0	995	81,2	219	18,0
1982	3.898	1.436	36,8	1.102	76,8	334	23,2
1986	4.255	1.625	38,2	1.375	84,6	250	15,4
1990	4.634	1.855	40,0	1.674	90,2	181	9,8
1994	5.045	2.183	43,3	2.046	93,7	137	6,3

Quelle: Universidad de Chile

Mißt man die Bevölkerungszahl von Groß-Santiago an der Gesamtbevölkerung (Tab. 4.3), so stieg dieser Anteil von 29,9 % (1972) über 35,0 % (1982) auf 36,7 % (1994). Daraus läßt sich leicht ersehen, daß in einem Land wie Chile, das sich ja laut eigener Regierung erst auf dem Weg zur Entwicklung befindet, der Prozeß der Verstädterung noch längst nicht abgeschlossen ist. Auffällig ist weiterhin, daß der Anteil der Aktiven im Beschäftigungssystem durchweg um etwa 5 % höher liegt als im nationalen Maßstab. Die Entwicklung des Arbeitsmarkts folgt derselben Auflösungs- und Neuentstehungslogik wie auf nationalem Niveau, wobei die offene Arbeitslosigkeit durchweg etwas höher liegt.[105]

Untergliedert man diese Tabelle nach Frauen und Männern (Tab. 4.6 und Tab. 4.7), so werden die geschlechtsspezifischen Unterschiede beim Zugang zum Beschäftigungssystem sofort deutlich. Während der Anteil der „aktiven" Männer zwischen 47,5 und 56,6 % relativ hoch liegt, sind nur zwischen 24,1 und 31,0 % der Frauen als erwerbstätig registriert. Zwar steigt auch die Zahl der erwerbstätigen Frauen ständig, ohne jedoch die überlieferten patriarchalen Strukturen beim Zugang zum Arbeitsmarkt ernsthaft in Frage zu stellen. Dieser Eindruck wird kaum dadurch aufgebessert, daß der Anteil der arbeitslosen Frauen, gemessen an allen weiblichen Erwerbstätigen, zumeist unter dem Vergleichswert der Männer liegt. Den geschlechtsspezifischen Unterschieden beim Zugang zum Arbeitsmarkt wird im weiteren genauer nachgegangen. Im einzelnen werde ich untersuchen, ob das Bildungsniveau geschlechtsspezifisch variiert und ob Frauen und Männer bei gleichem Bildungsniveau dieselben Chancen haben, in die höheren Positionen des Beschäftigungssystems aufzusteigen.

---

[105] Zahlen zur Partizipation an den erwähnten Beschäftigungsprogrammen liegen im Rahmen dieses Datensatzes nicht vor.

TAB. 4.6: BEVÖLKERUNGS- UND BESCHÄFTIGUNGSENTWICKLUNG IN DER METROPOLITANEN REGION: MÄNNER (IN TSD.)

Jahr	Bevölkerungszahl	Aktiv im Beschäftigungssystem	Quote	Beschäftigt	Quote	Arbeitslos	Quote
1972	1.444	686	47,5	661	96,4	25	3,6
1976	1.601	780	48,7	643	82,4	137	17,6
1982	1.830	921	50,3	681	73,9	240	26,1
1986	1.993	1.017	51,0	846	83,2	171	16,8
1990	2.210	1.160	52,5	1.039	89,6	121	10,4
1994	2.417	1.367	56,6	1.280	93,6	87	6,4

Quelle: Universidad de Chile

TAB. 4.7: BEVÖLKERUNGS- UND BESCHÄFTIGUNGSENTWICKLUNG IN DER METROPOLITANEN REGION: FRAUEN (IN TSD.)

Jahr	Bevölkerungszahl	Aktiv im Beschäftigungssystem	Quote	Beschäftigt	Quote	Arbeitslos	Quote
1972	1.602	387	24,2	374	96,6	13	3,6
1976	1.774	432	24,4	351	81,3	81	18,7
1982	2.068	515	24,9	421	81,7	94	18,3
1986	2.262	608	26,9	529	87,0	79	13,0
1990	2.423	693	28,6	634	91,5	59	8,5
1994	2.634	816	31,0	766	93,9	50	6,1

Quelle: Universidad de Chile

4.4 Beschäftigung nach Produktionszweigen: Der neue Charakter der Tertiärisierung

In diesem Abschnitt frage ich danach, wie sich die Verteilung der gesellschaftlichen Arbeit auf die drei Wirtschaftssektoren verändert hat. Nicht also die Stellung in der Produktionshierarchie und in den Eigentumsverhältnissen, im Rahmen derer sich der Produktionsprozeß vollzieht, ist hier von Interesse, sondern die Größenveränderungen bestimmter Formen von Arbeitsverausgabungen, die nach der jeweiligen quantitativen Verteilung der Bevölkerung auf sie miteinander verglichen werden. Einschränkend muß bemerkt werden, daß die statistische Erfassungsweise der drei Wirtschaftssektoren sich nicht gerade tiefgehenden theoretischen Gedanken verdankt. Die amtliche Statistik betrachtet „Dienstleistungen" letzten Endes als eine Residualkategorie all dessen, was nicht ohne weiteres unter die produktiven ersten beiden Sektoren subsumiert werden kann. Die einzige Gemeinsamkeit dieser Tätigkeiten scheint darin zu bestehen, daß keine materiellen Güter hergestellt werden.[106] Die überaus hohe Quote „tertiärer" Beschäftigung erklärt sich zu einem Gutteil aus dieser Art der Klassifikation, zudem ist sie in der metropolitanen Region naturgemäß höher als auf dem Land.

TAB. 4.8: STRUKTUR TERTIÄRER BESCHÄFTIGUNG: METROPOLITANE REGION

Produktionszweig	1972	1976	1982	1986	1990	1994
Primärer und sekundärer Sektor	**35,4**	**35,7**	**27,7**	**26,8**	**32,3**	**33,3**
Tertiärer Sektor	**64,2**	**64,3**	**72,1**	**72,8**	**67,5**	**66,0**
Marktorientierte Dienste	*31,8*	*33,1*	*38,7*	*33,6*	*36,8*	*37,0*
Großhandel	1,5	1,7	2,2	2,0	2,4	2,0
Kleinhandel	13,9	15,3	18,2	14,4	14,4	15,4
Finanzsektor	5,1	4,2	7,3	6,8	7,5	9,2
Direkt marktabhängiger Dienst	11,3	11,9	11,0	10,4	12,5	10,4
Öffentlicher und sozialer Dienst	*17,9*	*17,7*	*17,3*	*24,2*	*17,2*	*17,5*
Verwaltung/öffentliche Beschäftigung	4,2	6,2	4,4	8,4	2,9	3,5
Soziale Dienste (öffentlich oder privat)	13,7	11,5	12,9	15,8	14,3	14,0
Private Dienste	*14,5*	*13,5*	*16,1*	*15,0*	*13,5*	*11,5*
Sonstige	**0,4**	**0,0**	**0,2**	**0,4**	**0,2**	**0,7**
Gesamt	**100**	**100**	**100**	**100**	**100**	**100**
N (Tsd.)	1.035	995	1.101	1.375	1.673	2.046

Quelle: Universidad de Chile

Die Verlaufsformen des primären und sekundären Sektors sind deutlich von der politökonomischen Konjunktur gekennzeichnet (Tab. 4.8). Allein im industriellen und Baubereich ging der Beschäftigungsanteil zwischen 1972 und 1982 um etwa die Hälfte zurück, um sich bis zum Beginn der 90er Jahre wieder allmählich zu erholen. Umgekehrt verläuft die Kurve der tertiären Beschäftigung, deren steigende Tendenz in den 70er und 80er Jahren wiederholt Gegenstand sozialwissenschaftlicher Studien war (vgl. z.B. Jadresic 1986). Aníbal Pinto (1984) hat dies auf zwei Gründe zurückgeführt. Erstens führe die Differenzierung und Außenorientierung des chilenischen Marktes zu einem ständig steigenden Bedarf eines autonomen Finanzsystems (dessen Beschäftigungsanteil 1994 bereits bei immerhin 6 % liegt), und zweitens, noch wichtiger, sei ein Gutteil der tertiären Beschäftigung als „unechte" einzustufen, *terciarización espuria*, die die Arbeitslosigkeit nur verschleiere.

Und in der Tat, ein Vergleich zwischen der Wachstums- und Beschäftigungsentwicklung in den drei Sektoren untermauert vor allem die zuletzt skizzierte Erklärung: Nach Angaben des INE gab es bis Ende der 70er Jahre eine gewisse Parallelität zwischen dem Anteil des tertiären Sektors am Bruttosozialprodukt und an der Beschäftigung. 1982 dagegen erreicht der tertiäre BSP-Anteil bei weitem nicht den hohen Be-

---

[106] Ich verwende diese Klassifikation hier dennoch vorläufig, damit die Ergebnisse mit anderen Untersuchungen verglichen werden können. Im siebten Abschnitt dieses Kapitels erfolgt eine Untersuchung der Verteilung der gesellschaftlichen Arbeit nach den Kategorien der manuellen, Zirkulations- und Dienstleistungsarbeit (wobei ich mich an Marxens Bestimmung von produktiver und unproduktiver Arbeit sowie von „Dienst" orientiert habe).

schäftigungswert, so daß also die Zunahme des tertiären Sektors nur um den Preis eines Rückgangs der Produktivität der Arbeit in diesem Berufsspektrum zu haben war. Dieser Produktivitätsverfall dürfte wiederum – im Sinne von Pinto – an der massenhaften künstlichen Beschäftigung in den Notprogrammen gelegen haben. Man kann also die Sektorenentwicklung zwischen 1972 und 1982 unter den Stichworten *Deindustrialisierung* und *Tertiärisierung* zusammenfassen und sowohl auf die Krise des alten substitutiven als auch auf die Unfähigkeit des neuen auf Export fixierten Entwicklungsmodells zur Schaffung von Beschäftigung zurückführen.

Aus der Perspektive der 90er Jahre müssen diese Gedanken allerdings verlängert werden, denn im Verlauf der 80er Jahre kam es zu einer Revision der skizzierten Entwicklung. Auch wenn der tertiäre Beschäftigungsanteil nach wie vor hoch ist, entspricht er doch in den 90er Jahren wieder in etwa dem von 1976. Und wenn im Hinblick auf die 80er Jahre viel für den von Aníbal Pinto vorgetragenen Erklärungsversuch spricht, so muß der Verlauf der 90er Jahre jedoch auf andere Faktoren zurückgeführt werden, denn die Beschäftigungsprogramme liefen 1988 aus. Der künstliche Beschäftigungsanteil ist heute minimiert, und alles deutet darauf hin, daß die Entwicklung des tertiären Sektors wieder stärker von den produktiven Sektoren geprägt ist: Wenn diese Wachstum erzielen, nimmt der relative Anteil der tertiären Beschäftigung ab. In Absetzung von der Logik der „künstlichen" Tertiärisierung der 70er und beginnenden 80er Jahre kann also für die Zeit danach von einer veränderten oder neuen Art tertiärer Beschäftigung gesprochen werden.

Ihre Dynamik läßt sich auf keinen Fall als resultierend aus *einem* Faktor erklären, nicht einmal der industriellen Akkumulation. Vielmehr existieren darüber hinaus endogene Faktoren, die seine Entwicklung beeinflussen. Martínez & Díaz (1995) schlagen deshalb vor, die tertiäre Beschäftigung unter vier Aspekten zu untersuchen. Erstens, die künstliche Beschäftigung, die alle in Notprogrammen und im informellen Kleinhandel zusammenfaßt (Pinto 1984); zweitens, die Beschäftigung im Finanzsektor; drittens, die öffentliche Beschäftigung; und viertens, diejenige tertiäre Beschäftigung, die mehr oder weniger direkt von der industriellen Akkumulation abhängt. Dieser viergliedrigen Klassifikation habe ich hier noch eine weitere, für lateinamerikanische Länder zahlenmäßig höchst relevante Beschäftigungskategorie hinzugefügt: die privaten Dienstleistungen.

Folgt man ihrer Argumentation ein Stück weiter, so beklagen Martínez & Díaz (1995: 124) zu Recht, daß der Ausdruck *ocupación espuria* – unechte, künstliche Beschäftigung – nahelegt, alle unter diesem Label rubrizierten Arbeitsarten seien quasi „unnormal". Diese These lasse sich mit einer gewissen Berechtigung für die staatlichen Beschäftigungsprogramme formulieren, die Kleinbetriebe anbelangend, seien sie formell oder informell, erscheint sie jedoch fragwürdig. Zunächst ist diese Rubrik selbst außerordentlich heterogen und faßt so verschiedene Berufe wie Mechaniker kleinerer Autowerkstätten, Eisverkäufer und Elektriker zusammen. Vor allem aber handelt es sich bei der zahlenmäßig vielleicht größten Gruppe der Kleinhandeltreibenden letztlich um ökonomisch unumgängliche Zirkulationsfunktionen, die die formellen mittleren oder größeren Betriebe sonst selber zu vollziehen hätten. In aller Regel geht es dabei um den Verkauf zuvor gefertigter Fabrikprodukte, die so, über den Weg der Kleinhändler, an den Endverbraucher oder ein weiterverarbeitendes Gewerbe kommen. Ein großer Teil der als „tertiär" ausgewiesenen Beschäftigungsformen ist also alles andere als künstlich oder disfunktional mit der kapitalistischen Dynamik, sondern ihr unverzichtbares Element. Innerhalb der Grenzen des vorgegebenen Entwicklungsmodells erscheint die Renaissance der Klein- und Kleinstbetriebe sogar die adäquate, weil „faux frais" der Produktion minimierende Art, bestimmte Zirkulationsfunktionen zu übernehmen.

Ökonomistische Begründungen zur Erklärung der beschleunigten Expansion und Kontraktion der „unechten" tertiären Beschäftigung greifen in jedem Fall zu kurz. Denn wären beide eine unmittelbare Folge der ökonomischen Zyklen, so hätte es nicht nur zwischen 1982 und 1994 zu einer Kontraktion des Dienstleistungssektors infolge der boomenden Ökonomie kommen müssen, sondern auch zwischen 1976 und 1982. Das war aber nicht der Fall. Zum Verständnis der Entwicklung bedarf es somit eines weitergehenden Ansatzes, der in historisch-spezifischer Weise auf den Bruch im Akkumulations- und Regulationsmodus in den 70er und beginnenden 80er Jahren abhebt. Ein solcher müßte insbesondere die *aktive Rolle* des Staats betonen, der mit Hilfe seiner Beschäftigungspolitik eine wahre „Reservearmee" auf Warteschleife im tertiären Sektor erzeugte.

Der Datensatz der Universidad de Chile erlaubt es, die heterogene Struktur der gemeinhin als „tertiär" bezeichneten Tätigkeitsbereiche in drei große Rubriken zu unterteilen: Unter den *Marktorientierten Diensten* sind zunächst vier Beschäftigungsformen subsumiert, die sich relativ „nahe" an der Akkumulationsbewegung befinden: der Großhandel, der häufig informelle Kleinhandel, der Finanzsektor und der direkt marktabhängige Dienst, der vor allem Reparatur- und Wartungsdienste sowie den Transportsektor zusammenfaßt. Davon unterschieden werden die nicht primär marktorientierten *Öffentlichen und sozialen Dienste*, sei es in der öffentlichen Verwaltung, im sogenannten sozialen Dienstleistungsbereich (Bildung, Gesundheit, Soziales) oder in der Kultur. Die dritte, in Chile und Lateinamerika quantitativ große Gruppe stellen die *Privaten Dienstleistungen* dar. Dabei kann es sich um die eher klassische Haushaltshilfe ebenso handeln wie um moderne Beschäftigungsformen in der Schönheitskosmetik.

Differenziert man die Betrachtung nach den drei gerade eingeführten Dienstarten, so folgen die eher *marktorientierten* Dienste sehr direkt der ökonomischen Entwicklung, wobei die Beschäftigungskrise hier erst nach 1982 voll durchschlägt. Insgesamt erhöhen diese marktorientierten Dienste ihren Anteil von 31,8 auf 37 %, und dieses Wachstum verdankt sich vor allem dem sich anteilsmäßig fast verdoppelnden Finanzsektor. In absoluten Zahlen vervierfachte sich die Zahl der im Finanzbereich Beschäftigten von 50 Tsd. auf 190 Tsd. Weiterhin ist es wichtig festzuhalten, daß sich der Anteil der häufig in Informalität arbeitenden kleinen Händler und ihrer Mitarbeiter bis in die 80er Jahre schnell erhöhte (bis auf über 18 %), um sich dann ab Mitte der 80er Jahre bei 15 % einzupendeln. Diese Normalisierung des Beschäftigtenkontingents setzt im *öffentlichen und sozialen* Dienstleistungsbereich erst nach 1986 ein, als diese Dienstleistungsgruppe mit 24,2 % ihren Höchstwert erzielte. Die Werte der 90er Jahre entsprechen dann wieder in etwa denen der 70er. Umgekehrt ist die Bewegungsform der *privaten Dienstleistungen* antizyklisch: Wenn der freie Markt nur wenige Normalarbeitsverhältnisse zu bieten hat, steigt notgedrungen die Quote derjenigen, die häufig für ein Trinkgeld in Privathalten, *shopping centers* und ähnlichen Einrichtungen mithelfen müssen. Mit zunehmender Beruhigung des Arbeitsmarktes nimmt dieser Anteil wieder ab. Insgesamt, soll heißen: „krisenbereinigt", ist die wesentliche Tendenz innerhalb der tertiären Beschäftigung eine Verschiebung in Richtung der marktorientierten Dienste.

Die nach Frauen und Männern getrennte Perspektive offenbart neue Dimensionen des geschlechtsspezifischen Zugangs zum Beschäftigungssystem. Der Männeranteil liegt in den beiden primären Sektoren in etwa doppelt so hoch wie der der Frauen, wobei sich die Abstände im Laufe der Zeit noch erhöhen. Die die Beschäftigungsentwicklung Chiles besonders kennzeichnende De- und Reindustrialisierung zeigt sich für beide Geschlechter, wobei die Restrukturierung bei den Männern weitaus fortgeschrittener ist.

TAB. 4.9: STRUKTUR TERTIÄRER BESCHÄFTIGUNG: METROPOLITANE REGION, MÄNNER

Produktionszweig	1972	1976	1982	1986	1990	1994
Primärer und sekundärer Sektor	**39,8**	**39,5**	**34,5**	**33,4**	**39,3**	**40,1**
Agrikultur	1,4	2,0	1,7	1,2	1,2	0,8
Bergbau	0,8	0,6	0,5	0,8	0,7	0,4
Industrie	29,7	29,1	23,4	24,5	27,7	27,2
Bauwesen	8,9	7,8	8,9	7,9	9,7	11,7
Tertiärer Sektor	**59,8**	**60,4**	**65,3**	**66,0**	**60,5**	**59,0**
Marktorientierte Dienste	*37,9*	*40,5*	*46,4*	*40,7*	*43,1*	*40,3*
Großhandel	1,9	2,2	2,4	2,4	2,7	2,2
Kleinhandel	14,0	16,8	20,0	15,2	15,3	13,7
Finanzsektor	5,7	4,3	8,0	7,4	8,0	9,3
Direkt marktabhängiger Dienst	16,3	17,2	16,0	15,7	17,1	15,1
Öffentliche und soziale Dienste	*17,1*	*15,7*	*13,6*	*20,1*	*12,9*	*14,3*
Verwaltung/öffentlicher Dienst	5,5	7,5	5,0	8,7	3,1	4,0
Soziale Dienste	11,6	8,2	8,6	11,4	9,8	10,3
Private Dienste	*4,8*	*4,2*	*5,3*	*5,2*	*4,5*	*4,4*
Sonstige	**0,4**	**0,1**	**0,2**	**0,6**	**0,2**	**0,9**
Gesamt	**100**	**100**	**100**	**100**	**100**	**100**
N (Tsd.)	661	643	681	846	1039	1.280

Quelle: Universidad de Chile

Mehr als 40 % der chilenischen Männer arbeiten in den marktorientierten Diensten. Davon machten allein die Kleinhändler 1982 die Hälfte aus, um dann – im Zuge der Erholung der Volkswirtschaft – auf einen Anteil von 13,7 % an der Gesamtbeschäftigung zurückzugehen. Dieser Wert von 1994 entspricht fast exakt dem von 1972. Eine ausgesprochene Männerdomäne stellen die direkt marktabhängigen Dienste dar, die durchweg bei über 15 % liegen. Absolut erhöhte sich die Anzahl der vor allem in Reparatur- und Serviceeinrichtungen arbeitenden Männer von 43 Tsd. auf 58 Tsd. und die der Transportarbeiter verdoppelte sich von rund 63 Tsd. auf 133 Tsd.

TAB. 4.10: STRUKTUR TERTIÄRER BESCHÄFTIGUNG: METROPOLITANE REGION, FRAUEN

Produktionszweig	1972	1976	1982	1986	1990	1994
Primärer und Sekundärer Sektor	**26,5**	**24,1**	**17,2**	**17,5**	**21,9**	**21,0**
Agrikultur	0,6	0,4	0,4	0,1	0,7	0,3
Bergbau	0,1	0,2	0,3	0,2	0,3	0,3
Industrie	24,4	22,6	15,3	16,7	19,3	19,1
Bauwesen	1,4	0,9	1,2	0,5	1,6	1,3
Tertiärer Sektor	**73,1**	**75,9**	**82,7**	**82,2**	**77,5**	**78,2**
Marktorientierte Dienste	*20,9*	*19,8*	*26,1*	*22,1*	*24,4*	*29,4*
Großhandel	0,7	0,8	1,8	1,3	1,9	1,7
Kleinhandel	13,8	12,6	15,3	12,7	12,6	16,0
Finanzsektor	3,9	3,8	5,9	6,1	6,6	9,1
Direkt marktabhängige Dienste	2,5	2,6	3,1	2,1	3,3	2,6
Öffentliche und soziale Dienste	*20,8*	*25,4*	*23,3*	*29,2*	*24,5*	*25,2*
Verwaltung/öffentlicher Dienst	1,8	3,7	3,3	7,9	2,6	2,7
Soziale Dienste	19,0	21,7	20,0	21,3	21,9	22,5
Private Dienste	*31,4*	*30,7*	*33,3*	*30,8*	*28,6*	*23,6*
Sonstige	**0,4**	**0,0**	**0,1**	**0,3**	**0,6**	**0,8**
Gesamt	**100**	**100**	**100**	**100**	**100**	**100**
N	374	351	420	528	634	766

Quelle: Universidad de Chile

Finden sich die Männer bevorzugt in marktnahen Berufsfeldern des Dienstleistungssektors, so sind Frauen im sozialen Bereich, vor allem aber in den privaten Dienstleistungen überrepräsentiert. War 1982 jede dritte Frau als Wäscherin, Köchin, Hausangestellte, Privatsekretärin etc. beschäftigt, so war es 1994 immerhin noch jede vierte. Diese mit äußerst wenig Prestige ausgestattete Berufsrolle spielen gerade einmal zwischen 4 und 5 % der Männer. Obwohl die traditionelle geschlechtsspezifische Arbeitsteilung in ihrer Grundstruktur überlebt[107], schlägt doch der sozio-ökonomische Strukturwandel auch bei den Frauen durch. Denn der Anteil der Frauen, die in marktorientierten Diensten arbeiten, steigt – unterbrochen nur durch den Einbruch 1982 – schnell an und erhöht sich von 20 auf 30 %; eine Zunahme, die in etwa der Abnahme bei den privaten Dienstleistungen entspricht. Allein im Finanzsektor fanden seit 1972 etwa 55 Tsd. Frauen eine Lohnarbeit, so daß sich sein relatives Gewicht innerhalb des Gesamtspektrums weiblicher Beschäftigung von 3,9 auf 9,1 % erhöht hat.

---

[107] Im weiteren Verlauf wird dieser Aspekt konkreter unter Hinzuziehung von Bildungskapital und Beschäftigungshierarchien untersucht.

Fassen wir die Ergebnisse zusammen, so beschränkt sich die Expansion tertiärer Beschäftigung auf den Zeitraum 1972-82, und damit auf eine Periode, die gekennzeichnet ist durch zwei schwere Rezessionen und einen abrupten Bruch in der Struktur der Ökonomie. Die Reversion dieses Prozesses – die De-Tertiärisierung oder, um im gewählten Sprachspiel zu bleiben: die *Primärisierung* und *Sekundärisierung* der Wirtschaft – setzt ab Mitte der 80er Jahre ein, in denen sich die Ökonomie zu erholen beginnt, um schließlich in ein beschleunigtes Wachstum einzutreten. Allerdings folgt der Tertiärisierungsverlauf keineswegs direkt ökonomischen „Gesetzen", sondern weist eine ausgesprochen vielfältige und zum Teil gegensätzliche Struktur auf. Von den vielfältigen Faktoren kommt dem aktiven Part des Staates eine Schlüsselrolle zu. Die Schaffung von mehreren hundert Tsd. künstlichen Arbeitsplätzen in Beschäftigungsnotprogrammen erklärt zu einem Gutteil die extrem hohen Tertiärisierungswerte der 80er Jahre und setzte tendenziell den ökonomischen Zusammenhang zwischen produktiver Akkumulation und nachgefragten Dienstleistungen außer Kraft. Angestoßen durch die expansive Phase des Kapitalismus samt seines Finanzsystems, veränderte sich der Charakter der Tertiärisierung im Verlaufe der 80er Jahre erneut und begann wieder direkter der unmittelbar ökonomischen Bewegung zu folgen. Der Rückgang des Beschäftigungsanteils der öffentlichen und privaten Dienste gegenüber den marktorientierten ist ein Ausdruck dieser Wieder-Anpassung des tertiären Sektors an die beiden produktiven Wirtschaftsabteilungen.

4.5 Der neue Charakter der Informalität

Die sogenannte „Informalisierung" der Ökonomien bildete einen konstitutiven Bestandteil der soziologischen und ökonomischen Analyse der 80er Jahre, und zwar in den zentralen *und* peripheren Ländern. Als sich die Soziologen dem neuen Phänomen zuzuwenden begannen, gingen sie zunächst davon aus, daß es sich um ein Übergangsphänomen handele. Man vermutete typisch ländliche Einstellungen und Werte, die sich im Maße ihrer Integration in das städtische Berufsleben auflösen würden. Es gab aber auch die umgekehrte Argumentation von Matos-Mara, der von der massenhaften Einwanderung in die Städte auf ihre Verwüstung schloß (*La Serrenización de Lima*). Rosenbluth (1963) wies in seiner Pionierstudie für Santiago de Chile darauf hin, wie wenig die marginalen Gruppen bis dato von der ökonomischen Entwicklung profitiert hatten, wie begrenzt ihr Zugang zu staatlichen Institutionen war, und folglich, wie sehr sie unter ihrer Situation zu leiden hatten. Und da weitere Untersuchungen ergaben, daß diese marginalisierten Schichten auch nicht dazu neigten, den gesellschaftlichen *common sense* zu teilen, wurden differenziertere Ansätze nötig.

Insbesondere die Schriften des PREALC (1987, 1988a und b) haben dazu beigetragen, daß man sich von der Idee eines transitorischen Charakters der Marginalität verabschiedete und intensiver über die Verbindung zwischen formeller und informeller Ökonomie nachzudenken begann. Nach Tokman (1979) existieren zwei Arten von Arbeitsmärkten. Der formelle Bereich konstituiere gleichsam das klassische Normalarbeitsverhältnis zwischen der Personalabteilung eines größeren Unternehmens und einem Lohnarbeiter. Diese Jobs erfordern, so die These, größere Qualifikation und bringen größere Verdienste ein als im informellen Bereich. Dieser ist demgegenüber durch *Cuentapropistas* und Lohnarbeiter in kleineren Firmen konstituiert, wobei die selbständige Form der informellen Arbeit lange Zeit zahlenmäßig dominiert hat.

Tokmans Definition kann allerdings keinesfalls Allgemeingültigkeit beanspruchen. Vielmehr scheint eine gewisse Beliebigkeit vorzuherrschen, was die Konzeptualisierung von Informalität anbelangt und die empirischen Resultate natürlich nachhaltig beeinflußt. Die einen fassen in der skizzierten Weise *Cuentapropistas* und Lohnabhängige kleinerer Firmen zusammen, andere argumentieren mit der Lohnhöhe und erklären alle Lohnbezieher unterhalb einer bestimmten Summe für informell. Eine weitere Option bezeichnet schließlich alle diejenigen, die nicht in die Sozialversicherung einzahlen, als informelle Lohnabhängige. Sehen wir einmal von diesen Eingrenzungsproblemen ab, so gehen viele Autoren davon aus, daß der Anteil der informellen Beschäftigung in den Metropolen Lateinamerikas zeitweise bei über 45 % gelegen hat. In diesem Sektor sind Frauen, alte Menschen und Berufsanfänger überrepräsentiert.

Es gibt nun diverse Thesen, um den steigenden Anteil informeller Beschäftigung zu erklären. Eine hebt die Verstädterungstendenz hervor, sei es aufgrund der Unfähigkeit der ländlichen Welt zur Absorption größerer Teile der steigenden Bevölkerung, sei es wegen der Attraktivität der höheren Einkommen in der Stadt. Außerdem existiert die Vermutung, daß eine zu schwache Beschäftigungsnachfrage seitens des formellen Sektors aufgrund der modernen Technologien bestehe. Weiterhin wird die These vom zu schwachen Wohlfahrtsstaat vertreten, der immer weniger in der Lage sei, über indirekte Einkommen Armutsrisiken zu begrenzen, so daß ein Wachstum der Überlebenswirtschaft notwendig sei. Und vielfach wird schließlich darauf hingewiesen, daß diese Entwicklung höchst funktional mit dem Kapitalismus selbst sei, da auf diese Art die Reproduktionskosten der Arbeitskraft reduziert würden.

Es ist hier nicht der Ort, um die ausufernde theoretische Diskussion über die Thematik mit einem weiteren Ansatz zu bereichern. Ich ziehe es vor, in dieser Arbeit einen empirisch basierten Beitrag zum Charakter der Informalität in Chile zu leisten. Für dieses Land haben Schkolnik & Teitelboim (1989) eine Klassifikation informeller Beschäftigung erstellt, die von allen maßgeblichen Forschungseinrichtungen übernommen wurde. Nach dieser werden alle *Cuentapropistas* (ohne Professionen und Techniker), die mithelfenden Familienangehörigen und die Mehrzahl der Beschäftigten in Firmen mit weniger als fünf Mitarbeitern dem informellen Sektor zugerechnet.

Weiter unten werden wir sehen, daß mit Hilfe dieser Klassifikation sehr genau der Charakter der Informalisierung der beginnenden 90er Jahre erforscht werden kann. Für die 70er und 80er Jahre wurden diese Daten allerdings nicht erhoben. Für unsere, einen längeren Zeitraum übergreifende Fragestellung ist es daher unumgänglich, aus der amtlichen Statistik eine Art Hilfskonstruktion zu entwerfen, mit der der Zeitraum zwischen den beginnenden 70er Jahren und heute verglichen werden kann. Die einzige Erhebung, deren Berufskategorien seit 1972 nicht gewechselt hat und die wenigstens zwei der drei genannten zentralen Kategorien informeller Beschäftigung berücksichtigt, ist die Umfrage des INE. In Tab. 4.12 ist der Anteil der *Cuentapropistas* (ohne Professionen) und der der mithelfenden Familienangehörigen abgebildet. Aus den genannten Erhebungsgründen müssen hier die Beschäftigten in Firmen zwischen einem und fünf Mitarbeitern unberücksichtigt bleiben, so daß der Anteil der informellen Beschäftigung insgesamt also zu niedrig ausfällt.

ABB. 4.1: KLASSIFIKATION FORMELLER UND INFORMELLER BESCHÄFTIGUNG NACH SCHKOLNIK & TEITELBOIM

	Formell	*Informell*
Cuentapropistas	Professionen und Techniker	Alle Cuentapropistas ohne Professionen und Techniker
Warenproduktion	Alle Unternehmer und Lohnabhängige von Firmen mit mehr als fünf Beschäftigten	Unternehmer und Lohnabhängige mit bis zu fünf Beschäftigten (mit oder ohne Arbeitsvertrag)
Handels- und Dienstleistungsbereich	Unternehmer und Lohnabhängige von Firmen mit mehr als fünf Mitarbeitern. Alle Unternehmer und Lohnabhängige von Firmen bis zu fünf Mitarbeitern, wenn sie einen Arbeitsvertrag aufweisen.	Unternehmer und Lohnabhängige in Firmen von bis zu fünf Mitarbeitern ohne Arbeitsvertrag.
Mithelfende Familienangehörige (Familia no renumerada)		Alle
Armee	Alle	

Es geht aber auch weniger um die konkreten Prozentwerte als um die Entwicklung im Zeitverlauf. Die These einer expandierenden Informalisierung kann für Chile nur für einen relativ knappen Zeitraum gehalten werden. Die informelle Beschäftigung nimmt während des Wirtschaftsaufschwungs 1976-81 zu, erlebt während der Krise 1982/83 ihren Höhepunkt, um bereits Mitte der 80er Jahre wieder das Ausgangsniveau der frühen 70er Jahre anzunehmen. Um diese Entwicklung zu begreifen, muß man sich daran erinnern, daß die beiden wirtschaftlichen Boom-Phasen, 1976-81 und post 1983, sehr verschieden waren: Wie zum Beispiel Alvaro Díaz (1989) hervorhebt, wurde trotz wirtschaftlichen Aufschwungs in der Periode 1976-81 im industriellen Sektor keinerlei Beschäftigung geschaffen, während sie seit Mitte der 80er Jahre hier wieder zunimmt. Begünstigte also erstere Konjunkturphase das Wachstum der informellen Beschäftigung, so dämmte letztere sie ein. Diese ersten Befunde indizieren, daß der chilenische Fall mit der Vorstellung einer gleichsam automatisch fortschreitenden Informalisierung nicht übereinstimmt. Sie zeigt sich vielmehr abhängig von der konjunkturellen und speziell: von der industriellen Entwicklung. Insgesamt ist also im Laufe der letzten Jahrzehnte längst nicht in erster Linie informelle Beschäftigung geschaffen worden, denn diese stagniert auf dem Niveau von etwa einem Fünftel der Gesamtbeschäftigung.

TAB. 4.11: ANTEIL DER CUENTAPROPISTAS UND MITHELFENDEN FAMILIENANGEHÖRIGEN AM BESCHÄFTIGUNGSSYSTEM

Jahr	Anzahl der Beschäftigten (Tsd.)	Cuenta Propia (ohne Professionen, Tsd.)	Mithelfende Familienangehörige (Tsd.)	Anteil der Informellen am Beschäftigungssystem (%)
1972	2.888	490	109	20,7
1976	2.779	477	106	20,9
1980	3.257	613	127	22,7
1982	2.944	525	364	30,2
1983	3.216	483	513	31,0
1986	3.896	581	166	19,2
1990	4.460	664	175	18,8
1994	4.988	791	167	19,2

Quelle: Instituto Nacional de Estadística

Nun mußte mangels besserer Alternative eine Klassifikation benutzt werden, die einen Teil der informellen Beschäftigung ausspart: die Lohnabhängigen der kleinen Firmen. Und wenn man sich an Tab. 4.4 erinnert und sich der Tatsache bewußt ist, daß ab 1983 eine Re-Salärisierung des Beschäftigungskörpers in großem Maßstab eingesetzt hat, dann kann vermutet werden, daß Tab. 4.11 den vielleicht interessantesten Aspekt der Informalisierung versteckt; daß nämlich die informelle Beschäftigung nach 1983 einen viel höheren Anteil abhängig Erwerbstätiger aufweisen dürfte als in den 70er und beginnenden 80er Jahren. Der neue Charakter der informellen Beschäftigung nach 1983 bestünde demnach darin, daß das relative Gewicht der *Cuentapropistas* und der mithelfenden Familienangehörigen ab- und das der Lohnarbeiter zunimmt. Der Schwerpunkt und damit die neue Dynamik des informellen Sektors verschöbe sich tendenziell von der Logik einer merkantilen Kleinproduktion hin zu einer kapitalistischen Kleinproduktion, die über Produktionsketten in den gesamtwirtschaftlichen Verwertungszusammenhang eingegliedert ist.

Diese These kann, wie gesagt, mit den mir vorliegenden Daten nicht zweifelsfrei belegt werden, denn alle verfügbaren differenzierenden Untersuchungen über den informellen Sektor beziehen sich ausschließlich auf den Zeitraum nach 1990. Daß sie aber durch diese keineswegs entkräftet wird, zeigt die folgende Tabelle, die nach Abb. 4.1 erstellt wurde:

TAB. 4.12: STRUKTUR INFORMELLER BESCHÄFTIGUNG 1990

Berufsgruppe	Formell Beschäftigte	Informell Beschäftigte	Alle Beschäftigten
Professionen	21,1	1,2	12,0
Direktoren und leitende Angestellte	21,6	7,0	16,9
Kleinhändler	9,1	35,8	12,9
Lohnabhängige im Dienstleistungsbereich	10,5	9,0	14,3
Einfache Arbeiter und Maschinenaufsichtspersonal	35,8	46,6	42,7
Andere	1,9	0,4	1,2
Total	100,0	100,0	100,0

Quelle: *Encuesta CASEN*, MIDEPLAN 1991: 12

Zwar ist der Anteil der Kleinhändler an den informell Beschäftigten mit über 35,8 % hoch. Das bei weitem größte Beschäftigungssegment stellen aber die in der einen oder anderen Form direkt zum Verwertungsprozeß des Kapitals beitragenden Arbeiter und das Maschinenpersonal dar. Mit 46,6 % liegt dieser Wert sogar höher als im Durchschnitt aller Beschäftigten. Mit dem Befund – oder nennen wir es: starken Indiz – einer Kapitalisierung des informellen Sektors hat sich das Problem allerdings nicht erschöpft. Es besteht vielmehr Anlaß, über das Konzept „Informalisierung" ein wenig mehr nachzudenken. Zunächst ist es offensichtlich, daß Informalität nicht mit Überlebenswirtschaft gleichgesetzt werden kann. Noch kann sie als reines Auffangbecken für den arbeitslosen Teil der erwerbstätigen Bevölkerung verstanden werden. Nicht einmal ist sie ein *eufemismo de pobreza*, sondern ein höchst heterogener Sektor, in dem die Einkommen mitunter sogar höher ausfallen als im formellen Arbeitsbereich.

TAB. 4.13: FORMELLE UND INFORMELLE BESCHÄFTIGUNG NACH EINKOMMENSQUINTILEN (%)

	I	II	III	IV	V	Gesamt
Formell Beschäftigte	33,8	46,6	55,0	62,4	72,1	55,8
Informell Besch.	27,1	23,5	23,0	22,5	18,8	22,6
Servicio doméstico	7,4	6,9	5,0	3,9	1,7	4,8
Agrararbeiter	31,7	23,0	17,0	11,2	7,4	16,8
Total	100,0	100,0	100,0	100,0	100,0	100,0

Quelle: *Encuesta CASEN*, MIDEPLAN 1991: 15

Diese Tabelle, die auf der Erhebung CASEN des staatlichen Planungsinstituts MIDEPLAN basiert, unterscheidet neben den in Abb. 4.1 dargestellten formell und informell Beschäftigten Teile der privaten Dienstleistungen sowie den Agrarsektor. Die Einkommensverteilung folgt dem gemeinhin erwarteten Muster insoweit, als der Anteil der formell Beschäftigten immer höher wird, wenn man vom ärmsten ersten Quintil bis zum reichsten fünften Quintil aufsteigt. Während nun sowohl *servicio doméstico* als auch die agrarisch Beschäftigten in den reichsten beiden Quintilen deutlich unterrepräsentiert sind, gilt dies im informellen Sektor nur für das fünfte

Quintil.[108] Da auch seine Überrepräsentanz in den ärmsten beiden Quintilen weit geringer ausfällt als die der beiden zuletzt genannten Gruppen, rangieren die informell Beschäftigten als soziologisch definierte Gesamtheit im Mittelfeld der Einkommensverteilung und sind realiter in allen Einkommensschichten anzutreffen. Mit anderen Worten: Allein die Tatsache, daß jemand in dem als „informell" definierten Sektor arbeitet, gibt wenig Aufschluß über seine Einkommenshöhe und vermutlich ebensowenig über seine Arbeitsbedingungen. Wir werden später sehen, ob man mit anderen theoretischen Kategorien die Einkommensdisparitäten besser erklären kann.

Kann man nun soweit gehen zu sagen, die Grenzziehung formelle-informelle Beschäftigung führe lediglich zu Klassen „auf dem Papier" und sage herzlich wenig über die realen sozialen Verhältnisse aus? Sicher nicht, denn in anderen lateinamerikanischen Staaten ist erstens der Anteil informeller Beschäftigung höher, und zweitens dürfte dort die Einkommensverteilung eher der durch diesen Gegensatz vorgegebenen Linie folgen. Die Frage ist vielmehr, warum diese Trennung in Chile so wenig bedeutsam ist. Zunächst sei nochmals an die heterogene Struktur des informellen Sektors erinnert. Er besteht, wie bereits bemerkt, nicht nur aus *Cuentapropistas*, sondern in einem immer größeren Maße aus Lohnarbeitern. Der Blick auf die Rekrutierungspraxen unterschiedlicher Unternehmensgrößen bringt den vermutlich zentralen Aspekt ans Tageslicht.

Was zunächst die großen Firmen angeht, so ist es aufgrund der Arbeitsgesetzgebung von 1979, die in diesem Punkt 1991 nur geringfügig geändert wurde, gängige Praxis, frisch rekrutierte Arbeitnehmer erst einmal ein Jahr ohne Arbeitsvertrag anzustellen. Erst nach Ablauf dieses Jahres ist eine größere Firma dazu verpflichtet, dieses Arbeitsverhältnis zu formalisieren.[109] Weiterhin zeigt die Literatur[110] über kleine und mittlere Unternehmen in Chile (PYMES), daß diese zahlenmäßig in den letzten Jahren enorm zugenommen haben. Oft aber handelt es sich dabei nur der Rechtsperson nach um eigenständige Firmen, die vielmehr realiter in einer Produktionskette mit den großen Unternehmen verbunden sind. Vielfach nehmen sie ökonomische Funktionen wahr, die zuvor von den größeren selbst vollzogen wurden und dann aus Rationalisierungsgründen ausgelagert worden sind. Kurz, es entsteht ein ganzes Netz von neuen asymmetrischen Machtbeziehungen zwischen großen und kleinen Kapitalen, welches sich von Kreditabkommen, über die konkrete Arbeitsteilung im Produktionsverbund bis zum Technologietransfer entspinnt. Zum anderen kommt es zur Etablierung von neuen Beziehungen zwischen Kapital und Arbeit, die immer weniger von Staat und kollektiver Interessenvertretung beeinflußt werden können, sondern von den persönlichen Vereinbarungen zwischen den individuellen Arbeitern und den

---

[108] Wobei die informell Beschäftigten auch in diesem Quintil der Reichen mit immerhin 18,8 % noch eine beachtliche Repräsentanz aufweisen.

[109] Weshalb nicht wenige Arbeitsverhältnisse genau nach diesem Jahr enden.

[110] Siehe Mezzera (1993), Mac-Clure (1993), Van Hemelryck (1993) und die anderen in *proposiciones 23* versammelten Beiträge.

kleinen Subfirmen abhängen. Denn in diesen ist die Gründung von Gewerkschaftszentralen nicht nur nicht üblich, sondern häufig ein Kündigungsgrund. Auf diese Weise schlägt einerseits die ursprüngliche Bedeutung von Informalität in ihr Gegenteil um: Früher Zeichen von Exklusion von der offiziellen Ökonomie, präsentiert sie sich heute immer öfter als ein integrativer Bestandteil von jener, sei es formell innerhalb der großen Firmen selbst oder in Gestalt der ausgelagerten PYMES. Andererseits stellen seit dem *Plan Laboral* von 1979 auch die „formellen" Beschäftigungsverhältnisse alles andere als einen wirksamen Kündigungsschutz dar, so daß die Grenzziehung zwischen formeller und informeller Ökonomie für den Soziologen immer schwieriger aufzufinden und für die sozialen Akteure immer weniger bedeutsam wird.

Wenn in diesem Abschnitt von einem neuen Charakter der Informalisierung die Rede war, dann insoweit, als die merkantile Form der Informalität im Laufe der 80er Jahre an Einfluß verloren und die „kapitalistische" informelle Lohnarbeit an Bedeutung gewonnen hat. Es muß nun hervorgehoben werden, daß auch diese Entwicklung anders hätte verlaufen können, wenn der Staat seiner eigenen neoliberalen Ideologie treu geblieben wäre: Hätte er nicht Hunderttausenden Beschäftigung in seinen Notprogrammen geboten, hätte es zur Strukturierung eines größeren und vermutlich von der kapitalistischen Ökonomie relativ abgekoppelten merkantilen Sektors kommen können. Die Volkswirtschaft hätte sich so in viel größerem Maße dualisieren können. Dies war aber nicht der Fall. Statt dessen kam es im Zuge der ökonomischen Erholung nach 1982 zu einer neuen Art von wirtschaftlicher Integration: Wenn es bis in die 80er Jahre hinein eine Art Zwei-Klassen-Ökonomie gab, mit einer gegenüber der formellen Ökonomie in erster Linie um die physische Reproduktion kämpfenden Überlebenswirtschaft, so entspinnt sich seit dem ein einziges, vielfältig segmentiertes kapitalistisches Produktionsnetz, das – immer am Export orientiert – über vielgliedrige Produktionsketten die diversen Sektoren der chilenischen Ökonomie vereinigt. In diesem Produktionssystem unterscheiden sich die Lohnarbeiter nicht mehr primär danach, ob sie formell oder informell beschäftigt sind; es ist eher gekennzeichnet durch eine generelle Prekärisierung der Arbeitsbeziehungen, innerhalb derer ein wirksamer Schutz vor Kündigung wohl noch am ehesten in einer marktgängigen Qualifikation bzw. Berufsausbildung besteht.

4.6 Chile: Eine Klassengesellschaft?

„Chile ist eine Klassengesellschaft". Diesen Satz würde eine große Mehrheit der Chilenen – unabhängig vom politischen Standort – unterschreiben. Dies mag neben den offenkundigen sozialen Verwerfungen am Sprachgebrauch von *clase social* liegen, der mehr der englischen Verwendung von „social class" als der deutschen

„Klasse" entspricht. Wird also derjenige, der in Deutschland den Begriff der „Klasse" benutzt, normalerweise in die Nähe der Weltverbesserei und des Marxismus geschoben, entspricht der Alltagsgebrauch von *clase social* eher der deutschen „Schicht".[111] Das macht den Klassenbegriff zwar hoffähiger, erleichtert aber mitnichten die soziologische Annäherung an die in der Überschrift gestellte Frage. Gerade die vermeintliche Übereinstimmung zwischen Alltagsbegriffen und soziologischen Kategorien hat ja häufig genug zu gewagten Modellierungen der sozialen Welt geführt. Vonnöten ist vielmehr die theoretische Anstrengung einer Konstruktion eines Klassenmodells, das die empirische Forschung anzuleiten in der Lage ist.

4.6.1 Die Diskussion um Klassen und Klassifikationen

Die chilenische Sozialwissenschaft war in der letzten Dekade fokussiert auf demokratie- und transformationstheoretische Untersuchungsgegenstände. Es sind nun seit den Arbeiten von Martínez und anderen sowohl in empirischer Hinsicht als auch in der theoretischen Diskussion einige neue Aspekte zutage getreten, auf die hier zumindest kurz eingegangen werden soll.

In Europa und den USA sind in den 80er Jahren ganz ähnliche Beobachtungen gemacht worden wie von Martínez & Tironi. Eine Vielzahl empirisch gemessener Tendenzen haben sich zum Befund eines umfassenden Strukturwandels der Nachkriegsgesellschaften verdichtet. Die wichtigsten Stichworte sind die allmähliche Ablösung fordistischer Betriebsweisen im Produktionsprozeß, eine Umstrukturierung des Verhältnisses von produktiver und unproduktiver Arbeit (Tertiärisierung) sowie die Qualifizierung des gesellschaftlichen Arbeitskörpers (Intellektualisierung). Resultat dieses Strukturwandels, zu dem auch der Rückgang der Arbeitszeit gehört und damit zum historisch ersten Mal: verfügbare Zeit auch für die Masse der Lohnabhängigen, ist eine der Entwicklung in Lateinamerika vergleich-, aber nicht einssetzbare Heterogenisierung und Differenzierung der Gesellschaft.[112] Und ähnlich wie es Martínez & Tironi forderten, führte das Verständnis dieses Strukturwandels zu einer grundlegenden Revision der bis dato vertretenen theoretischen Ansätze zur Erklärung

---

[111] Die spanischen Bezeichnungen dafür, *capa* bzw. *estrato social*, sind eher ungebräuchlich.

[112] Gemein haben Europa und Lateinamerika die Tatsache eines sozio-ökonomischen Strukturwandels, der zu einer Aufweichung überlieferter sozialer Positionen führt. Die Arten und Weisen der neuen Regulationsformen von Staat und Gesellschaft lassen sich aber nicht über einen Kamm scheren. Die verschiedenen nationalen Versuche, auf die neue Situation zu reagieren, stimmen nicht einmal kontinentweise überein. Man könnte sagen, daß die chilenische Regulationsform viel von dem vorwegnahm, was Margaret Thatcher mit ihrer „kapitalistischen Revolution" für sich in Anspruch nahm, während etwa in Deutschland dem Sozialstaat als solchem lange Zeit die Treue gehalten wurde. Er wird eigentlich erst jetzt auf breiter Front zur Disposition gestellt.

der Sozialstruktur. Besonders unter Druck geriet dabei die traditionelle Klassenanalyse mit allen ihren von den beiden chilenischen Autoren aufgedeckten Anomalien.

Auf diese Herausforderungen wurde in zweierlei Weisen reagiert. Die einen räumten gründlich mit dem bis dahin benutzten theoretischen Instrumentarium auf und riefen die Gesellschaft „jenseits von Stand und Klasse" aus.[113] In ihren Augen ist weder das Konzept der Schichtung, noch das der Klassenstruktur geeignet, die soziale Strukturierung der gegenwärtigen Gesellschaften adäquat zu beschreiben. Statt den Versuch zu unternehmen, die Sozialstruktur weiterhin entlang des Gegensatzes von Kapital und Arbeit bzw. entlang der Kriterien von Einkommen, Bildung und Berufsprestige geschichtet zu begreifen, sei es wesentlich realitätsgerechter, sie im Sinne pluralisierter, mehrdimensionaler Ungleichheiten zu beschreiben. Andere Autoren würden nicht so weit gehen und Klassenanalyse nicht radikal ersetzen wollen durch eine Soziologie mehrdimensionaler Ungleichheit. Die Ansätze von Bourdieu (1982), Giddens (1984), Wright (1985), Ritsert (1988), Crompton (1993) und Koch (1994) stimmen vielmehr darin überein, den Klassenbegriff als grundlegende Dimension der sozialen Lagen und Beziehungen der Gesellschaft zu benutzen, ohne dabei andere Formen der Differenzierung auszuschließen. Auch hier werden Veränderungen der Sozialstruktur registriert und begrifflich berücksichtigt, aber sie werden, so Herkommer (1996: 1), „als Veränderungen und Differenzierungen *innerhalb* einer (kapitalistischen) Klassengesellschaft wahrgenommen". Dieser zweite Weg scheint mir sehr viel eher als der erste an die pragmatische und empirisch orientierte Version von Klassenstrukturanalyse bei Martínez & Tironi anzuknüpfen. Er soll deshalb in diesem Abschnitt beschritten werden.

Da ich mich bereits an anderer Stelle ausführlich mit der neueren klassenstrukturellen Diskussion beschäftigt habe (Koch 1994: 42-107), muß die theoretische Debatte hier nicht vertieft werden. Wohl aber soll festgehalten sein, daß die Klassentheorie in den 80er und 90er Jahren weit über simple *Ableitungs*versuche sozialer Lagen aus ökonomischen Kategorien hinausgekommen ist und die historische Einmaligkeit jedweder konkreten kapitalistischen Gesellschaft anerkannt hat. Dies beinhaltet gerade auch die bereits von Marx geforderte empirische „Aneignung im Detail". Weiterhin ist es in der heutigen klassentheoretischen Diskussion unbestritten, daß der französische Soziologe Pierre Bourdieu viel zu der Frage beigetragen hat, wie man eine solche Gesellschaftsformation untersuchen kann.[114] Er besteht darauf, daß nur dort von einer Klassengesellschaft geredet werden sollte, wo der empirische

---

[113] Es ist sehr interessant zu verfolgen, wie in der entsprechenden Literatur die modernisierungstheoretischen Argumente aus der Entwicklungsdiskussion der 50er und 60er Jahre wiederauferstehen. Entstanden sind diese Ansätze vor allem in Deutschland: Vgl. z.B. Berger (1986) und Hradil (1992).

[114] Vgl. auf deutsch Bourdieu (1982 und 1985). Eine der gelungensten empirischen Umsetzungen seines Ansatzes ist der Arbeitsgruppe Interdisziplinäre Sozialstrukturforschung (AGIS) in Hannover gelungen (Vester et al. 1993). Zur neueren theoretischen Diskussion vgl. Koch (1996).

Nachweis erbracht werden kann, daß zwischen einem nach klassentheoretischen Kriterien gebildeten „Raum objektiver Positionen" und einem zweiten Raum der alltäglichen Praxis homologe Beziehungen bestehen. Den „objektiven", weil soziologisch konstruierten, sozialen Raum denkt Bourdieu als bestehend aus verschiedenen Feldern gesellschaftlicher Praxis. Ganz im Sinne der nicht-ökonomistischen Autoren der Marxschen Tradition (Gramsci, Althusser, Poulantzas) berücksichtigt er dabei nicht nur das ökonomische Gliederungsprinzip, sondern mehrere „Kräfteverhältnisse", die die ökonomische Prägung mehr oder weniger überlagern.

Bei der konkreten Erforschung dieses Raums stellte sich heraus, daß von all diesen Faktoren dem Bildungssystem eine besondere Rolle zukommt, was die Zuordnung der Menschen in die oberen oder unteren Regionen des sozialen Raums anbelangt. Daß das „kulturelle Kapital" der sozialen Akteure eine immer bedeutendere Funktion bei der Reproduktion von Herrschaft und gerade auch des ökonomischen Reichtums einnimmt, wird auch von diversen anderen Untersuchungen bestätigt (Blossfeld et al. 1993, Wright 1985). Und auch für den chilenischen Fall, wo ja die Militärdiktatur eben keinen Bildungskahlschlag, sondern eine Differenzierung und Privatisierung der höheren Bildungswege betrieb, ist eine Verengung des Zusammenhangs zwischen dem Haben eines gegebenen Bildungsniveaus und einer mehr oder weniger einflußreichen Position im Beschäftigungssystem (und damit in der Klassenstruktur bzw. im sozialen Raum) zu erwarten.

Die eingangs aufgeworfene Fragestellung läßt sich nun präzisieren. Von einer strukturellen Dominanz des Klassenprinzips auszugehen, schließt gerade nicht aus, daß andere Merkmale (z.B. Geschlecht, Alter, formelle versus informelle Beschäftigung) die soziale Lage beeinflussen. Ergäbe die empirische Überprüfung des vorgeschlagenen Klassenmodells etwa, daß Angehörige verschiedener Klassenpositionen sich ihren Lebenschancen nach nicht oder nur geringfügig unterscheiden, so wären in der Tat größte Zweifel am heuristischen Wert des Klassenkonzepts angebracht und es verkäme zur bloßen Klassifikation – und die Klassen zu bloßen „Klassen auf dem Papier" (Bourdieu 1985: 12). Umgekehrt soll der Nachweis, daß wesentliche Dimensionen der Lebensführung von der Klassenzugehörigkeit geprägt sind, als Beleg für die reale Strukturierungskraft sozialer Klassen gewertet werden. Dabei wird in dieser Arbeit als wesentliches Kontrollkriterium die Verteilung des gesellschaftlichen Einkommens herangezogen (vgl. Abschnitt 9).

4.6.2 Ein Modell sozialer Klassen

Um aus der bunten Welt des Berufssystems ein Modell von Klassenlagen zu entwerfen, soll an die von Martínez & Tironi begonnene Arbeit angeknüpft werden. Nach welchen Kriterien kann man nun soziale Klassen innerhalb der *abhängig Beschäftig-*

ten[115] unterscheiden? Aus der soziologischen Diskussion scheinen sich zwei Vorgehensweisen gleichermaßen anzubieten. Eine betont den Produktionsprozeß als *Verwertungsprozeß* und damit die Unterschiede, die aus den verschiedenen Anlageformen von Kapital resultieren: Arbeiten die Arbeiter im primären, sekundären oder tertiären Sektor, oder, in der Marxschen Lesart: im produktiven, kommerziellen oder Dienstleistungsbereich? Die andere rückt statt der ökonomischen Formbestimmung den *Arbeitsprozeß* in den Vordergrund, was zu einer Einteilung nach Kontroll- und Entscheidungsbefugnissen sowie nach Qualifikation führt. Eine empirische Überprüfung des deutschen „Projekts Klassenanalyse" (Erbslöh: 1987) zeigt die Schwäche eines sich an den ökonomischen Formbestimmungen orientierenden Ansatzes, soziale Ungleichheiten zwischen Lohnarbeitern zu erklären. Im Gegensatz dazu schneidet ein in zehn kapitalistischen Ländern vergleichend durchgeführter Versuch von E.O. Wright, der an Entscheidungs- bzw. Kontroll- und Bildungsressourcen festmacht (Wright 1985), nicht nur im Vergleich zu anderen Klassenanalysen am besten ab, sondern behauptet sich auch in Konkurrenz zu anderen sozialstrukturellen Merkmalen wie Stellung im Beruf, Einkommensgruppen, Geschlecht, Alter etc. gut. Und da ich auch selbst in Deutschland gute Erfahrungen mit einer ähnlichen Differenzierungsstrategie gemacht habe, werde ich in der nachfolgenden empirischen Untersuchung ebenfalls auf die Kriterien „Stellung im Arbeitsprozeß" und Bildungsniveau zurückgreifen.

Die „Stellung im Arbeitsprozeß" läßt sich, wie es in vielen Klassenanalysen der Fall ist, mit dem Kriterium „Entscheidungsbefugnis" innerhalb des arbeitsteiligen Produktionsablaufs operationalisieren. Dabei ergibt sich eine Trennlinie zwischen Positionen, die keinerlei Anweisungsoptionen enthalten – Tätigkeiten, die zwar leicht erlernbar sind, sich aber monoton wiederholen und keine größeren Anforderungen an Fachkenntnisse stellen –, und solchen Arbeiten, die sich in erster Linie auf die Kontrolle der Arbeitsleistung und -durchführung beziehen. Von diesen Extrempunkten werden mittlere Positionen abgehoben. Im manuellen Bereich können un- und angelernte Arbeiter, die so gut wie keine Entscheidungskompetenz haben, von Facharbeitern getrennt werden, die die Tätigkeiten der einfachen Arbeiter anleiten. Die Facharbeiter unterliegen wiederum den Anweisungen der Geschäftsführung bzw. der Abteilungsleitung (in der Regel im nicht-manuellen Bereich angesiedelt). Im nicht-manuellen Bereich ist diese Abstufung von Positionen ohne Anweisungsbefugnis, mittleren Positionen und Positionen mit Entscheidungskompetenz ebenso stark ausgeprägt. Hier können relativ einfache Büro- und Handelsberufe bzw. einfache

---

[115] ..., die ja bekanntlich das gemeinsame Schicksal verbindet, die eigene Arbeitskraft verkaufen zu müssen, um die persönliche Reproduktion sicherzustellen. Nur ein geringer Teil dieser Beschäftigungskategorie könnte es sich erlauben, von heute auf morgen die Lohnarbeit einzustellen und von anderen Revenuequellen zu leben. Man kann also durchaus von einer großen Lohnarbeiterklasse sprechen, deren gemeinsames Attribut der Nichtbesitz von Produktionsmitteln ist.

Dienstleistungen von Berufen mit mittleren und höheren verwaltenden und distributiven Funktionen bzw. qualifizierten Dienstleistungsberufen unterschieden werden, die allesamt den Entscheidungsbefugnissen des Managements unterliegen.

Als zweites Kriterium zur Differenzierung von Lohnarbeitern im Arbeitsprozeß werden Bildungsgrade berücksichtigt. Dabei verstehe ich Bildung als eine auf den Produktionsprozeß bezogene Praxisressource, die zu einem wichtigen Differenzierungskriterium von Arbeitnehmerpositionen wird. Zu erwarten ist ein enger Zusammenhang zwischen der Ausstattung eines Lohnarbeiters mit Bildung und seiner Position in der Hierarchie des Arbeitsprozesses.[116] Einzuschränken bleibt, daß die im Arbeitsprozeß eingeforderte Qualifikation neben dem formalen Bildungsabschluß auch Fähigkeiten einschließt, die „informell", sei es im Elternhaus oder individuell, angeeignet werden. Dazu kommen Formen von Qualifikation, die über Weiterbildungsmaßnahmen oder fachliche Bewährung innerhalb eines Betriebs vermittelt werden. Dieses nichtinstitutionalisierte kulturelle Kapital kann leider in dieser Studie nicht erhoben werden. Dies dürfte allerdings nicht allzu dramatisch sein, denn Weiterbildungsmaßnahmen eignen sich hauptsächlich dazu, eine einmal besetzte Berufsposition zu erhalten, während der formelle Bildungsabschluß von fundamentaler Bedeutung für den Zugang zum Beschäftigungssystem ist. Auch in bezug auf Bildungsniveaus soll dreistufig zwischen geringen, mittleren und höheren Bildungsressourcen unterschieden werden. Die genauere Operationalisierung sowohl der Berufsgruppen der Universidad de Chile als auch der Bildungsabschlüsse zu Klassenlagen erfolgt im nächsten Abschnitt.

Soziale Klassen von Arbeitnehmern sollen anhand von typischen Kombinationen der beiden Variablen „Stellung im Arbeitsprozeß" und „Bildungsgrad" voneinander abgegrenzt werden. Wie in Bourdieus Schaubild des Raumes der sozialen Positionen (1982: 212f.) sollen zum unteren Raum diejenigen gehören, deren Arbeitsaufgaben durch das weitgehende Fehlen von Entscheidungsbefugnissen und Bildungsressourcen gekennzeichnet sind. Diese sind wiederum nach der Unterscheidung manuell, kommerziell[117] sowie dienstleistend in Berufsgruppen unterteilt (vgl. Abb. 4.2 im nächsten Abschnitt): Einfache in der Zirkulation angesiedelte Berufe (EZB), einfache Dienstleistungsberufe (EDB) und einfache manuelle bzw. Agrarberufe (EMB). Der mittlere Raum faßt alle diejenigen Inhaber mittlerer Bildungsabschlüsse zusammen, die auch mit geringeren oder größeren Entscheidungsbefugnissen verbunden sind: Qualifizierte Berufe im Zirkulationsbereich (QZB), qualifizierte Dienste (QDB) und

---

[116] Dazu kommt die differenzierende Funktion von Bildung im Nichtarbeitsbereich. Hier wird sie zu einem im Prozeß der Sozialisation in Familie und Schule verinnerlichten Potential, das als Kompetenz in kognitiver Hinsicht und als Geschmack in ästhetischer Hinsicht fungiert und sich als Distinktion äußert. Als „inkorporiertes Kapital" wird Bildung zum festen Bestandteil der Person und damit zum Habitus.

[117] Hauptsächlich kaufmännische und Verwaltungsberufe, im Schaubild als „zirkulierend" ausgewiesen (vgl. Abb. 4.2).

qualifizierte manuelle Berufe (QMB). Oben schließlich sind diejenigen angesiedelt, die mit kulturellem Kapital optimal ausgestattet sind und deren Beruf normalerweise einen akademischen Abschluß erfordert: Professionen (Prof.) und Ingenieure (Ing.). Schließlich gibt es eine Schicht formell Lohnabhängiger, die aufgrund ihrer herausragenden strategischen Position im Produktionsprozeß als „Manager" oder „Gehaltsempfängerbourgeoisie" mit den Kapitalinhabern in einer Klasse (Man) zusammengefaßt wird: Geschäftsführer, Abteilungsleiter etc.

Im Hinblick auf die *Selbständigen* werden in den meisten Untersuchungen zum einen branchenmäßige Unterscheidungen vorgenommen, zum anderen gilt es als relativ unbestritten, selbständige Betriebe anhand der Mitarbeiteranzahl in Groß- und Kleinunternehmen einzuteilen. Die genaue Anzahl, ab der ein Unternehmen als Großbetrieb gelten soll, variiert von Untersuchung zu Untersuchung stark und wird zumeist pragmatisch, je nach Erhebungsmöglichkeit, festgelegt. Die Umfrage der Universidad de Chile erlaubt eine Grenzziehung bei 10 Mitarbeitern. Zum Kleinunternehmertum (KU) zählen deshalb alle Unternehmen bis einschließlich neun Mitarbeitern, während ein Großbetrieb (MAN) mindestens 10 Beschäftigte aufweisen muß.

Damit ergeben sich aus der theoretischen Diskussion fünf soziale Klassen, die sich wiederum aus verschiedenen Berufsgruppen zusammensetzen (vgl. Abb. 4.2). Dabei ist zwar davon auszugehen, daß sich die große Mehrheit der abhängig Erwerbstätigen auf die Klassenlagen stiftenden Kombinationen von Stellung im Arbeitsprozeß und Bildungsgrad verteilt, doch gibt es Kombinationen, die nicht so selbstverständlich als Resultat einer bestimmten Verbindung von Zugangsvoraussetzungen (Bildung) und erreichter Position im Beschäftigungssystem (Klassenlage) aufgefaßt werden dürfen. Abgesehen von Ausnahmefällen, in denen es Akteuren ohne berufsqualifizierenden Abschluß gelingt, in die anweisenden Regionen des Berufsraums aufzusteigen, sollte eine relevante Anzahl derer festzustellen sein, die über mittlere und höhere Bildungsabschlüsse verfügen und trotzdem nur im un- und angelernten Bereich arbeiten.

Hier sind offensichtlich *sekundäre* Faktoren am Werke, die diese Karriereverläufe mitbestimmen. Die Unterscheidung zwischen „primären" und „sekundären" Faktoren sollte nicht so verstanden werden – wie es aber gerade bei Marxisten häufig der Fall gewesen ist –, als seien die sekundären Merkmale im wissenschaftlichen oder gesellschaftspolitischen Sinne irrelevant oder irgendeinem „vorrangigen Ziel" nachgeordnet. Es soll damit lediglich zum Ausdruck gebracht werden, daß sie in klassentheoretischer Forschungsperspektive nicht im Zentrum der Untersuchung stehen. Oder, mit Bourdieu gesprochen (1982: 178): Bestimmte Faktoren gehen in die „Realdefinition" einer sozialen Gruppe ein, ohne daß sie in ihrer „Nominaldefinition" berücksichtigt werden müssen. Die unterschiedlichen Regionen des sozialen Raums, theoretisch abgesteckt durch klassentheoretische Kriterien, werden durch andere, nicht klassenbildende Faktoren und Gliederungsprinzipien überlagert. Es besteht also eine größere oder kleinere Differenz zwischen den aus dem sozialen Raum herauspräparierten Klassen und den *real* handelnden Gruppen, die in dem Maße sichtbar wird, wie man zusätzlich zu den grundlegenden Bestimmungen des sozialen Raums verschiedene sekundäre Faktoren untersucht. Im Sinne von Max Weber kommt es in der Feldforschung gerade auf die empirischen Abstände zur idealtypisch konstruierten Grundstruktur an, die jeweils durch die Wirkung der einzelnen Faktoren eintritt.

In dieser Untersuchung werden, neben regionalen Aspekten, insbesondere zwei „sekundäre" Faktoren systematisch aufgenommen: die Geschlechtszugehörigkeit und die Unterscheidung formeller/informeller Sektor. Für Chile sind gravierende soziale Ungleichheiten zwischen Männern und Frauen zu erwarten, die mitunter die Klassenlage in den Hintergrund geraten lassen können. In der empirischen Analyse wird es insbesondere bei der Einkommensverteilung und bei der Frage der Transformierbarkeit von kulturellem in ökonomisches Kapital darauf ankommen, die unterschiedlichen Karriereverläufe von Frauen und Männern möglichst genau voneinander abzuheben. Ich möchte weiterhin dem *informellen Sektor* keine eigene soziale Gruppe zuschreiben – wie es im lateinamerikanischen Kontext die Regel ist –, sondern ihn im Sinne einer sekundären Bestimmung des sozialen Raums begreifen. Diese Entscheidung erfolgte als Konsequenz des letzten Abschnitts: Während die Behauptung eines autonomen informellen Sektors auf den Nachweis seiner weitgehenden Abkopplung vom „regulären" wirtschaftlichen Geschehen angewiesen ist, stellt sich der chilenische Fall anders dar. In einem weitgehend deregulierten Arbeitsmarkt und bei einer in erster Linie auf die Flexibilisierung der Arbeitskräfte ausgerichteten Arbeitsgesetzgebung verflüssigt sich die Trennung zwischen formeller und informeller Beschäftigung und verliert im selben Maße an sozialer Durchschlagskraft. Wenn man so will, informalisiert sich die gesamte Ökonomie, und die sozialen Unterschiede zwischen formellen und informellen Arbeitern nehmen – freilich auf insgesamt geringem Niveau – ab.

4.6.3 Operationalisierung von Berufs- und Bildungskategorien

Auf der Basis des Datensatzes der Universidad de Chile läßt sich eine sinnvolle Operationalisierung des gerade vorgeschlagenen Modells von Klassenlagen vornehmen. Zunächst werden die Beschäftigten danach unterschieden, ob sie selbständig oder abhängig erwerbstätig sind. Innerhalb der Selbständigen wird weiterhin nach Klein- und Großunternehmern differenziert, wobei sich die Grenzziehung nach der Anzahl der beschäftigten Mitarbeiter richtet. Erreicht sie mindestens 10, erfolgt die Zuordnung zu den Großunternehmen, falls nicht, zu den Kleinunternehmen. Formell unabhängig Erwerbstätige, die jedoch keinerlei Arbeitskräfte beschäftigen, werden in dieser Klassifikation nicht gesondert erhoben und somit stillschweigend den abhängig Beschäftigten zugeschlagen.[118] In bezug auf die abhängig Beschäftigten läßt diese Verteilung

---

[118] Dies betrifft vor allem die schon behandelten Kleinstunternehmer im Zirkulationsbereich.

eine dreigliedrige Kategorisierung nach Entscheidungsressourcen innerhalb des Arbeitsprozesses und Qualifikationskriterien zu. Je nachdem, ob man einen hohen, mittleren oder niedrigen Bildungsabschluß hat, erfolgt die Einordnung in den oberen, mittleren oder unteren Raum.

ABB. 4.2: KLASSIFIKATION DER BERUFE

Bezeichnung der Klasse bzw. Berufsgruppe	Beschreibung der Klasse bzw. Berufsgruppe	Zusammensetzung der Berufsgruppen gemäß dem Schlüssel der Universidad de Chile
Großunternehmer (Man.)	Unternehmer mit mehr als 10 Mitarbeitern, sei es in Industrie, Agrikultur, Handel oder Dienstleistung	10/11
Kleinunternehmer (KU)	Unternehmer mit 1-9 Mitarbeitern	20/30/40
Oberer Raum	Alle hochqualifizierten Berufe	Prof., Ing.
Professionen (Prof.)	Hochqualifizierte Berufe mit nicht-naturwissenschaftlicher Ausrichtung, z.b. höhere Positionen in der öffentlichen Verwaltung, Professoren, Bibliotheksleiter, Sozialwissenschaftler	01
Ingenieure (Ing.)	Hochqualifizierte Fachkräfte zur Lösung naturwissenschaftlicher Probleme, z.B. Ingenieure, Mediziner, Chemiker	00/02
Mittlerer Raum	Alle Berufe, die 1972 überwiegend einen mittleren Bildungsabschluß erforderten	QMB, QZB, QDB
Qualifizierte Zirkulationsberufe (QZB)	Berufe mit mittleren und höheren verwaltenden und distributiven Funktionen	23/24/32/33/34
Qualifizierte Dienstleistungsberufe (QDB)	Arzthelfer, Krankenschwestern, Laborhilfen, Fotographen, Choreographen, Sportler, hochqualifiziertes privates Dienstleistungspersonal	03/04/05/06/07/25/ 41/45/48/54
Qualifizierte manuelle Berufe (QMB)	Qualifizierte Tätigkeiten im industriellen und agrarischen Bereich, z.b. Maschinen- und Transportführer, Feinmechaniker, Elektriker, Metallveredler	51/53/62/63/65/71/ 72/73/74/77
Unterer Raum	Alle Berufe, die 1972 überwiegend auch mit einfacher Bildung zugänglich waren	EZB, EDB, EMB
Einfache, in der Zirkulation angesiedelte Berufe (EZB)	Relativ unqualifizierte Büro- und Handelsberufe, z.B. Schreibkräfte	21/22/31
Einfache Dienstleistungsberufe (EDB)	Vor allem private Dienstleistungen wie Koch, Haushaltshilfe, Friseur	42/43/44/46/47/52/55
Einfache manuelle Berufe (EMB)	Berufe im industriellen oder agrikulturellen Bereich, die nur geringe Qualifikationen erfordern	50/60/61/64/66/67/68/ 69/70/75/76/78/79

Die Berufsposition wird in der hier verwendeten Umfrage per Interview erhoben, d.h. sie beruht auf Selbsteinstufungen der Interviewten in insgesamt 80 vorgegebene Berufskategorien. Diese werden im nächsten Schritt nach den oben genannten gesellschaftstheoretischen Kriterien zu insgesamt 10 Klassen bzw. Berufsgruppen aggregiert. Dies erfolgt unter der Zielsetzung, sie hinsichtlich ihrer durchschnittlichen schulischen und beruflichen Vorbildung möglichst homogen zu bilden. Bei den Aufgabengebieten wurden die Tätigkeitsbereiche Produktion, Zirkulation und Dienstleistung voneinander unterschieden.

Die Operationalisierung von Bildungsabschlüssen wurde dadurch erleichtert, daß es in Chile – ähnlich wie in vielen Ländern Europas – eine relativ strikte Dreigliederung der Bildungsabschlüsse gibt. Ein Vergleich ist möglich anhand der im Bildungssystem absolvierten Jahre: Die *Enseñanza Básica* umfaßt bis zu acht Jahre Grundbildung. Diese Bildungsabschlüsse werden im folgenden als *niedrige Bildungsabschlüsse* behandelt. Darauf baut häufig eine zumeist vierjährige berufsqualifizierende Ausbildung auf; *Enseñanza Media*, sei es als *Comercial, Industrial, Agrícola, Normal* oder ähnliches. Alle, die auf neun bis zwölf Jahre im Bildungs- und Ausbildungssystem zurückblicken, werden als Inhaber *mittlerer Bildungsabschlüsse* eingestuft. Schließlich besteht die Möglichkeit, diese Abschlüsse in einer Art Fachhochschulabschluß zu spezialisieren (13. und 14. Bildungsjahr), und/oder einen akademischen Bildungsweg einzuschlagen (15. Bildungsjahr und mehr). Alle soziale Akteure mit mindestens 13 Bildungsjahren gelten als mit *höheren Bildungsabschlüssen* ausgestattet.

4.7 Quantitative Verteilung der Erwerbsbevölkerung auf den sozialen Raum 1972 bis 1994

Tab. 4.15 zeigt die Veränderungen der chilenischen Klassen- und Berufsstruktur zwischen 1972 und 1994. In diesem Zeitraum hat sich die Zahl der erwerbstätigen Bevölkerung in Santiago (N) mehr als verdoppelt. Über den gesamten Untersuchungszeitraum hinweg sind gut 10 % selbständig, während etwa 90 % der Bevölkerung mehr oder weniger ausschließlich vom Verkauf der eigenen Arbeitskraft leben muß. Der bereits von Martínez & Tironi beobachtete Zuwachs der Unternehmerklasse hat sich bis in die 90er Jahre hinein fortgesetzt (auf über 2 %) und schwächt sich erst zum Jahre 1994 wieder ab. Auf der anderen Seite hat sich der Anteil der Kleinunternehmer bei knapp 10 % eingependelt.[119] Damit können die Ergebnisse von Martínez & Tironi in allgemeiner Form bestätigt werden: Der Strukturwandel der 70er und

---

[119] Es muß allerdings eingeräumt werden, daß von der Zunahme der als Unternehmer deklarierten Personengruppe nicht auf eine Dezentralisierung des „gesellschaftlichen Gesamtkapitals" geschlossen werden kann, denn dazu ist die Trennung bei 10 Mitarbeitern viel zu ungenau. Es bedarf schon einer Spezialstudie des Unternehmertums, um die Unterschiede in der sozialen Lage und dem gesellschaftlichen Einfluß zwischen einem international operierenden Kapitalkonsortium und einem mittelständischen Unternehmen mit 15 Beschäftigten herauszuarbeiten.

80er Jahre hat nicht, wie von einigen Klassentheoretikern der 60er Jahre prognostiziert, zur Verminderung selbständiger Beschäftigung geführt. Auch die Kleinunternehmer behaupteten ihren Anteil im Berufsspektrum. Weder „proletarisierte" es sich, noch stieg es in nennenswerter Weise zum Großbürgertum auf.

TAB. 4.14: DER RAUM DER BERUFSPOSITIONEN: QUANTITATIVE VERTEILUNG DER ERWERBSTÄTIGEN BEVÖLKERUNG AUF SOZIALE KLASSEN

Beschäftigungsposition	1972	1976	1982	1986	1990	1994
Man.	**1,0**	**1,4**	**1,4**	**1,7**	**2,5**	**2,3**
KU	**10,5**	**10,0**	**9,7**	**8,4**	**8,8**	**9,3**
Oberer Raum	**6,2**	**7,3**	**9,0**	**11,6**	**11,8**	**13,4**
Prof.	3,9	3,9	5,0	6,6	7,2	7,2
Ing.	2,3	3,4	4,0	5,0	4,6	6,2
Mittlerer Raum	**37,8**	**35,0**	**36,6**	**33,0**	**34,6**	**35,4**
QZB	7,8	7,2	12,4	9,5	9,3	9,4
QDB	16,5	14,9	12,4	11,4	12,3	12,5
QMB	13,5	12,9	11,8	12,1	13,0	13,5
Unterer Raum	**44,5**	**46,2**	**43,3**	**45,3**	**42,3**	**39,6**
EZB	7,8	8,2	9,8	9,3	8,9	11,2
EDB	16,1	20,6	19,8	20,4	17,7	14,6
EMB	20,6	17,4	13,7	15,6	15,7	13,8
Gesamt	**100**	**100**	**100**	**100**	**100**	**100**
N (Tsd.)	972	1.009	1.069	1.335	1.613	2.001

Quelle: Universidad de Chile

Was die Veränderungen bei den abhängig Beschäftigten anbelangt, so läßt der Datensatz weitaus differenziertere Beobachtungen zu. Zunächst wird die These von der Umkehr der Deindustrialisierungstendenz der 60er und 70er Jahre bestätigt: Zwar verliert der „Produktionssektor" (QMB und EMB) ausgehend von 1972 stark an Gewicht und geht von 34,1 % auf 27,3 % (1994) zurück. Seit dem Tiefstwert von 1982 ist aber wieder eine ansteigende Tendenz zu beobachten. Innerhalb des manuellen Arbeitsbereichs kommt zudem eine Verlagerung in Richtung höherer Bildung zum Vorschein: War noch 1972 die große Mehrheit der manuellen Arbeiter schlecht qualifiziert, so weisen 1994 mittelmäßig und niedrig qualifizierte manuelle Arbeiter fast den gleichen Anteil auf. Im qualifizierten Bereich ist die Reindustrialisierung bereits abgeschlossen, denn der Anteil von QMB ist 1994 wieder derselbe wie 1972.

Die Verminderung der produktiven Kapitalfunktionen insgesamt findet ihre Entsprechung in der Zunahme der Zirkulationstätigkeiten: QZB und EZB bauen ihren Anteil von 15,6 auf 20,6 % aus, wobei interessanterweise im schlecht qualifizierten Bereich mehr Beschäftigung als im besser qualifizierten Spektrum geschaffen wurde. Die Quote des Dienstleistungsbereichs (QDB und EBD) bleibt bis 1982 bei einem Drittel der Beschäftigten stabil und reduziert sich bis 1994 auf 27,1 %. Daß dieser Anteil viel geringer ausfällt als in Tab. 4.9, ist nur ein scheinbarer Widerspruch mit den vorhergegangenen Ergebnissen. Denn jetzt wird die Marxsche Definition von „Dienst" zugrunde gelegt, weshalb sich der größte Teil der zuvor als „marktorientierte Dienste" ausgewiesenen Berufe nunmehr im Zirkulationsbereich wiederfindet. Weiterhin tauchen jetzt alle hochqualifizierten Tätigkeiten im „oberen Raum" auf, und schließlich sind in Tab. 4.15 auch die Selbständigen extra berücksichtigt, so daß die Anteile aller Lohnabhängigenrubriken kleiner werden. Auf diese Weise bestätigt und präzisiert die klassentheoretische Perspektive die früheren Beobachtungen: Seit 1982 ist es zu einer Umkehrung der sektoralen Entwicklung gekommen, die sich in einer Zunahme der produktiven Kapitalfunktionen zu Lasten der Dienste ausdrückt. Die in der Zirkulation angesiedelten Berufe erlebten ihren Aufschwung bereits während des Kredit- und Spekulationsbooms zwischen 1976 und 1982. Ihr Anteil liegt aber auch 1994 noch deutlich über dem von 1972.

Innerhalb des Dienstleistungssektors verlaufen die Entwicklungen im qualifizierten und schlecht qualifizierten Bereich entgegengesetzt. Bis kurz nach der Krise (1986) nehmen die unqualifizierten Dienstleistungen, die zu einem Großteil aus den einfachen privaten Diensten wie Haushaltshilfe oder Schuhputzer bestehen, anteilsmäßig zu, um dann, mit der Erholung der Ökonomie, auf den im Rahmen des Vergleichszeitraumes niedrigsten Stand von 14,6 % (1994) zurückzufallen. Der qualifiziertere Teil dieses Arbeitszusammenhangs (z.B. Arzt- oder Laborhilfen) fiel dagegen bis 1986 den Rationalisierungen und dann der Krise zum Opfer. Mit der Restrukturierung des Wirtschaftsgefüges sind diese Berufe wieder zunehmend gefragt. Trotzdem liegt ihre Quote aber immer noch um 3 % und damit unter der von 1972. Es waren somit nicht in erster Linie die hochqualifizierten Tätigkeiten, die im Dienstleistungsbereich überlebten, sondern eher die sogenannten „bad jobs", die keinerlei Qualifikation erfordern und nur geringe Verdienste einbringen (vgl. Abschnitt 9).

Betrachten wir nun die klassenübergreifenden Verschiebungen innerhalb des Spektrums der lohnabhängigen Beschäftigung, so ist die Zunahme der „Oberklassen", also derjenigen, die mit akademischer Bildung ausgestattet sind und über leitende Positionen im Arbeitsprozeß verfügen, enorm. Ihr relativer Anteil hat sich bis 1994 mehr als verdoppelt, und absolut legte diese Beschäftigungsgruppe mehr als dreifach von rund 75 Tsd. auf 270 Tsd. zu. Im gleichen Zeitraum nahm die Quote der schlechtqualifizierten und im Arbeitsprozeß weitgehend einflußlosen unteren Klassen um 5 % ab, während der mittlere Raum relativ stabil blieb. Der Strukturwandel hat also tendenziell einfache, in erster Linie manuelle und Dienstleistungtätigkeiten reduziert und im gleichen Maße Berufe, die mittlere und vor allem hohe Ausbildungszeiten erfordern, geschaffen. Man kann von einer „Intellektualisierung" des Arbeitskörpers sprechen, da das Beschäftigungssystem in immer höherem Maße qualifizierte Tätigkeiten nachfragt. Dies hat natürlich einerseits Rückwirkungen auf das Bildungssystem, das dieses Angebot an gutausgebildeten Arbeitskräften hervorzubringen hat, und andererseits müssen sich die Bildungsstrategien der sozialen Akteure auf die neue Zeit einstellen. Der nächste Abschnitt untersucht daher die „Erfolgsquoten" bestimmter Bildungsinvestitionen oder, mit Bourdieu gesprochen, das Wechselspiel von Titel und Stelle.

Zunächst gilt es jedoch, die bisherigen Ergebnisse durch die geschlechtsspezifische Perspektive zu differenzieren. Tab. 4.16 und Tab. 4.17 zeigen (N), daß das Beschäftigungssystem zu zwei Dritteln aus Männern und nur zu einem Drittel aus Frauen besteht. Wenn sie denn beschäftigt sind, dann sind sie in fast allen attraktiven Berufspositionen unterrepräsentiert: Nur 7,6 % gehen einer selbständigen Beschäftigung nach, während dies für fast 14 % der Männer gilt. Dabei ist insbesondere hervorzuheben, daß der Anteil der Managerinnen nur einmal (1990) ein halbes Prozent übersteigt, während der entsprechende Männeranteil bis auf über 3 % ansteigt.

TAB. 4.15: DER RAUM DER BERUFSPOSITIONEN: MÄNNER

Beschäftigungsposition	1972	1976	1982	1986	1990	1994
Man.	**1,7**	**2,0**	**2,1**	**2,6**	**3,6**	**3,1**
KU	**13,0**	**12,1**	**10,8**	**10,8**	**10,4**	**10,7**
Oberer Raum	**6,2**	**6,9**	**8,6**	**10,3**	**10,9**	**13,5**
Prof.	3,3	2,7	3,5	4,0	5,4	5,3
Ing.	2,9	4,2	5,1	6,3	5,5	8,2
Mittlerer Raum	**44,4**	**39,4**	**43,1**	**40,5**	**42,5**	**42,3**
QZB	7,5	7,6	13,1	10,1	9,8	9,1
QDB	16,3	13,3	12,1	11,7	12,4	11,6
QMB	20,6	18,5	17,9	18,7	20,3	20,6
Unterer Raum	**34,7**	**39,6**	**35,4**	**35,7**	**32,5**	**31,4**
EZB	6,0	6,5	7,2	5,7	4,8	6,9
EDB	6,6	15,1	11,8	12,9	9,4	8,4
EMB	22,1	18,0	16,4	17,1	18,3	16,1
Gesamt	**100**	**100**	**100**	**100**	**100**	**100**
N (Tsd.)	600	658	659	813	979	1.238

Quelle: Universidad de Chile

Besonders kennzeichnend ist die Verteilung im unteren Raum, der ja insgesamt eine abnehmende Tendenz aufweist und in den 90er Jahren bei etwa 40 % der Gesamtbeschäftigung liegt. Der Männeranteil an diesen unattraktiven Beschäftigungspositionen beträgt relativ stabil zwischen 31 und 34 %, während die Quote der Frauen noch 1986 über 60 % aufwies, um dann bis 1994 auf 51,9 % zurückzugehen: Die Arbeiterklasse ist – wie in vielen anderen Ländern – vor allem eine Arbeiterinnenklasse. Es lohnt sich, die innere Struktur dieses unteren Beschäftigungsspektrums ein wenig genauer zu untersuchen. Eine Männerdomäne stellen die manuellen Tätigkeiten dar. Waren 1972 noch zwei Drittel aller im einfachen Arbeitsbereich tätigen Männer hier beschäftigt, so beträgt dieser Anteil 1994 immer noch deutlich über 50 %. Jede dritte Frau insgesamt und jede zweite aus dem unteren Raum mußte dagegen bis in die 90er Jahre hinein im einfachen Dienstleistungsbereich arbeiten (EDB). Diese Berufsgruppe bestand 1990 zu 77 % aus *empleadas domésticas*.[120] Mit anderen Worten, noch zu

---

[120] Nichts könnte die geschlechtsspezifische Überlagerung des chilenischen Arbeitsmarktes trefflicher ausdrücken als die Zahl der *Empleados Domésticos*: Insgesamt konnten 1990 ganze 395 maskuline Hausperlen gezählt werden; dies entspricht 0,04 % aller männlichen Beschäftigten.

Beginn dieser Dekade haben 151 Tsd. von 633 Tsd. aller einer Lohnarbeit nachgehenden Frauen als Haushaltshilfe gearbeitet.

TAB. 4.16: DER RAUM DER BERUFSPOSITIONEN: FRAUEN

Beschäftigungsposition	1972	1976	1982	1986	1990	1994
Man.	**0,1**	**0,3**	**0,3**	**0,4**	**0,8**	**0,4**
KU	**6,4**	**6,1**	**7,6**	**4,6**	**6,3**	**7,2**
Oberer Raum	**6,2**	**8,1**	**9,8**	**13,6**	**13,1**	**13,5**
Prof.	5,0	6,3	7,6	10,5	10,0	10,2
Ing.	1,2	1,8	2,2	3,1	3,1	3,3
Mittlerer Raum	**27,2**	**26,7**	**26,2**	**21,1**	**22,2**	**26,9**
QZB	8,4	6,4	11,2	8,6	8,6	10,0
QDB	16,9	17,9	13,1	10,9	12,1	14,9
QMB	1,9	2,4	1,9	1,6	1,5	2,0
Unterer Raum	**60,1**	**58,8**	**56,1**	**60,3**	**57,6**	**51,9**
EZB	10,6	11,5	13,9	15,0	15,3	18,5
EDB	31,3	31,0	32,6	32,2	30,6	23,3
EMB	18,2	16,3	9,6	13,1	11,7	10,1
Gesamt	**100**	**100**	**100**	**100**	**100**	**100**
N (Tsd.)	**372**	**351**	**409**	**521**	**633**	**762**

Quelle: Universidad de Chile

Diese Verteilungslogik der geschlechtsspezifischen Arbeitsteilung auf die drei Arbeitsarten findet sich auch im mittleren Raum. Bei den Männern ist fast jeder zweite im manuellen Bereich beschäftigt, während dies nur für jede dreizehnte Frau gilt. Mehr als die Hälfte der Frauen sind auch hier im Dienstleistungsbereich tätig. Die einzige Entwicklung, die Frauen und Männer fast gleichermaßen zu betreffen scheint, ist die der langsamen Zunahme der qualifizierten Zirkulationsfunktionen (QZB): In etwa 10 % beider Geschlechter waren 1994 damit befaßt.

Erfreulich ist schließlich, daß die Frauen in der *Inteligencia*, also der akademische Bildungsgänge voraussetzenden Oberklasse, gleichermaßen repräsentiert sind wie die Männer. Für beide Geschlechter hat sich der Anteil bis 1994 mehr als verdoppelt, und diese steigende Tendenz dürfte anhalten. Gleichwohl findet man aber auch in diesem einflußreichen Berufsspektrum die soeben skizzierte geschlechtsspezifische Arbeitsteilung wieder, denn die Männer sind 1994 zu zwei Dritteln in den eher naturwissenschaftlich ausgerichteten Berufsfeldern engagiert (Ing.), während dies nur für ein Drittel der Frauen zutrifft. Diese finden wir viel häufiger als *profesionales* in den eher sozialwissenschaftlichen Betätigungsbereichen (Prof.): höhere Verwaltungstätigkeiten, *asistentes sociales*, Bibliotheksleiterinnen, Psychologinnen etc.

4.8 Bildung und Bildungskapital

In diesem Abschnitt drehen wir gewissermaßen den Spieß um und fragen aus der Sicht der Akteure, wieviel eine einmal unternommene Bildungsinvestition im Beschäftigungssystem und damit im sozialen Raum eigentlich wert ist. Ob man sich dessen bewußt ist oder nicht, man ist gleichsam einem (stets ungleichen) Wettlauf um die einflußreichsten ökonomischen und gesellschaftlichen Positionen unterworfen, und nahezu jede Handlung, die wir ausführen, ist dazu angetan, unsere Position in diesem Wettbewerb zu beeinflussen. Investitionen in Bildung sind dabei von besonderem strategischen Stellenwert. So kann man, in relativ mobilen Gesellschaften, für eine geringe Aufenthaltsdauer im formellen Bildungssystem optieren und sich nach dem Learning-by-doing-Prinzip, also durch Anlernen und Weiterbildung, durchschlagen. Dies führt allerdings in fortgeschrittenen Gesellschaften, deren Ökonomien, wie die chilenische, einen gewissen Entwicklungsstand erreicht haben, nicht allzu weit. In diesen ist das Erreichen einer einflußreichen Position in der Berufs- und Klassenstruktur normalerweise an eine längere allgemeinqualifizierende und zum selbständigen Denken und Handeln anleitende Bildung gebunden. Damit hängt die Reproduktion der sozialen Herrschaft zusammen, denn in der Regel können sich nur die Angehörigen der oberen Klassen eine solch kostspielige und auf längere Sicht angelegte Investition in Bildungskapital leisten.

Dieser Zusammenhang zwischen dem erworbenen Bildungsniveau und der dann erreichten Position in der Beschäftigungs- und Klassenstruktur geht aus Tab. A.1 bis Tab. A.6 des Anhangs hervor. Betrachten wir zunächst die Entwicklung der Bildungsabschlüsse für sich genommen (vgl. jeweils die Kopfzeile der Tabellen), so hat der Anteil der niedrigen Bildungsabschlüsse (bis zu acht Jahren Schulbildung) ab 1972 ständig abgenommen und ging von 50,7 % (1972) über 39,5 % (1982) bis auf 22,7 % (1994) zurück. Gleichzeitig erhöhte sich die Quote der mittleren Abschlüsse (neun bis zwölf Jahre Bildung) von 34,8 % über 46,2 % auf 56,3 % und die der höheren Abschlüsse von 14,5 % auf 21,0 % (ab 13 Jahre Bildung). Dabei ist insbesondere hervorzuheben (Tab. A.7 bis A.18), daß diese Intellektualisierung des Arbeitskörpers geschlechtsunspezifisch verlaufen ist. Mehr noch: Der Anteil der schlechtqualifizierten erwerbstätigen Frauen ist 1994 mit 20,9 % sogar deutlich geringer als der der Männer mit 23,8 % (Tab. A.12 und Tab. A.18). Diese Zahlen bestätigen und differenzieren die bereits in Kapitel 2.3 gewonnene Ansicht, daß die von den verschiedenen Reformregierungen dieses Jahrhunderts durchgeführte Bildungspolitik mit der Militärregierung kein jähes Ende fand. Sie fror die Bildungsausgaben zwar auf dem Stand der 70er Jahre ein, übertrug aber einen beträchtlichen Teil der Sekundärbildung auf den privaten Sektor. Insgesamt hat sich das Bildungsniveau weiterhin beträchtlich erhöht.

Eine völlig andere Frage ist aber, ob sich ein einmal erworbenes Bildungskapital in ökonomisches Kapital, sprich: eine in den höheren Regionen des Beschäftigungssystems angesiedelte Position, ummünzen läßt. Mit Blick auf Europa hat Pierre Bourdieu dieses „Transformationsproblem" von kulturellem in ökonomisches Kapital mit dem Begriff der „Titelinflation" belegt: Im Laufe der Bildungsexpansion erhöht sich die Zahl der höheren Bildungsabschlüsse ständig, was mitunter dazu führt, daß etwa ein Hochschulabschluß nicht mehr wie selbstverständlich den Weg in die von allen Inhabern dieses Titels erstrebten höheren Positionen im Raum ebnet. Wie eng der Zusammenhang zwischen Bildungsniveau und Beschäftigungsposition in Chile ist, wird im folgenden erforscht.

Zwei Drittel der Inhaber geringer Bildung arbeiteten zwischen 1972 und 1994 auch in den einfachen Berufsbereichen (Tab. A.1 bis Tab. A.6). Der Aufstieg in die mittleren Berufspositionen gelang immerhin noch rund 25 %, allerdings so gut wie keinem in die oberen Bereiche. Besitzer mittlerer Berufsabschlüsse (9-12 Jahre im Bildungssystem) erreichten in etwa 50 % der Fälle Berufe, die auch in der Hierarchie der Entscheidungsbefugnis im Arbeitsprozeß im Mittelfeld anzusiedeln sind. Es ist bemerkenswert, daß die Quote der Aufsteiger in den oberen Raum mit fast durchweg weniger als einem Prozent so gering und die der Absteiger so hoch ist: Betrug sie 1972 noch gut 29 %, so stieg sie bis 1990 auf über 41 % an. Absolventen höherer Bildungsgänge landen in bis zu zwei Dritteln und nie unter 50 % der Fälle in den ihnen gesellschaftlich zugeschriebenen Berufsfeldern. Der Anteil der Absteiger ist 1972 mit 39,8 % ebenfalls sehr hoch, nimmt aber tendenziell ab und beträgt 1994 nur noch gut 20 %. Damit ist die Wahrscheinlichkeit, Berufspositionen zu erlangen, die denen ihres Bildungsniveaus entsprechen, für die Inhaber akademischer Abschlüsse gestiegen, während sie für die Besitzer mittlerer Abschlüsse geringer geworden ist. In Chile gibt es damit eine relativ hohe Mobilität zwischen dem unteren und mittleren Raum und eine hohe, an akademische Bildungsgrade gebundene Zutrittsbarriere zum oberen Raum. Schließlich zeigen die Verteilungen aller Jahre, daß der Anteil der Großunternehmer mit dem Bildungsgrad steigt, während Kleinunternehmer zumeist über mittlere Bildungsgrade verfügen.

Der Zusammenhang zwischen Bildungs- und Beschäftigungsposition ist über den gesamten Zeitraum hinweg deutlich ausgeprägt, und das sich ständig ausweitende Angebot an höherer Bildung fand tendenziell seine entsprechende Nachfrage seitens des Beschäftigungssystems. Die „Titelinflation" betrifft vor allem die Inhaber mittlerer Bildungszertifikate, die mit diesen Abschlüssen längst nicht mehr Berufspositionen gleichwertigen Ranges für sich reklamieren können wie noch 1972. Im Akademikerspektrum gibt es zwar auch eine beträchtliche Absteigerquote[121], diese nimmt

---

[121] Diese liegt übrigens deutlich unter der Deutschlands, wo über 55 % der Bildungsspitzen eine „nur" im mittleren und unteren Bereich angesiedelte Beschäftigungsposition einnehmen (vgl. Koch 1994: 138f.).

jedoch ab. Zudem sind Phänomene wie Akademikerarbeitslosigkeit in Chile ziemlich unbekannt. Im Gegenteil, es finden hier sogar viele *profesionales* aus anderen lateinamerikanischen Staaten einen ihrer Ausbildung adäquaten Job.

Fassen wir die empirischen Ergebnisse zusammen, so ist die Möglichkeit, höhere Berufs- und Klassenpositionen und den damit verbundenen gesellschaftlichen Einfluß zu erreichen, eng mit den in Bildungskapital getätigten Investitionen verwoben. Auch in Chile verändern die sozialen Akteure ihre Positionen nicht aufs Geratewohl, sondern in Abhängigkeit von Bildungskarrieren, die ihrerseits direkt mit der sozialen Herkunft in Verbindung stehen: Man darf nicht vergessen, daß insbesondere der Besuch der höheren Bildungsgänge in Chile fast immer selbst finanziert werden muß. Zwar liegen keine Zahlen zur intergenerationalen Mobilität vor. Es läßt sich aber vermuten, daß die steigende Anzahl der höheren Bildungsabschlüsse nicht mit einer Öffnung zu höherer Bildung für die gesamte Gesellschaft gleichgesetzt werden kann, sondern vor allem für bestimmte, ehedem privilegierte Klassen und Schichten, die sich anläßlich des ökonomischen Strukturwandels veranlaßt sahen, die Reproduktionsweise ihres ökonomischen Kapitals zu verändern: vom direkt familial vererbten Modus zur stärker über das Bildungssystem vermittelten Übertragungsart.

Aus den diskutierten Tabellen geht hervor, daß die Ausstattung mit Bildungskapital eine notwendige Bedingung für das Erreichen allgemein erstrebter Berufs- und Klassenpositionen darstellt. Insbesondere im Hinblick auf den Zugang zum oberen Raum erweist sich der Bildungsabschluß als geradezu unüberwindbare (Klassen)barriere. Andererseits indizieren die relativ hohen Absteigerwerte von Inhabern mittlerer und – mit den genannten Abstrichen – von hoher Bildung, daß die tatsächliche Erlangung von Spitzenpositionen über eine akademische Bildung hinaus an intermittierende Faktoren geknüpft sein muß, von denen im folgenden die Geschlechtszugehörigkeit kontrolliert wird.

Erst wenn dies geschieht, tritt der Zusammenhang zwischen Bildungskapital und Beschäftigungsposition in seiner vollen sozialen Brisanz zutage, denn die Klassen- und Berufspositionen der Männer liegen bei gleichem Bildungsniveau (siehe oben) durchweg über denen der Frauen. Im einzelnen weisen alle Verteilungen der hier herangezogenen Jahre bei den Männern eine direktere Prägung der Berufsposition durch Bildungskapital als auf Gesamtniveau aus (Tab. A.7 bis Tab. A.12) – ein Zusammenhang, der sich im Laufe der Zeit noch verengt: Arbeiteten noch 1972 56,2 % der männlichen Inhaber niedriger, 55,4 % der mittleren und 52,0 % der höheren Bildungsabschlüsse in den mit ihnen korrespondierenden Berufsbereichen, so betrugen die entsprechenden Werte 1994 58,0 %, 57,2 % und 61,7 %. Die Bildungsexpansion führte bei den Männern nicht zu einer erleichterten individuellen Mobilität, sondern trug dazu bei, die ehedem durch die Bildung induzierten sozialen Unterschiede beim Zugang zum Arbeitsmarkt noch zu vertiefen.

Ganz im Gegensatz zu den Männern bietet einzig eine akademische Ausbildung den chilenischen Frauen einen wirksamen Schutz vor dem Abstieg in die einfachen

Berufsbereiche (Tab. A.13 bis A.18). Zunächst muß der Aufstieg einer Inhaberin geringer Bildungsressourcen in mittlere und höhere Berufsbereiche als außerordentlich unwahrscheinlich gelten (die entsprechende Quote nimmt im Jahresvergleich ständig ab und liegt 1994 bei gerade noch 5,7 %, während dieselbe Wahrscheinlichkeit für Männer in diesem Jahr knapp 36 % beträgt). Noch kennzeichnender für die geschlechtsspezifische Segmentation des chilenischen Arbeitsmarktes ist jedoch der Befund, daß die Zahl der Inhaberinnen von mittlerem Bildungskapital, die trotzdem in den einfachen Berufsbereichen arbeiten müssen, bis 1990 auf 58,8 % ansteigt und damit in etwa doppelt so hoch liegt wie bei den Männern.

Tragen wir die empirischen Ergebnisse zusammen, so zeichnen wir ein Bild eines immer mehr von höherer Bildung geprägten sozialen Raumes. Dies hat mehrere Gründe. Zunächst erfordert die Weltmarktintegration zunehmend einen leistungsfähigen und qualifizierten Arbeitskörper und produziert so eine steigende Nachfrage des Beschäftigungssystems nach höherer Bildung. Zweitens kann ökonomisches Kapital in Zeiten internationaler Kapitalbeteiligung und Konkurrenz nicht mehr so einfach wie noch zu Latifundien- und Importsubstitutionszeiten ohne Wertverlust in die nächste Generation vererbt werden. Seine Reproduktion bedarf vielmehr einer spezifischen Arbeit, die in Investitionen in höhere Bildungsgänge – gerade auch im Ausland[122] – besteht. Läßt sich also durchaus von einem Durchschlag des ökonomischen Strukturwandels auf das Bildungsverhalten sprechen, so muß sogleich eingeschränkt werden, daß diese Aussage in vollem Maße nur für Männer gilt. Frauen müssen schon eine akademische Bildung einschlagen, wenn sie einigermaßen sicher sein wollen, eine interessante und Identifikation stiftende Arbeit zu erhalten. Neben der „modernen" Anpassung des Bildungsverhaltens an die globalisierte Volkswirtschaft, überleben die traditionellen, das heißt in diesem Fall: diskriminierenden Muster des geschlechtsspezifischen Zugangs zum Arbeitsmarkt.

4.9 Klassen- und Berufspositionen und gesellschaftliche Einkommensverteilung

In diesem Abschnitt geht es um den Zusammenhang von Klassenlage und Einkommenshöhe. Das hier vorgeschlagene Klassen- und Berufsstrukturmodell soll im Sinne von Abschnitt 6 dann als im großen und ganzen bestätigt gelten, wenn erstens, in bezug auf die Produktionsmittelbesitzer, das Kriterium „Mitarbeiterzahl" zu signifi-

---

[122] Die spezifische Form der Kapitalreproduktion der reichsten Familien Chiles zu untersuchen, wäre eine qualitative Studie wert. Leider liegt keine entsprechenden Untersuchung vor. Es ist aber in Santiago eine Alltagsweisheit, daß viele Familien, die auch nur ein Minimum an Geld zurücklegen können, dieses in die Ausbildung ihrer Söhne stecken. Wer mehr davon hat, schickt seinen Junior zum „Master" in die USA.

kanten Einkommensunterschieden zwischen Groß- und Kleinunternehmern führt, und zweitens innerhalb der Lohnabhängigen eine Abstufung des Einkommens gemessen wird, die der der Entscheidungs- und Bildungsressourcen homolog ist.

Die Universidad de Chile erhebt lediglich das Einkommen aus den Berufen, unter denen die Erwerbstätigen klassifiziert worden sind.[123] Das Gesamteinkommen pro Kopf speist sich natürlich auch aus anderen Quellen wie staatlichen Transfers oder Vermögenseinnahmen. Letzteres spielt vor allem in der besitzenden Klasse eine Rolle, weshalb die für die „Manager" (Man.) ausgewiesenen Dollarzahlen ein falsches Bild von den wirklichen Einkommensdisparitäten innerhalb dieser ja zu grob erhobenen Klasse (siehe 4.6.3) vermitteln: In Wirklichkeit gibt es im heutigen chilenischen Kapitalismus Chiles durchaus Dollar-Milliardäre, die ihr Einkommen nur zu einem verschwindenden Bruchteil aus „Erwerbsarbeit" im Beschäftigungssystem beziehen und vielmehr aus Zinsen, Tantiemen, Abschreibungen etc. von Konten, die über den gesamten Globus verteilt sind.

Mit dieser Einschränkung zeigt Tab. 4.17 die Verteilung des individuellen Arbeitseinkommens auf die in Abschnitt 6 vorgeschlagenen Klassenlagen. Sehen wir zunächst auf das nach den relativen Anteilen der einzelnen Klassen und Berufsgruppen gewichtete, gesellschaftliche Durchschnittseinkommen (unterste Zeile), so verläuft seine Entwicklung direkt konjunkturzyklisch: Die Rezession von 1974/75 brachte einen Einkommensrückgang (1976) und wurde danach durch eine erste Boomphase und einen sich verdoppelnden Durchschnittseinkommenswert abgelöst (1982). Die schwere ökonomische Krise von 1982/83 schlägt ebenfalls vollständig auf die Einkommen durch, was sich bei den hier herangezogenen Vergleichsjahren erst 1986 zeigt. Zwischen 1982 und 1986 reduziert sich das Durchschnittseinkommen um rund 40 %, bevor mit der Erholung der Ökonomie erst in den 90er Jahren das Niveau von 1982 übertroffen wird. Was also das Lohnniveau der 80er Jahre angeht, ist die Rede vom „verlorenen Jahrzehnt" durchaus angebracht.

---

[123] Diese in jedem Jahr per Interview erhobenen individuellen Erwerbseinkünfte sind im nächsten Schritt inflationsbereinigt und auf die reale Kaufkraft von 1994 umgerechnet worden. Sie erscheinen in den Tabellen ausgedrückt als US-$ dieses Jahres. Ich möchte an dieser Stelle der ökonomischen Fakultät der Universidad de Chile für diese Arbeit danken.

TAB. 4.17: KLASSENLAGE UND INDIVIDUELLES ARBEITSEINKOMMEN 1972 BIS 1994 (US-$ VON 1994)

Beschäftigungsposition	1972	1976	1982	1986	1990	1994
Man.	**772**	**996**	**2.090**	**959**	**2.046**	**2.223**
KU	330	336	536	337	562	499
Oberer Raum	**500**	**429**	**932**	**522**	**705**	**654**
Prof.	356	298	632	350	484	589
Ing.	649	579	1317	747	1056	728
Mittlerer Raum	**188**	**131**	**258**	**158**	**234**	**289**
QZB	166	114	252	149	219	304
QDB	232	173	352	211	323	335
QMB	155	112	198	130	181	249
Unterer Raum	**116**	**76**	**151**	**97**	**145**	**199**
EZB	191	135	246	147	196	235
EDB	86	57	130	81	124	179
EMB	115	70	127	89	141	190
Gewichteter Durchschnitt	**170**	**156**	**303**	**193**	**318**	**361**

Quelle: Universidad de Chile

Die Tabelle weist weiterhin aus, daß die in Abschnitt 6 entwickelten Klassenkategorien einen Großteil der Einkommensstreuung erklären können, denn die Einkommensabstände verlaufen homolog mit den theoretischen Annahmen. Zunächst verdienen die Großunternehmer weit mehr als der Durchschnitt und auch als die Kleinunternehmer. Dabei ist es besonders wichtig hervorzuheben, daß die Einkommensabstände sich im Vergleichszeitraum ständig verschärft haben: Verdiente ein Angehöriger der „Unternehmerklasse" 1972 gut sechsmal soviel wie einer des unteren Raumes, so hat sich dieser Abstand bis 1994 auf das Elffache erhöht. Im Vergleich zum Durchschnitt betrug der Faktor des Einkommensabstandes der Großunternehmer 1972 4,5 und 1994 6,1. Auch das Kriterium Mitarbeiteranzahl erweist sich als höchst einkommensrelevant: Gegenüber den Revenuen der Kleinunternehmer haben die Unternehmer mit mehr als 10 Beschäftigten 1972 das 2,3fache, 1994 aber das 4,5fache eingestrichen. Die großen Gewinner von Pinochets „Modernisierungen" waren also die Großunternehmer.

Besonders bemerkenswert ist dabei, daß es gerade die späten 80er und die frühen 90er Jahre waren, die die gravierende Umverteilung des Einkommens von unten nach oben und von lohnabhängigen zu Unternehmerpositionen gebracht haben. Denn noch 1986, als die Strukturkrise gerade überwunden war, hatten die Unternehmer „nur" das Fünffache des Durchschnittseinkommens verdient – kaum mehr als 1972. Diese Krise hat somit zu einer vorübergehenden Nivellierung der Einkommen auf einem sehr niedrigen Niveau geführt. Erst danach, mit dem Übergang zur „aktiven" Weltmarktstrategie (1986-94) spitzten sich die Einkommensabstände so drastisch zu. An diesen scheinen, nebenbei gesagt, die Reformen von der Regierung Aylwin nicht viel geändert zu haben.

Auch im Hinblick auf die abhängig Erwerbstätigen wird das Klassenmodell im großen und ganzen gerechtfertigt, denn die Inhaber akademischer Bildung verfügen über etwa dreimal so hohe individuelle Erwerbseinkommen wie die Repräsentanten des mittleren Raumes und über das Vier- bis Fünffache des unteren Raumes. Anders als beim Vergleich Selbständige/Lohnabhängige spitzen sich die Abstände innerhalb der lohnabhängigen Klassen jedoch nicht zu, sondern bleiben in etwa stabil.

Im oberen Raum stößt man zunächst auf das Soziologen bestens vertraute (und insofern keineswegs Chile-spezifische) Phänomen, daß Akademiker mit naturwissenschaftlich-technischer Orientierung zum Teil das doppelte verdienen wie diejenigen mit geistes- und sozialwissenschaftlichen Ausrichtungen. Auch der Blick auf den mittleren und unteren Raum fördert die pekuniäre Bedeutung des Habens oder Nichthabens von Bildungskapital zutage, denn in allen Berufsrubriken, sei es im produktiven, Dienstleistungs- oder Zirkulationsbereich, finden sich ab dem Jahr 1982 jeweils höhere Einkommenswerte im qualifizierten als im einfachen Spektrum. Besonders einkommensrelevant sind Bildungsschranken im Dienstleistungs- und manuellen Bereich, während dies für den Zirkulationsbereich weniger gilt.

Nicht nur finden wir in diesem Spektrum für die Jahre 1972 und 1976 höhere Werte im einfachen als im qualifizierten Berufszweig; in den 70er und 80er Jahren wird im einfachen Zirkulationsbereich sogar mehr verdient als im qualifizierten manuellen Berufsfeld. Eine Erklärung hierfür könnte darin bestehen, daß sich die politisch gut organisierte chilenische Arbeiterklasse der 60er und frühen 70er Jahre zum großen Teil aus dem produktivem Bereich rekrutierte, und zwar vermutlich über Bildungsschranken hinweg. Diese im Verbund mit den Gewerkschaften und der Unidad Popular zeitweilig hegemoniale Klasse wurde zum Vorreiter der gesellschaftlichen Reformbewegung und damit zugleich zur erklärten Zielscheibe der Militärregierung. Unter dem neuen Regime verlor der industrielle Sektor rasch an Einfluß, während der Finanzsektor einen Aufschwung erlebte. Wurden im industriellen Bereich im Laufe der 70er Jahre massenhaft Arbeitskräfte entlassen und die traditionell starken Gewerkschaften zerschlagen, zog die Zirkulationssphäre viele Arbeitskräfte an, und zwar im qualifizierten wie geringqualifizierten Spektrum, so daß hier auch vergleichsweise gute Vergütungschancen bestanden. Gegen Ende der 80er Jahre erholte sich die Ökonomie von ihrer Strukturkrise, und auch der industrielle Sektor begann wieder, Arbeitskräfte zu absorbieren. Im Verlauf dieser Restrukturierung setzten sich nun Bildungsunterschiede als einkommensbestimmende Variablen immer stärker durch: Der Einkommensabstand zwischen qualifizierten manuellen Arbeitern und den in der Zirkulation Beschäftigten verkürzt sich ab 1982 ständig, und 1994 verdienen erstere erstmals mehr als letztere.

TAB. 4.18: KLASSENLAGE UND INDIVIDUELLES ARBEITSEINKOMMEN 1972 BIS 1994: MÄNNER

Beschäftigungsposition	1972	1976	1982	1986	1990	1994
Man.	**776**	**1.036**	**2.216**	**944**	**2.220**	**2.451**
KU	**365**	**395**	**638**	**403**	**649**	**588**
Oberer Raum	**591**	**556**	**1237**	**715**	**877**	**783**
Prof.	435	390	874	483	597	763
Ing.	683	663	1482	863	1148	795
Mittlerer Raum	**207**	**158**	**332**	**200**	**282**	**317**
QZB	221	150	327	198	342	379
QDB	262	213	464	287	390	386
QMB	164	138	270	155	201	263
Unterer Raum	**147**	**109**	**222**	**118**	**168**	**236**
EZB	211	146	247	132	153	232
EDB	134	104	208	109	172	252
EMB	135	98	220	121	170	229
Gewichteter Durchschnitt	**200**	**218**	**442**	**264**	**420**	**468**

Quelle: Universidad de Chile

Die geschlechtsspezifischen Unterschiede, die sich bezüglich der diversen bisher untersuchten Untersuchungsfelder ergeben haben, lassen auch für die Einkommensverteilung nichts Gutes erwarten (Tab. 4.19 und Tab. 4.20). Auf den ersten Blick fällt auf, daß das Durchschnittseinkommen der Männer seit 1976 etwa doppelt so hoch liegt wie das der Frauen[124] – ein Gefälle, an dem auch die demokratische Regierung nichts geändert hat.[125] Daß die Militärjunta nicht nur die ökonomische und politische, sondern gerade auch die „moralische Vernunft" für sich in Anspruch nahm, kann in ihrer Propaganda der ersten Jahre nachgelesen werden. Für selbstbewußte Frauen, wie sie die Studentenbewegung und der „ausländische Einfluß" hervorgebracht hatten, welche nicht nur eine ihren Namen verdienende Bildung, sondern auch einen entsprechenden Arbeitsplatz forderten, hatte sie erklärtermaßen kein Verständnis. Folglich reduzierte sie nicht nur bis 1976 die ohnehin geringe Zahl der im Beschäftigungssystem aktiven Frauen (vgl. Tab. 4.17), die dort hartnäckig Verbliebenen wurden zudem noch mit deutlichen Lohnkürzungen bestraft (Tab. 4.20). Fast müßig zu erwähnen, daß sich sowohl die Beschäftigungszahl als auch das durchschnittliche Einkommen der Männer im gleichen Zeitraum erhöhte (Tab. 4.16 und Tab. 4.19).

---

[124] 1972, zu Zeiten der UP, verdienten die Männer „nur" das eineinhalbfache der Frauen.
[125] Es liegt somit die Vermutung nahe, daß die Armut besonders unter Frauen verbreitet ist (siehe den nächsten Abschnitt).

TAB. 4.19: KLASSENLAGE UND INDIVIDUELLES ARBEITSEINKOMMEN 1972 BIS 1994: FRAUEN

Beschäftigungsposition	1972	1976	1982	1986	1990	1994
Man.	**565**	**463**	**1.184**	**1.523**	**854**	**1.000**
KU	**220**	**205**	**427**	**204**	**352**	**296**
Oberer Raum	**304**	**248**	**614**	**360**	**518**	**470**
Prof.	223	230	517	308	416	458
Ing.	412	311	956	542	848	509
Mittlerer Raum	**155**	**130**	**290**	**146**	**228**	**258**
QZB	100	93	260	133	176	232
QDB	193	146	344	165	277	289
QMB	91	107	187	100	206	180
Unterer Raum	**90**	**73**	**177**	**106**	**151**	**188**
EZB	180	153	317	182	237	254
EDB	62	45	120	79	111	147
EMB	88	68	179	83	141	162
Gewichteter Durchschnitt	**130**	**111**	**269**	**161**	**235**	**255**

Quelle: Universidad de Chile

Bei den Männern ist die empirische Verteilung sehr gut mit der klassentheoretisch postulierten verträglich. Nicht nur verdienen die Unternehmer deutlich mehr als der Rest, sondern auch die Qualifikationshierarchie erweist sich, was die Lohnabhängigen anbelangt, als höchst einkommensrelevant. Die einzige Ausnahme stellt wie im Gesamtdurchschnitt der Zirkulationsbereich der Jahre 1972 und 1976 dar. Anders als auf Gesamtniveau verdienen die männlichen qualifizierten manuellen Arbeiter jedoch bereits 1982 – und damit 12 Jahre eher – mehr als die einfachen Zirkulationsarbeiter.

Die Einkommensverteilung folgt auf Raumniveau auch bei den Frauen weitgehend dem theoretisch prognostizierten Verlauf. Zwar liegen die Einkommen der Männer stets über denen der Frauen derselben Klasse, jedoch gibt es keinen Fall, in dem eine klassenstrukturell niedriger verortete Männerrubrik mehr als die theoretisch nächsthöhere Frauengruppe verdienen würde. Ebenso erwartungsgemäß verdoppelt sich frauenintern das Einkommen jeweils, wenn wir vom unteren über den mittleren und oberen Raum bis zu den Großunternehmerinnen aufsteigen. Außerdem wird im Dienstleistungs- und manuellen Bereich jeweils im qualifizierten Spektrum mehr verdient als im einfachen. Warum aber im einfachen Zirkulationsfeld durchweg mehr Einkommen erzielt wird als im qualifizierten, geht mit der theoretisch postulierten Klassifikation nicht zusammen. Empirisch erhellen sich die überdurchschnittlichen Einnahmen der weiblichen einfachen Zirkulationsangestellten wie folgt: In Beschäftigungsrubrik 21 der Universidad de Chile: Sekretäre, Schreibkräfte etc. wird gegenüber den anderen als EZB zusammengefaßten Berufen deutlich mehr verdient. Da diese Rubrik gleichzeitig eine Frauendomäne ist – hier arbeitete 1982 fast jede zweite Frau der Berufsgruppe EZB (aber nur jeder fünfte Mann) –, ragt sie einkommensstatistisch so heraus.

Sieht man einmal von dem letztgenannten Befund ab, zeigt sich die Einkommensverteilung über die Jahre hinweg als stark von der wirtschaftlichen Konjunktur einerseits und von der Klassenstruktur andererseits beeinflußt. Der Blick auf die Entwicklung des Durchschnittseinkommens hat erstens die direkte Abhängigkeit der Einkommensgrößen vom Krisenzyklus gezeigt: Jeweils im Gefolge der Krisen von 1974/75 und 1982/83 erreichte es seinen Tiefpunkt, während die Höchstwerte jeweils am Ende langanhaltender Aufschwungphasen gemessen wurden: 1982 und 1994. Zweitens folgen die Einkommensstreuungen mehr oder weniger direkt der theoretisch prognostizierten Verteilung, so daß in Hinblick auf die eingangs von Abschnitt 6 gestellte Frage gilt: Die chilenische Gesellschaft ist durch hohe Klassenbarrieren gekennzeichnet, denn die in Einkommensdisparitäten objektivierbaren sozialen Unterschiede[126] folgen nicht nur Klassenkriterien, sondern haben in den letzten 25 Jahre noch zugenommen. Dies gilt in besonderem Maße für die Männer, während Frauen durchweg deutlich weniger verdienen. Auch wenn die klassentheoretischen Faktoren durchaus auch im Hinblick auf weibliche Beschäftigung wirksam sind, so werden die absoluten Einkommenshöhen der Frauen doch beträchtlich von der traditionellen Geschlechterherrschaft mitbestimmt.

4.10 Das neue Gesicht der Armut

Die zentrale These dieses Abschnitts lautet, daß sich der soziale Charakter der Armut im Laufe der 80er und 90er Jahre gewandelt hat, denn Armut fällt nicht mehr zusammen mit Arbeitslosigkeit. Ganz im Gegensatz zur Periode 1973-83, in der diese Identifikation mit einer gewissen Berechtigung vorgenommen wurde, gilt es nunmehr, die Frage zu stellen, warum sich Armutsstrukturen auch bei geringer Arbeitslosigkeit hartnäckig reproduzieren. Heute ist ein bedeutender Anteil der Armen nicht vom Arbeitsmarkt exkludiert, sondern hat Arbeit, allerdings unterbezahlt und unter prekären und instabilen Bedingungen.

Die Vereinten Nationen definieren „Armut" als „eine Situation, die ein Individuum oder eine Familie daran hindert, ein oder mehrere basale Bedürfnisse zu befriedigen …; Personen, die sich in dieser Situation befinden, sehen sich daher dazu gezwungen, die Befriedigung eines oder mehrerer dringlicher Bedürfnisse zu opfern, da sie zwischen der Befriedigung gleichrangig dringlicher Bedürfnissen auszuwählen haben." (CEPAL 1994) Weiterhin wird zwischen zweierlei Stufen von Armut unterschieden. Als *Indigentes* gelten diejenigen, deren Einkommen nicht zum Erwerb eines Warenkorbes hinreicht, der die Ernährung und damit das physische Überleben sicherstellt.

---

[126] Diese Einschränkung ist natürlich notwendig, denn andere wichtige Merkmale, durch die „Klasse" ebenfalls zum Ausdruck kommt – vor allem Mobilität und Lebensstile –, wurden hier nicht erhoben.

Der Warenkorb der *Pobres* umfaßt außerdem Produkte, die andere, über die Ernährung hinausgehende basale Bedürfnisse befriedigen. Der Warenkorb der *Indigentes* wurde im November 1992 vom nationalen statistischen Institut auf etwa 32 US-$ pro Person und Monat im urbanen Raum und auf rund 24 US-$ im ländlichen Raum veranschlagt, während für die *Pobres* ein Wert von rund 64 US-$ bzw. 42 US-$ ermittelt wurde. Wenn also jemand in der Stadt nicht wenigstens ein monatliches Pro-Kopf-Einkommen von 64 $ erzielte, wurde er als „arm" eingestuft.

In Chile wird die Armut seit 1987 sehr genau erhoben. Auf der Basis der obigen Definition von Armut stellt sich ihre Entwicklung wie folgt dar:

TAB. 4.20: ENTWICKLUNG DER ARMUT IN CHILE 1987 BIS 1994 (%)

	1987	1990	1992	1994
Indigentes	16,8	13,8	9,0	8,0
Pobres	27,8	26,3	23,7	20,4
Arme total	**44,6**	**40,1**	**32,7**	**28,4**
Nicht Arme	**55,4**	**59,9**	**67,3**	**71,6**
Gesamt	100,0	100,0	100,0	100,0
N=Bevölkerung (Tsd.)	12.323	12.964	13.355	13.744

Quelle: Encuesta CASEN, verschiedene Jahrgänge.

Der Anteil der Armen hat sich seit 1987, als mit fünfeinhalb Millionen fast die Hälfte der Chilenen in Armut leben mußte, spürbar verringert und ist bis 1994 auf 28,4 % zurückgegangen. Erfreulich ist auch, daß sich die Anzahl der *Indigentes* bis 1992 in noch schnellerem Tempo reduzierte. Die Armut ging also nicht nur quantitativ, sondern auch in ihrer Intensität zurück. Die Gründe für diese Entwicklung liegen vor allem im Rückgang der Arbeitslosigkeit bis auf 5,7 % im Jahre 1990, der geringste Wert seit der Unidad Popular. Zugleich wurden die Reallöhne moderat aber stetig angehoben, so daß zu Beginn der 90er Jahre in etwa das Reallohn-Niveau von 1981/82 erreicht wurde (Tab. 4.18). Dazu kommt die Vergrößerung des Sozialetats, der in Chile stark in Richtung der unteren Einkommensgruppen fokusiert ist (vgl. Raczynski 1995).

Interessant ist in diesem Zusammenhang ein Beitrag von García & Schkolnik (1995), in dem sie die Armutsentwicklung zwischen 1987 und 1990 sowie zwischen 1990 und 1992 mit dem Wirtschaftswachstum in Beziehung setzen, um so die Erfolge der Armutspolitik der Militärdiktatur mit der der Zivilregierung vergleichen zu können. Während sich im ersteren Zeitraum für jeden Prozentpunkt Wirtschaftswachstum die Armut um 14.000 Personen reduzierte, so war dies zwischen 1990 und 1992 für 49.000 Personen der Fall. Die das Wirtschaftswachstum flankierende Sozialpolitik der neuen Regierung scheint daher in der Tat einen eigenständigen Beitrag dazu geleistet zu haben, daß der Wirtschaftsboom zumindest in höherem Maß als bisher auch den ärmsten Bevölkerungsschichten zugute gekommen ist.

Es wird allerdings ebenso deutlich, daß sich die Dynamik der Reduktion vor allem der *Indigentes* zwischen 1992 und 1994 spürbar verlangsamt hat. Während, absolut gesehen, noch zwischen 1990 und 1992 die Zahl derer, die der extremen Armut entkamen, bei 612 Tsd. lag, verringerte sie sich im Zeitraum 1992-94 um nur noch 72 Tsd. Noch akzentuierter ist diese Entwicklung auf dem Land, wo zwischen 1990 und 1992 205 Tsd. den Status der *Indigencia* verließen, während dies zwischen 1992 und 1994 gerade noch dreitausend gelang. Kein Wunder, daß sich *El Mercurio*, staatlicher Sozialpolitik gegenüber stets skeptisch eingestellt, über den mangelnden Erfolg der Fokalisierung beschwert:

> „Esta evidencia pone en tela de juicio la efectividad de la acción estatal para ayudar a este segmento, el que además, por ser los más pobres, debiera constituir la máxima prioridad dentro de las políticas sociales del Gobierno." (El Mercurio, 18. 1. 1996)

Der letzte Abschnitt hat gezeigt, daß die Einkommensungleichheit, gemessen am individuellen Arbeitseinkommen drastisch zugenommen hat. Wir wollen dies durch einen Blick auf die gesamten Haushalts- und Pro-Kopf-Einkommen zwischen 1992 und 1994 ergänzen, um die Sozialpolitik der *Concertación* besser bewerten zu können. In der folgenden Tabelle sind anders als bisher einerseits auch die Nichterwerbstätigen und Arbeitslosen und andererseits die Transfereinkommen berücksichtigt. Das Haushaltseinkommen ist naturgemäß höher als das individuelle Arbeitseinkommen (vgl. Tab. 4.18), während letzteres das Haushaltseinkommen pro Kopf übersteigt, das auch die nichterwerbstätigen Haushaltsmitglieder einbezieht.

TAB. 4.21: HAUSHALTS- UND PRO-KOPF-EINKOMMEN ZWISCHEN 1992 UND 1994 NACH DEZILEN (US-$ VON 1994, ABSOLUTE UND RELATIVE VERTEILUNG)

Einkommensdezil	1992 Haushalt	1992 Pro Kopf	1994 Haushalt	1994 Pro Kopf	1992 Haushalt	1992 Pro Kopf	1994 Haushalt	1994 Pro Kopf
I	122	25	114	23	1,7	1,2	1,5	1,1
II	207	46	212	47	2,9	2,2	2,8	2,1
III	270	62	277	64	3,8	2,9	3,7	2,8
IV	336	79	342	82	4,7	3,7	4,5	3,6
V	399	98	420	104	5,6	4,6	5,5	4,6
VI	470	124	479	156	6,6	5,9	6,3	5,8
VII	569	158	602	168	7,9	7,5	7,9	7,5
VIII	747	210	789	228	10,5	9,9	10,4	10,8
IX	1.048	318	1.160	346	14,7	15,1	15,4	15,4
X	2.965	991	3.174	1.057	41,6	47,0	42,0	47,0
Durchschnitt	713	211	757	225	10,0	10,0	10,0	10,0

Quelle: Encuesta CASEN 1992 und 1994

Tab. 4.21 zeigt, daß sich auf der einen Seite das durchschnittliche Pro-Kopf-Einkommen der Haushalte zwischen 1992 und 1994 um 6,4 % erhöht hat, auf der anderen Seite ist es zu einer kräftigen Umverteilung der Einkommen von unten nach oben gekommen. Dem Leitartikler des *Mercurio* ist zuzustimmen, denn die Fokalisierung der Sozialfonds auf die unteren Einkommensschichten funktioniert tatsächlich nicht: Der

Einkommensanteil der Angehörigen des ärmsten ersten Dezils ist relativ *und* absolut zurückgegangen, weshalb es 1994 mit nur noch 23 US-$ im Monat auskommen mußte (anstatt mit 25 $, wie noch 1992).

Alle anderen Dezile weisen zwar absolute Einkommenssteigerungen auf. Was jedoch die relative Einkommensverteilung angeht, so ist eine Konzentration des Reichtums an der Spitze der Gesellschaft zu beobachten. Während sich die Anteile der Dezile zwei bis sechs reduzierten, konnten die reichsten vier Dezile ihre Einkommenspositionen entweder halten oder noch verbessern. Innerhalb dieser Gewinnerschichten ragt das Einkommen des reichsten, zehnten Dezils besonders heraus, denn es verfügt über fast die Hälfte des chilenischen Gesamteinkommens. Diese Polarisierung des gesellschaftlichen Reichtums ist noch beeindruckender, wenn man frühere Einkommenserhebungen zum Vergleich heranzieht. Dann nämlich wird deutlich, daß der Einkommensanteil der 10 Prozent Reichsten 1978 „nur" 37 % betragen hat und sich also bis heute um weitere 10 % erhöht hat. Damit liegt Chile heute – ganz anders als in den 60er Jahren (vgl. Kapitel 1.2) – in der lateinamerikanischen Rangliste der Einkommensungerechtigkeit auf Platz zwei hinter Brasilien (vgl. CEPAL 1994).

Zwar fällt die sozialpolitische Bilanz der ersten Jahre der *Concertación* nicht schlecht aus, denn die Armut ging insgesamt deutlich zurück. Zugleich hat sich aber die soziale Ungleichheit hartnäckig reproduziert, was in einer generellen Verschärfung der Einkommensverteilung und vor allem in einer „absoluten Verelendung" der ärmsten Sektoren des sozialen Raums zum Ausdruck kommt. Und dabei ist ja erst – darin sind sich alle Beobachter einig, sei es in den sozialwissenschaftlichen oder planerischen Instituten, sei es vor Ort in der konkreten Sozialarbeit –, die erste, leichtere Etappe in Kampf gegen die Armut absolviert. Denn die Bedingungen, die Präsident Aylwin bei seinem Antritt 1990 vorfand, waren ausgesprochen günstig, um die Zahl der Armen zu verringern: Die Arbeitslosigkeit hatte sich gegenüber 1987 drastisch reduziert, und das Lohnniveau stand in keinem Verhältnis zur Wachstumsrate. Von einem solchen extremen Ausgangspunkt brauchte es nicht viel sozialen Ausgleich, um statistisch relevante Ergebnisse zu erzielen. Im übrigen herrschte 1990 ein relativ breiter gesellschaftlicher Konsens über die Notwendigkeit von Sozialmaßnahmen, vor allem über die Steuerreform, um wenigstens die extremen Auswüchse des neoliberalen Experiments abzumildern.

Weder zur Zeit noch für die Zukunft sind jedoch solche günstigen Begleitumstände absehbar. Da insbesondere die Arbeitslosigkeit kaum weiter zu reduzieren ist – und den Tiefststand von 1992 sogar bereits wieder nach oben verlassen hat – wird das bisherige Tempo bei der Armutsbekämpfung kaum beizubehalten sein. Die wirtschaftlichen Rahmendaten indizieren vielmehr, daß sich das soziale Problem der Armut in Zukunft anders darstellt: Ließ sie sich bisher einfach durch die Erschließung bisher passiver Bevölkerungsteile für das Beschäftigungssystem vermindern, so lautet die Frage jetzt, wie man auf der Grundlage einer weitgehend gesättigten Nachfrage nach Lohnarbeit die sozialen Unterschiede weiter minimieren kann, denn nach

Schätzungen von MIDEPLAN waren 1992 nur 10 % der Armen arbeitslos. Wenn man zu diesen diejenigen addiert, die in extremen geographischen Zonen leben, fern jeder ökonomischen Dynamik, dann kommt man auf etwa ein Drittel derer, die in Armut leben müssen, die dies aufgrund ihrer (geographischen und/oder sozialen) Marginalität tun. Mit anderen Worten: Zwei Drittel der Armen sind, um den US-amerikanischen Ausdruck zu benutzen, *working poor*, und dies stellt einen qualitativen Unterschied zur Periode 1975-83 dar, als die große Mehrheit der Armen arbeitslos war oder sich in Beschäftigungsprogrammen befand.

Armut basiert also nicht mehr in erster Linie auf der Exklusion vom, sondern gerade auf der *Integration* in das Marktsystem. Diese neue Dimension der Armutsproblematik kann indes auf der Basis der chilenischen Arbeitsgesetzgebung, die gewissermaßen die Informalisierung und Pauperisierung der Lohnarbeit institutionalisiert hat, nicht wirksam bekämpft werden. Dazu wäre eine neuer sozialstaatlicher Kompromiß notwendig, von dem aber zur Zeit keine Rede sein kann. Im Gegenteil, gegenwärtig wird innerhalb und außerhalb der *Concertación* ernsthaft diskutiert, weitere Staatsunternehmen zu verkaufen, um damit die bestehenden Sozialprogramme weiterhin finanzieren zu können. Dieser Vorschlag verdankt sich jedoch eher einem Privatisierungsfetisch denn einer seriösen Analyse, denn die noch in staatlicher Regie verbliebenen Betriebe sind in der Regel rational verwaltet und sorgen so für permanente Einnahmen für die öffentliche Hand. Diese Aktiva zu verkaufen, um ihren Erlös kurzfristig auszugeben, hieße, vor der Frage zu kapitulieren, wie man einen (Sozial-)etat überhaupt langfristig finanziell absichern kann. Da ein weitergehendes staatliches Handeln somit eher unwahrscheinlich ist, wird es insbesondere auf die weitere Konsolidierung der Gewerkschaften ankommen, ob eine Umverteilung des Einkommens nach unten realisiert werden kann. Die Arbeitnehmervertretungen befinden sich jedoch nach der kompletten Zerschlagung ihrer Strukturen durch die Militärregierung immer noch in der Phase der Reorganisation, so daß ihre zukünftige Vertretungsmacht noch nicht abzusehen ist (siehe etwas ausführlicher Kapitel 5).

4.11 Die erneuerte Sozialstruktur

Zwischen 1973 und 1984 durchlief Chile eine Periode der Destrukturierung, und später, ab etwa 1985, kam es zu einer Restrukturierung des sozialen Raums. Der Übergang von einer geschützten und am Binnenmarkt orientierten zu einer offenen und in den Weltmarkt integrierten Ökonomie hinterließ tiefe Spuren in der Sozialstruktur, wobei die schwere Krise von 1982-84 bei allen hier herangezogenen Indikatoren des sozialen Wandels den Wendepunkt der Entwicklung markiert. Zum Zeitpunkt des Antritts der demokratischen Regierung (1990) war der Strukturwandel bereits weitgehend abgeschlossen (vgl. nun noch einmal Tab. 4.2).

Fassen wir die wesentlichen empirischen Resultate der Untersuchung zusammen, so war ihr Ausgangspunkt eine Betrachtung der Entwicklung der Bevölkerung sowie der im Beschäftigungssystem Aktiven. Diese brachte, bei anhaltendem Bevölkerungswachstum, den wesentlichen Befund einer *Resalärisierung* weiter Teile des Beschäftigungskörpers nach 1983. Antizyklisch verlief dagegen die *Tertiärisierung*, die in den 80er Jahren Höchstwerte erreichte, um in den 90er Jahren wieder auf dem Niveau der 70er anzukommen. Innerhalb der tertiären Beschäftigung kam es zu einer Stärkung des relativen Gewichts der *marktorientierten Dienste* auf Kosten der öffentlichen und privaten Dienste. Der *informelle Sektor* stieg im Laufe der 70er und beginnenden 80er Jahre auf über 30 % des Beschäftigungssystems an und ging danach wieder auf etwa 20 % zurück. Diese krisenzyklische Informalisierungsbewegung wurde flankiert durch eine Erneuerung der Binnenstruktur der informellen Beschäftigung: Ihr *lohnabhängiger Teil* gewinnt beständig an Gewicht. Allgemein muß angemerkt werden, daß angesichts der weitreichenden Deregulierung der chilenischen Arbeitsmärkte eine Grenzziehung zwischen formeller und informeller Beschäftigung immer schwieriger wird. Zwar verdienen die formellen Lohnarbeiter insgesamt nach wie vor mehr als die informellen, gerade bei letzteren ist jedoch eine große Einkommensheterogenität festzustellen. Man findet heute informell Arbeitende fast gleichermaßen in allen Einkommensgruppen.

Die quantitative Verteilung der erwerbstätigen Bevölkerung auf die im Abschnitt 6 hergeleiteten Klassen- und Raumpositionen hat ergeben, daß – bei zahlenmäßiger Verdoppelung des gesamten Beschäftigungskörpers im Zeitraum 1972 bis 1994 – in etwa 10 % selbständig waren und – zumindest zum Teil – von der Arbeit anderer lebten. Dabei stieg der Umfang der als Großunternehmer bezeichneten Klasse von einem Prozent (1972) auf über zwei Prozent in den 90er Jahren an. Für die abhängig Beschäftigten ist eine *Intellektualisierungstendenz* kennzeichnend, die sich vor allem in der anteilsmäßigen Verdoppelung der Akademiker (oberer Raum) ausdrückt. Diese Ausdehnung ging fast ausschließlich auf Kosten des gering qualifizierten unteren Raumes. Auf der Ebene der Unterscheidung produktiv/zirkulierend/dienstleistend zeigte sich weiterhin bis etwa Mitte der 80er Jahre eine Tendenz zur *Deindustrialisierung*, die jedoch danach in eine *Reindustrialisierung* umschlug, von der wiederum insbesondere die qualifizierten Industriearbeiter profitierten.

Die bildungsökonomische Untersuchung in Abschnitt 8 zeigte zunächst, daß sich die Intellektualisierung des Arbeitskörpers weitgehend krisenunabhängig vollzogen hat. Während die niederen Bildungsabschlüsse (gemessen an den im Bildungssystem verbrachten Jahren) beständig zurückgingen, nahmen die mittleren und höheren Abschlüsse an Gewicht zu. Der Zusammenhang zwischen Bildungskapital und Beschäftigungsposition ist über den gesamten Untersuchungszeitraum hinweg stark ausgeprägt gewesen und hat sich im Laufe der Jahre noch verengt. Somit ist die Möglichkeit, höhere Berufs- und Klassenpositionen zu erreichen, zunehmend über Bildung vermittelt, deren Qualität wiederum mit der sozialen Herkunft zusammenhängen dürfte. So vollziehen sich die Biographien von „oben" und „unten" im Extremfall in völlig voneinander getrennten Welten: Hier Besuch der Privatschulen wie die *Colegios Alemanes*, das Studium im In- oder Ausland und schließlich die hohe und angesehene Berufsposition mit entsprechendem Ruhestand; dort die schlecht ausgestatteten kommunalen Elementarschulen, der frühe Beginn der Berufskarriere bei schlechter Bezahlung und häufig prekären Arbeitsbedingungen, die in einer kaum oder gar nicht über dem Armutsniveau liegenden Rente mündet. Ohne entsprechenden Lebenslaufstudien vorgreifen zu wollen, scheint doch die Bildungsexpansion wenig zur Öffnung der Gesellschaft beigetragen zu haben.

Bei der abschließenden Betrachtung der gesellschaftlichen Einkommensverteilung und der Armut wurden die Klassenbarrieren der chilenischen Sozialstruktur ebenfalls deutlich. Sowohl die Trennung „Mitarbeiterzahl" in bezug auf die Selbständigen als auch die Variablen Bildung und Einfluß im Arbeitsprozeß, die abhängig Erwerbstätigen anbelangend, haben sich als unmittelbar einkommensrelevant herausgestellt. Was die Problematik der Armut betrifft, konnte einerseits ein spürbarer Rückgang seit 1987 festgestellt werden, andererseits zeigte sich aber auch die Persistenz einer stark ausgeprägten sozialen Ungleichheit. Diese hat sich im Hinblick auf die relativen Einkommensunterschiede sogar noch gehörig verschärft. Ähnlich wie im Falle der Informalisierung ist zudem auch bei der Armut ein neuer Charakter diagnostizierbar. War noch zu Beginn der 80er Jahre die Mehrzahl der Armen arbeitslos oder in Beschäftigungsnotprogrammen untergebracht, so liegt der Anteil der arbeitenden Armen inzwischen bei zwei Dritteln. Armut ist heute weniger eine Folge der Exklusion vom Arbeitsmarkt als gerade eine Konsequenz der Integration immer größerer Bevölkerungsteile in die Dynamik des neoliberalen Akkumulationsprozesses, das neben einem Kern gut bezahlter und formeller Arbeiter eine Vielzahl von Lohnabhängigen mit prekären und schlecht bezahlten Arbeitsplätzen reproduziert.

Auch wenn die beschriebenen Dimensionen des Strukturwandels im großen und ganzen für Männer und Frauen wirken, ist der chilenische Arbeitsmarkt hochgradig geschlechtsspezifisch segmentiert. Frauen haben bei gleicher Qualifikation schlechtere Arbeiten und werden geringer bezahlt. Im einzelnen sind nur in etwa 30 % der Frauen aktiv im Beschäftigungssystem, von denen zwischen 50 und 60 % im unteren Berufsspektrum arbeiten müssen. Eine typische Frauendomäne stellt nach wie vor der einfache Dienstleistungsbereich und hier im besonderen der private Dienst dar. Da das Durchschnittseinkommen der Frauen ebenfalls deutlich hinter dem der Männer zurückbleibt, müssen erstere viel häufiger in Armut leben als letztere.

Die Militärregierung konnte beruhigt abtreten, denn sie hat das Land nicht nur politisch und ökonomisch umgekrempelt, sondern ihm auch eine qualitativ neue Sozialstruktur gegeben. Deren wesentliche Merkmale sind die strukturelle Stärkung der Unternehmerpositionen und die Schwächung der Arbeitnehmerlagen. Ganz anders als noch in den 60er Jahren, als sich die soziale Struktur relativ klar in eine zumeist formelle Lohnarbeiterschaft mit relativ hoher Homogenität, informellen *Cuentapropi-*

stas, den Landadel und Kapitalisten aufgliederte, erweisen sich diese sozialen Kategorien heutzutage als weniger trennscharf. Denkt man nur an die Unterscheidung formelle/informelle Beschäftigung, so fällt Informalität heute nicht mehr zusammen mit Arbeit *por cuenta propia* und Armut und Formalität ebenso wenig mit Lohnabhängigkeit und relativem Wohlstand. Weder bedeutet Informalität Exklusion, noch Formalität Integration.

Allgemeines Kennzeichen der Restrukturierungsphase der chilenischen Sozialstruktur ist damit eine Differenzierung aller Sektoren des sozialen Raums, die eine kollektive Organisation der einzelnen Interessengruppen immer schwieriger macht. So ist innerhalb der Unternehmerschaft ein neuer Gegensatz zwischen denjenigen bis dato vom Importsubstitutionsmodell profitierenden und am Binnenmarkt orientierten Firmen und den Exporttrusts entstanden, der sich z.b. bei Fragen der Steuerpolitik oder Staatssubvention entzündet. Denn ganz anders als die traditionellen, vom Staat abhängigen Firmen sind die global operierenden Konzerne über diverse vertikale und horizontale Netzwerke Bestandteil der Weltökonomie und dieser allererst verpflichtet. Mehr noch, diese *grupos económicos* sind mitunter so kapitalstark, daß sie das staatliche wirtschaftliche Handeln direkt zu beeinflussen in der Lage sind.

Die lohnabhängige Mittelklasse wurde in Chile traditionell vom öffentlichen Sektor dominiert. Hier war die Erzeugung von gemeinsamem politischen Handeln relativ leicht, da er ja in der Importsubstitutionszeit eine eigenständige wirtschafts- und sozialpolitische Rolle übernahm und die Reduktion von sozialer Ungleichheit erklärtes Ziel staatlichen Handelns war. Die Privatisierungen und das gleichzeitige Aufblühen des Zirkulations- und Akademikersektors (das Entstehen bis dato völlig neuer Berufszweige in Werbung, Information und Kommunikation etc.) haben auch in diesem nach Kriterien der Qualifikations- und Arbeitshierarchie konstruierten mittleren Sektor die sozialen Lagen heterogenisiert. Und was die „alte", Produktionsmittel besitzende Mittelklasse betrifft, so hat sie durch das Entstehen neuer Unternehmungen im Bereich der Zirkulation und der Telekommunikation zweifellos eine Vielzahl der im öffentlichen Dienst „freigesetzten" Arbeitskräfte aufgenommen, aber auch in dieser traditionell schwer zu organisierenden Klasse hat die Wahrscheinlichkeit eines eigenständigen politischen Handelns eher abgenommen. Denn viele der heutigen kleinen und mittelständischen Produktionseinheiten Chiles sind heute nur formell unabhängig und in Wirklichkeit ausgelagerte Betriebsteile von Großunternehmen, die die nunmehr existierenden Produktionsketten dominieren.

Und was schließlich den früheren Motor der gesellschaftlichen Reformen in Chile betrifft – die Bewegung der Industrie- und Bergwerksarbeiter und der *Campesinos* –, so hat der Strukturwandel auch hier tiefe Spuren hinterlassen. Zwar hat die Lohnarbeit im Agrarbereich bedeutend zugenommen, dies hat aber nicht zu größerer Homogenität in diesem Beschäftigungsbereich geführt. Denn die landwirtschaftliche Lohnarbeit ist saisonbedingt, und die chilenischen Arbeitsgesetze erlauben das Tagelöhnertum. So kommt es, daß zur Weintraubenernte Santiagoer Arbeiter in Lastwagen zum Einsatz abgeholt werden, um danach wieder völlig anderen Tätigkeiten in der Stadt nachgehen. Ähnliche Beobachtungen sind auch im Fischereisektor gemacht worden (vgl. Duhart & Weinstein 1991). Und die industrielle Arbeiterklasse? Zwar kam nach der Deindustrialisierung die zahlenmäßige Reindustrialisierung, jedoch um den Preis einer bedeutsamen Differenzierung der einzelnen Arbeitssituationen. Wie bereits Kapitel 2.4 gezeigt hat, sind die Industriearbeiter als Gesamtheit in höchst unterschiedlichem Maße von der kapitalistischen Rationalisierung betroffen, z.B. im Hinblick auf die Einführung der neuen Technologien. Immer weniger Menschen arbeiten unter denselben technologischen und Arbeitsbedingungen, und diese Heterogenität wird noch extrem durch die Flexibilität der Arbeitsverhältnisse verstärkt: Einem Kern gutqualifizierter Ingenieure, Techniker und Facharbeiter, die in der Regel immer noch im Genuß eines unbefristeten Arbeitsvertrages sind, steht eine Schicht von schlechtqualifiziertem und leichtkündbarem Personal gegenüber.

Die empirischen Resultate erscheinen somit zunächst ambivalent. Denn einerseits haben wir eine Verschärfung der sozialen Unterschiede gemessen, die mehr oder weniger direkt der von der Klassenstruktur vorgegebenen Linie folgt; andererseits haben sich innerhalb dieser Klassenpositionen aber Differenzierungen von Arbeits- und Lebenslagen ergeben, die gemeinsame Aktionen als relativ unwahrscheinlich erachten lassen. Denn zwar ist aufgrund der Flexibilisierung der Arbeitsverhältnisse und der Deregulierung und Globalisierung des Wirtschaftsraums überhaupt die Mehrzahl der Lohnarbeiter von der Prekärisierung der Arbeitsbeziehungen betroffen. Dies führt jedoch nicht notwendig zu steigender Solidarität, sondern eher zu zunehmender Konkurrenz der Beschäftigten untereinander. Die Akzentuierung der Klassengegensätze und die Differenzierung und Vereinzelung der sozialen Akteure befinden sich damit im real existierenden Neoliberalismus nicht im Widerspruch, sondern sind vielmehr zwei Seiten ein- und derselben Medaille. Die Sozialstruktur Chiles nach dem „Unternehmen Transformation" läßt sich deshalb wohl am ehesten als die einer *flexibilisierten* und *pluralisierten Klassengesellschaft* bezeichnen.

Fünftes Kapitel

Die Epoche der Revolution

Wir haben uns in diesem Buch auf die Jahre 1964-94 konzentriert. Diese drei Jahrzehnte sind zweifellos durch zwei Ereignisse besonders geprägt gewesen: Erstens durch den Militärputsch des Jahres 1973 und zweitens durch den Prozeß der Rückkehr zur Demokratie 1988-90. Allerdings liegt diese Periodisierung eine Sichtweise auf die Dinge nahe, zu der ich in diesem Schlußkapitel eine Alternative vorschlagen will. Ich meine jene von nahezu allen Beobachtern[127] und beteiligten sozialen Akteuren geteilte Vorstellung einer vollständigen Zäsur, nach der sich die jüngere Geschichte Chiles vor allem in ein „vor" und „nach" 1973 einteile. Für die einen glorreich, für die anderen tragisch, die Geschichte vor dem Putsch erscheint als bloße „Vorgeschichte", die in eine strukturelle Krise geführt habe, die nunmehr durch die Einleitung einer neuen Entwicklungsetappe überwunden sei.

Wir haben gesehen, daß sich der aktuelle Aufschwung der Ökonomie der besonderen Ausstattung Chiles mit natürlichen Ressourcen verdankt, die eine Exportstrategie auf der Basis komparativer Kostenvorteile erlaubte (und in anderen lateinamerikanischen Ländern aufgrund ungünstigerer geographischer Verhältnisse gar nicht oder erst später eingeschlagen werden konnte). Es konnte weiterhin gezeigt werden, daß es im Laufe der langen Jahre der Diktatur zu einem tiefgreifenden Wandel des kapitalistischen Akkumulationsregimes und der gesamten gesellschaftlichen Regulationsweise gekommen ist. Aber – und diese These gilt es im folgenden zu entfalten – obwohl das Jahr 1973 fraglos den Höhepunkt der Zuspitzung der gesellschaftlichen Widersprüche und zugleich den Bruch mit dem vorangegangenen Akkumulationsmodus symbolisiert, ist diese Krise und die Entwicklung danach doch das Ergebnis eines längeren und tiefgreifenderen historischen und sozialen Prozesses.

Kurz, es war nicht nur die Zeit post-1973, die die chilenische Gesellschaft grundlegend transformiert hat, sondern auch die vorhergegangenen Regierungen von Frei (1964-70) und Allende (1970-73) hatten daran ihren wichtigen Anteil. Auf ihre Art waren alle drei Administrationen (Frei, Allende, Pinochet) „revolutionär", denn alle-

---

[127] Eine Ausnahme stellt die Position von Martínez & Díaz (1995: 140ff.) dar, die die hier zu entwickelnde Argumentation inspiriert hat.

samt hatten sie eine tiefgreifende Krise von Wirtschaft und Gesellschaft diagnostiziert, die sie – jeweils aufbauend auf gehörig ideologisierten Gesellschaftstheorien – mit einer ebenso tiefgreifenden Transformation zu bekämpfen gedachten. Damit soll nicht behauptet werden, daß es sich bei dieser Transformation sozusagen um das „gemeinsame Werk" dreier aufeinanderfolgender Regierungen gehandelt hätte. Im Gegenteil, Pinochets „Unternehmen" verstand sich gerade als die Umkehrung dessen, was Frei und Allende erreicht hatten. Zwar ging die letzte und vorerst definitive Wendung und Orientierung der strukturellen Veränderungen von der Militärregierung und ihren technokratischen Alliierten aus, ihre „Modernisierungen" aber knüpften zum Teil direkt an die vorhergehenden Transformationen an und hätten sich vermutlich ohne jene nicht in dieser Radikalität durchsetzen lassen.

Wenn man so will, war die Radikalität des neoliberalen Projekts nur möglich, weil die vorigen ebenfalls „radikal" waren. Martínez & Díaz (1995: 141) sprechen daher mit aller Berechtigung von einer *Epoca de Revolución*, während der sich viel tiefgreifendere Veränderungen im Akkumulationsregime und seiner Regulationsweise abgespielt haben, als der neoliberale Diskurs selbst zu beschreiben in der Lage ist. Diese Epoche der sozialen Revolution läßt sich weder reduzieren auf das Jahr 1973 noch auf die Zeit zwischen 1973 und 1989, wie es sowohl die Verteidiger als auch viele Kritiker der Neoliberalismus tun. Es handelt sich vielmehr um einen längeren, turbulenten und von der Dialektik von Revolution und Konterrevolution gekennzeichneten Transformationszeitraum, in dem eine rasante Beschleunigung dessen eintrat, was man mit Karl Polanyi[128] als „disembedding" bezeichnen könnte – die Herauslösung also aus den im ersten Drittel dieses Jahrhunderts entstandenen gesellschaftlichen Strukturen des importsubstituierenden Kapitalismus. Im Zuge dieses langfristigen Wandlungsprozesses, den man eher als eine kapitalistische denn als eine neoliberale Revolution bezeichnen sollte, wurden die großen Reformen der Regierungen Frei und Allende nicht im Sinne der Wiederherstellung des Ausgangszustandes umgekehrt, sondern neoliberal umorientiert oder „gewendet".

5.1 Die neoliberale Wendung der großen Reformen von Frei und Allende

Die Kapitel 2 und 4 dieser Untersuchung haben gezeigt, daß die Haupteffekte des Strukturwandels der 70er und 80er Jahre in der Stärkung des Marktes, des Privateigentums und des Unternehmertums als wichtigster ökonomischer Akteur zu sehen

---

[128] Vgl. Polanyi 1978 und auch die neuere Diskussion um diesen bedeutenden Wirtschaftshistoriker bei Altvater & Mahnkopf (1996: 112ff.).

sind. Es besteht nun ein Paradoxon[129] darin, daß die seit 1964 in Chile vollzogenen Reformen durch höchst verschiedene politische Kräfte und Akteure durchgesetzt worden sind – im Namen von Prinzipien und Theorien, die sich zum größten Teil „unversöhnlich" gegenüberstanden. Weder die Christdemokraten noch die Unidad Popular dachten daran, dem Kapitalismus eine neue Akkumulationsperiode zu bescheren, sondern ihn entweder zu reformieren oder abzuschaffen. Noch beabsichtigten sie, den Staat zu schwächen, sondern ihn als Mittel der sozialen Reform zu stärken. Ohne es zu wissen oder zu wollen, bereiteten aber gerade diese „großen Reformen" den Boden für das danach triumphierende Unternehmen der Militärs. Ich will dies anhand der drei Hauptdimensionen der Reformpolitik verdeutlichen (Verstaatlichung versus Privatisierungspolitik, *Chilenización* des Kupfers und Agrarreform).

Die Regierung Frei forcierte die Industrialisierung durch öffentliche Investitionspolitik und begann den Prozeß der Nationalisierung des Kupfers sowie die Agrarreform. Die Unidad Popular beschleunigte diese Reformen und verstaatlichte außerdem das Bankwesen und große Teile der Industrie. Abgesehen nun von den wichtigen und zum Teil unüberbrückbaren Gegensätzen beider Regierungen bestand doch Kontinuität insoweit, als der Gradmesser des Fortschritts in erster Linie in der fortschreitenden Konzentration des gesellschaftlichen Reichtums in der Hand des Staats gesehen wurde. Die Militärregierung ging ihrerseits dazu über, diesen Reichtum in mehreren Privatisierungswellen dem privaten Sektor zuzuführen. Wie wir gesehen haben, waren darunter Firmen, die seit den 30er Jahren in öffentlicher Hand waren, und die dann – zum größten Teil stark unterbewertet – an den privaten Sektor verkauft wurden. Eine solche Teilschenkung von gigantischen Reichtümern läßt sich nun durchaus als eine Art „ursprüngliche Akkumulation"[130] verstehen: Der staatliche Besitz verwandelte sich in Kapital, und die Arbeit in den öffentlichen Betrieben wurde „produktiv". Man kann sagen, daß die im Laufe der 30er bis frühen 70er Jahre *gegen* den Widerstand des traditionellen chilenischen Unternehmertums – eine der Hauptachsen der die Pinochet-Regierung tragenden Koalition – expropriierten Güter zum Kapitalstock der *grupos económicos* wurden, die den neuen Charakter des chilenischen Kapitalismus in Reinform verkörpern. Vor diesem Hintergrund erscheinen die Verstaatlichungen als notwendige Voraussetzung für die heutige Etappe der kapitalistischen Akkumulation und für die Entstehung einer neuen Unternehmerklasse.

---

[129] Übrigens kein geringeres als das Paradoxon vom „objektiven Sinn ohne subjektive Absicht" (Bourdieu) – das Grundproblem der Sozialwissenschaften, vor dem wir Soziologen seit seiner Entdeckung durch Marx stehen: daß nämlich die Menschen als handelnde und mit Bewußtsein begabte Akteure zwar ihre Geschichte und die Strukturen der sozialen Welt selbst hervorbringen, diese ihnen aber immer wieder als unbegriffene und „äußere" Mächte gegenübertreten und sie beherrschen.

[130] Die Analogie zur Marxschen Darstellung der historischen Genese des Kapitalismus in England (vgl. MEW 23: 741ff.) gewinnt noch deshalb an Plausibilität, weil in beiden Fällen die staatliche Gewalt das wichtigste Mittel ihrer Durchsetzung war.

Die Nationalisierung des Kupfers, von Frei und Allende betrieben, spielte bei dieser vom autoritären Staat ausgehenden Einleitung einer neuen kapitalistischen Entwicklungsphase eine Schlüsselrolle. Denn wir haben gesehen (Kap. 2.5), daß die aus den Nationalisierungen entspringenden Revenuen eine wichtige Voraussetzung des staatlichen Handelns auch unter Pinochet blieben. Gerade die Erhöhung der Kupferpreise nach 1984 hat ja die Auswirkung der Schuldenkrise auf Chile beträchtlich abgeschwächt. Die Verstaatlichung der *gran minería* war somit für die Militärjunta ein höchst willkommener struktureller Eingriff. Er hätte jedoch niemals von ihr und den sie unterstützenden gesellschaftlichen Kräften durchgesetzt werden können, mutet doch die Vorstellung, die chilenische Rechte, die Militärs und Teile der Mittelklasse enteignen die mit ihnen verbündeten US-Konzerne, völlig absurd an. Die Besonderheit der chilenischen Transformationsperiode kommt im Falle der *Chilenización* des Kupfers darin zum Ausdruck, daß die Reformen von Frei, Allende und Pinochet sozusagen schöpferisch ineinandergriffen, obwohl sie ursprünglich ganz gegensätzlichen politischen Strategien folgten.

Wir haben drittens gesehen (Kap. 3), daß die von Frei und Allende betriebenen Argarreformen die traditionelle Landoligarchie zerschlagen haben, ohne daß es allerdings bis 1973 zur Herausbildung einer neuen agrarischen Produktions- und Distributionsstruktur gekommen wäre. Vielmehr war ein Großteil der landwirtschaftlich nutzbaren Fläche in staatlicher Hand konzentriert, was der Militärjunta geradezu ideale Bedingungen zur Einleitung ihrer eigenen Strukturmaßnahmen bot (die dann zur Grundlage der späteren Wirtschaftsexpansion wurden). Der Schwerpunkt der Landwirtschaftspolitik lag nicht auf der Rückgabe der Güter an die früheren *patrones*, sondern es entstand eine durch mittlere und kleinere Betriebe geprägte Besitzstruktur. Auch das Entstehen dieser für den heutigen Export-"Tiger" Chile so grundlegenden landwirtschaftlichen Besitzverhältnisse muß in einem größeren historischen Zusammenhang gesehen werden, denn ebenso wenig wie in den Fällen der Verstaatlichungen und der Nationalisierung des Kupfers wäre mit der sozialen Basis der Pinochet-Regierung die Expropriierung von Grund und Boden zu machen gewesen. Diese Basis bestand zu einem guten Teil aus der klassischen chilenischen Rechten, die sich zu Zeiten von Alessandri, Frei und Allende jeglichem Eingriff in die traditionelle agrarische Besitzform mit aller Macht widersetzt hatte.

Aus der Perspektive der 90er Jahre tritt der innere Zusammenhang zwischen den „großen Reformen" von Frei und Allende und den neoliberalen Transformationen von Pinochet offen zutage. Hätte die Unidad Popular nicht gegen den erbitterten Widerstand der chilenischen Unternehmer und ihrer *gremios* einen bedeutenden Anteil der Unternehmungen verstaatlicht, wäre es vermutlich nicht zu dem hohen Grad an Kapitalkonzentration gekommen, der den chilenischen Kapitalismus seit den 80er Jahren kennzeichnet. Es waren jene Verstaatlichungen, die die späteren Privatisierungen auf der Basis einer massiven Entwertung von Kapital und die Herausbildung der *grupos económicos* ermöglichten. Hätten Frei und Allende nicht die Kupferbergwerke nationalisiert, was der Militärregierung aufgrund ihrer freundschaftlichen Verbundenheit mit den USA und ihren transnationalen Konzernen niemand zugetraut hätte, so wäre in den 80er Jahren eine lebenswichtige Einkommensquelle für den Staat ausgefallen. Die Finanzkrise hätte sich wahrscheinlich so zugespitzt, daß die Erholung des Finanzsektors und mit ihm der gesamten chilenischen Wirtschaft in weite Ferne gerückt wäre. Wenn es schließlich vor dem Putsch nicht zu einer derart umfassenden Landreform gekommen wäre, hätte sich auch nicht, so darf spekuliert werden, eine solch effektive landwirtschaftliche Produktions- und Besitzstruktur herausgebildet, wie sie den heutigen chilenischen Agrarexport-Sektor kennzeichnet; war doch die Militärjunta vor allem angetreten, um dem „Privateigentum" als sozialem Institut wieder Geltung zu verschaffen.

Aus dieser Sichtweise erscheint der wesentliche „soziale Sinn" aller hier behandelten Dimensionen des Strukturwandels in der Auflösung jener spezifischen Art von Kapitalismus zu bestehen, der sich in Chile und in vielen Ländern Lateinamerikas seit den 30er Jahren entwickelt hatte. Das, was Eduardo Frei und Salvador Allende zu reformieren bzw. abzuschaffen trachteten, war nicht nur die überkommene Oligarchie, sondern ein überaus krisenanfälliger und traditioneller Kapitalismus, der seit den 50er Jahren zu keinen größeren Entwicklungsschritten mehr fähig war. Der Staat sollte nunmehr statt der behäbigen Unternehmerschaft für die notwendigen ökonomischen Impulse sorgen, und er wurde konsequenterweise in seiner ökonomischen Rolle durch bis dato beispiellos tiefgreifende Strukturmaßnahmen gestärkt. Es soll hier nicht bestritten werden, daß die letztliche Stoßrichtung der Neoliberalen die entgegengesetzte war: Kapitalisierung von Grund und Boden, Liberalisierung des Finanzsystems, Schaffung eines Kapitalmarktes, Außenöffnung der Wirtschaft etc., und es soll auch nicht die Rolle unterschätzt werden, die die Militärjunta, die Unternehmerverbände und die *Chicago Boys* dabei gespielt haben. Es sei aber unterstrichen, daß die Realisierung des „Unternehmens Transformation", das sich dieser hegemoniale Block vorgenommen hatte, durch die Radikalität der unmittelbar zuvor realisierten Strukturmaßnahmen in hohem Maße erleichtert worden ist, denn diese mußten „lediglich" vermittels des starken Staates in die neoliberale Bahn umgelenkt werden. In dieser eigentümlichen geschichtlichen Konstellation einer aufgrund der Politik von Frei und Allende weitgehend expropriierten und in der Hand des Staates konzentrierten Wirtschaft und der Machtergreifung einer ohne Rücksicht auf soziale Folgekosten zum neoliberalen Umbau entschlossenen, autoritären Regierungsequipe liegt ein historischer Sonderfall der Entwicklung Chiles, wenn man den Abschied Lateinamerikas von der importsubstituierenden Industrialisierung und das Einschwenken auf neoliberale Konzepte in komparativer Forschungsperspektive verfolgt – und wohl auch ein wichtiger Schlüssel des chilenischen „Erfolgs".

5.2 Die Rolle der Eliten

Die Rolle, die die jeweiligen hegemonialen sozialen Blöcke, oder, wenn man so will: die Eliten, in dieser *Epoca de Revolución* gespielt haben, verdient eine besondere Erwähnung, denn es waren jeweils andere Bevölkerungsteile und politische Spektren, die die spezifischen Phasen der Transformationen vorangetrieben haben. Ob aber *Revolución en Libertad, Vía Pacífica al Socialismo* oder *Revolución Neoliberal*: Einmal an der Macht trugen die einzelnen Aktionen der sich eigentlich unversöhnlich gegenüberstehenden gesellschaftlichen Pole – ohne es zu wollen – zu einem „gemeinsamen" Projekt bei, das in der Erneuerung des chilenischen Kapitalismus mündete.

Das Eigentümliche daran besteht darin, daß immer dann, wenn die Eliten an der Macht waren, sie sich „revolutionär" gaben, mit der „Modernisierung des Landes" und dem Strukturwandel argumentierten, gegen alle Rückschrittlichkeit der Opposition. Als das Zentrum und die Linke regierten, waren sie sich einig darin, die oligarchen Strukturen zu zerschlagen und unterschieden sich in erster Linie darin, ob man den Kapitalismus abschaffen oder reformieren sollte. Auch die Rechte gab sich fortschrittlich, nachdem sie ihre anfänglichen Sehnsüchte nach der Wiederherstellung der alten Ordnung überwunden hatte, und optierte ihrerseits für eine radikale – und natürlich: „moderne" – Transformation von Wirtschaft und Gesellschaft.

Als man aber in der Opposition war, passierte genau das Gegenteil. Zunächst war es die Rechte, die sich im Namen des *Ancien Régimes* mit allen Mitteln jeglichen Strukturreformen, sei es des Zentrums oder der Linken, widersetzte. Der Militärputsch brachte aber nicht die zuvor ersehnte „alte Ordnung" zurück, sondern die in diesem Buch beschriebenen neoliberalen Transformationen, die nun ihrerseits von der Linken und dem Zentrum hart kritisiert wurden – und zwar gerade auch in Idealisierung der früheren kapitalistischen Strukturen, die sie doch seit den 50er Jahren so fundamental in Frage gestellt hatten.

Auf diese Weise verteidigten alle politischen Blöcke die „alten Zeiten", in denen ihre Klientel vermeintlich „besser lebte", und beschuldigten die jeweilige Regierung der „Zerstörung des Vaterlandes" und der „sozialen Verwerfung". Die Allgegenwart des Staates als zentraler Hebel aller Transformationen wurde abwechselnd, von der Rechten, als „Totalitarismus" und, von der Linken, als Autoritarismus und Diktatur belegt. Und so unterschiedlich die Projekte der einzelnen Regierungen auch waren: Ihnen gemeinsam war weiterhin, daß sie die politische Macht, die sie aus der erbitterten Opposition gegen den gerade bestehenden Modernisierungsversuch heraus gewonnen hatten, wieder verloren. Die Christdemokraten wurden 1970 abgewählt und sowohl von der Linken als auch von der Rechten klar geschlagen. Die Regierung der Unidad Popular wurde im dritten Jahr ihrer Administration gewaltsam abgesetzt. Und auch Pinochet, der im Gegensatz zu den anderen Regierungen sein Programm durchzusetzen in der Lage war, wurde im Plebiszit von 1989 geschlagen. Auch sein Sieg über die Unidad Popular war letzten Endes ein Pyrrhussieg und erscheint im nachhinein genauso wie die Triumphe von Frei und Allende als nur eine weitere, wenn auch abschließende Phase der kapitalistischen Transformation.

5.3 Der Wandel der Sozialstruktur und die „großen" politischen Bewegungen

In diesem Abschnitt kehren wir wieder zur Sozialstruktur zurück. Genauer gilt es nun, den Zusammenhang zwischen den sozialstrukturellen Veränderungen und der jeweils spezifischen Artikulation kollektiven, politischen Handelns aufzudecken. Betrachten wir die Geschichte des Widerstands gegen die Diktatur, so wäre sie in jedem Falle eine andere gewesen, hätte die soziale Basis der Arbeiterbewegung – die Industriearbeiter – auf dem quantitativen Niveau und mit demselben Konzentrationsgrad der 60er Jahre fortexistiert. Dies war aber, wie wir gesehen haben, nicht der Fall, denn die politische Repression, mehr noch aber die neoliberalen Reformen führten zu einer drastischen Reduktion der industriellen Beschäftigung bis 1981 und damit zu einer strukturellen Schwächung der sozialen Basis derjenigen gesellschaftlichen Kräfte, die die Strukturreformen der 60er und beginnenden 70er durchgesetzt hatten (in erster Linie Gewerkschaften und linke Parteien).

In ähnlich direkter Weise zeigt sich der Verlauf der nationalen Protesttage (1983-86) vom Strukturwandel beeinflußt, denn diese wären vermutlich von durchschlagenderer und anhaltenderer Wirkung gewesen, hätte sich die ökonomische Krise von 1982/83 fortgesetzt und hätten sich ihre sozialen Begleiterscheinungen (Arbeitslosigkeit, Informalität, Tertiärisierung) auf diesem Niveau reproduziert. Aber auch dies war nicht der Fall, denn nach der Destrukturierung der Sozialstruktur kam ihre Restrukturierung (post 1986), die die soziale Basis der Protesttage (Arbeitslose, informell Beschäftigte in den *poblaciones*) beträchtlich ausdünnte oder verschwinden ließ.

Man kann nun drei Zyklen der sozialstrukturellen Transformation unterscheiden, die jeweils mit einem bestimmten Stadium der gesellschaftlichen Mobilisierung korrespondieren. In einem ersten Zyklus, der in den 60er Jahren seinen Höhepunkt erreichte, war die Sozialstruktur geprägt durch die industrielle Importsubstitution und den sich aller wirtschaftlicher und sozialer Belange annehmenden Staat. Weitere Kennzeichen waren die beschleunigte Verstädterung, die fortschreitende Salärisierung und die rasche Expansion der industriellen und öffentlichen Beschäftigung. Die Beziehungen zwischen Kapital und Arbeit waren gekennzeichnet durch relativ stabile Arbeitsverträge zwischen der vorwiegend männlichen Arbeiterschaft und den Firmen und beruhten zumeist auf Kollektivverträgen, die ihrerseits zwischen Gewerkschaften und Unternehmervertretungen ausgehandelt wurden.

Der Abschwung dieser Phase begann mit dem Militärputsch von 1973, beschleunigte sich nach der Krise von 1974/75 und war vollendet in der schweren Krise von 1982/83. Anders als ihr Aufschwung, der sich über Jahrzehnte hinweg vollzogen hatte und bis in die 30er Jahre zurückverfolgt werden kann, war der Abschwung also schnell und radikal – ebenso radikal wie die vom autoritären Staat erlassenen Reformen (vgl. Kap. 2). Mit der Außenöffnung der Wirtschaft, der Deregulierung der Arbeitsmärkte, der Hyperflexibilisierung der Arbeitskräfte und der Einführung eines autoritären Fabrikregiments wurde nicht nur die lange gewachsene sozialstrukturelle Ordnung erschüttert, sondern auch die bis dato politisch hegemonialen gesellschaftlichen Kräfte. Der ökonomische Strukturwandel mit seiner Deindustrialisierung und der Reduktion der öffentlichen Beschäftigung war für die linken Parteien und Gewerkschaften von ähnlich gravierender Bedeutung wie die direkte politische Repression.

Die neoliberalen Reformen hinterließen ebenfalls ihre Spuren in der Sozialstruktur in Form eines Zyklus. In einer zweiten Phase, die wir als Destrukturierung der Sozialstruktur bezeichnet haben, kam es zu einem bis dato beispiellosen Anstieg der Arbeitslosigkeit sowie der informellen und tertiären Beschäftigung. In der Folge konzentrierten sich Millionen von Arbeitslosen und Unterbeschäftigten, darunter gerade auch Jugendliche, in den *poblaciones* und brachten eine neue Form von Solidarität hervor. „Neu", weil ihr Referenzpunkt nicht mehr der Betrieb war, sondern die Straße bzw. der *barrio* und weil die Organisationsversuche dieser Bewegung eher von der Kirche und den NGOs ausgingen als von den politischen Parteien und den Gewerkschaften. Die Massenbewegung der *Jornadas de Protesta* zwischen 1983 und 1985 war nur der deutlichste Ausdruck für diese neuartige Solidarisierung. Aber auch diese Entwicklung geriet an ihren Wendepunkt. Wie wir haben zeigen können (Kap. 4), reduzierte sich die Zahl der Arbeitslosen und der informell und tertiär Beschäftigten bis zum Ende der 80er Jahre deutlich, so daß auch der Bewegung der nationalen Protesttage die soziale Basis entzogen wurde.

Die dritte Phase, die bis heute anhält, ist gekennzeichnet durch das Entstehen einer neuen Sozialstruktur, die durch die zunehmende Integration der Ökonomie in den Weltmarkt geprägt ist. Ihre Hauptmerkmale sind die Resalärisierung, die Abnahme und der qualitativ „neue Charakter" der informellen und tertiären Beschäftigung (vgl. Kap. 4.5 und 4.5) und sogar ein Rückgang der Armut etwa auf das Niveau von 1969 (wobei auch die Armut heute qualitativ andere Züge aufweist als noch 10 Jahre zuvor, vgl. Kap. 4.10). Besonders hervorzuheben ist außerdem der industrielle Sektor, dessen Beschäftigung sich absolut seit 1982 mehr als verdoppelt hat. Diese dritte Phase unterscheidet sich allerdings durch zwei wichtige Merkmale von den beiden zuvor diskutierten. Zunächst ist sie im Gegensatz zu den beiden vorhergegangenen Zyklen noch nicht abgeschlossen, das heißt die skizzierten neuen Phänomene sind immer noch dabei, sich auszubilden und noch nicht im Abschwung begriffen. Damit hängt der zweite Unterschied zusammen, daß nämlich, anders als in den beiden Etappen zuvor, keine klar identifizierbaren sozialen Bewegungen auf den Plan getreten sind.

Chile hat deshalb soviel Aufsehen in der wirtschaftspolitischen und soziologischen Diskussion hervorgerufen, weil die gesellschaftspolitischen Projekte der 60er bis 80er Jahre, allesamt angeführt von charismatischen Führern im Sinne Max Webers, in selten angetroffener Radikalität das Land transformiert haben. Es spricht nun viel dafür, daß sich die sozialen Kämpfe beruhigt haben. Damit soll nicht gesagt sein, daß es keine Konflikte mehr gebe, sondern daß, nachdem das Gleichgewicht der Kräfte zwischen Kapital und Arbeit einseitig auf die Kapitalseite verlagert worden ist, sich die Formen ihrer Austragung gewissermaßen reinstitutionalisiert haben. Dies ist auch für Chile kein qualitativ neuer Zustand, denn auch hier gab es nicht immer so herausragende politische Bewegungen wie die von 1967-73 und von 1983-86. Wie wir gesehen haben, handelte es sich bei diesen vielmehr um aus historisch und sozialstrukturell spezifischen Bedingungen entstandene Bewegungen, die ihre soziale Basis nunmehr verloren haben.

5.4 Die Bedingungen des kollektiven Handelns nach der *Epoca de Revolución*

Fragt man zum Schluß nach den aktuellen Bedingungen des kollektiven Handelns in Chile, so ist eigentlich nur klar, wie gesellschaftliche Mobilisierungen vorläufig *nicht* mehr funktionieren. Denn weder kann noch von einer so gut organisierten und einflußreichen Arbeiterbewegung wie zu Zeiten der industriellen Importsubstitution ausgegangen werden, noch dürfte es in absehbarer Zeit zu einer Wiederbelebung der Mobilisierung in den *poblaciones* kommen. Unter denjenigen Sozialwissenschaftlern, die sich mit den Problemen beim Übergang zur Demokratie beschäftigen, herrscht vielmehr weitgehende Einigkeit darüber, daß der von der demokratischen Regierung beibehaltene Kurs einer wirtschaftlichen Öffnung nach außen eine breite gesellschaftliche Legitimation im Volk genießt. Jedweder Versuch, diesen Entwicklungsweg eine neue Orientierung zu geben – etwa wieder den Binnenmarkt zu favorisieren – sähe sich nicht nur den Widerständen des „Sachzwanges Weltmarkt" gegenüber, sondern auch denen der wichtigsten sozialen Akteure im Land selbst.

Selbst die früher ultralinke sozialistische Partei ist heute genauso an der Regierung beteiligt wie die gemäßigte Linkspartei PPD, und auch der Gewerkschaftsverband CUT (*Central Unitaria de Trabajadores*) hat sich die Position der *Concertación* im großen und ganzen zu eigen gemacht: Daß sich eine kleine und marginalisierte Ökonomie wie die chilenische nur schwer vom Weltmarkt abkoppeln und auf eine Binnenmarktorientierung umschalten kann, ist inzwischen eine breit akzeptierte Anschauung bis weit in die Arbeitnehmervertretungen hinein. Die in der CUT organisierten Gewerkschaften haben dies und auch den Kooperationswillen mit den Unternehmern und der Regierung sehr früh unterstrichen, denn in dem bereits im April 1990 unterschriebenen *Acuerdo Marco* – der „konzertierten Aktion" Chiles – erkennen die beteiligten Parteien insbesondere an:

> „… las nuevas condiciones y circunstancias que enfrenta la industria nacional, en un contexto de creciente globalización de la economía mundial e incremento de la competencia y transformación tecnológica, lo cual impone nuevos desafíos en términos de competitividad y productividad."

Die Bereitschaft zur Kooperation mit Unternehmern und Regierung ist im Falle der chilenischen Gewerkschaften bemerkenswert, verfolgten sie doch – ebenso wie die sozialistische Partei – lange Zeit einen konfrontativen Kurs, der die Unternehmer als pure Klassenfeinde betrachtete, die es zu bekämpfen und schließlich – vermittels der Übernahme der politischen Macht – zu besiegen galt. Die Devise hieß Expropriation und Verstaatlichung aller „strategischen" Wirtschaftssektoren und später Schaffung von Arbeiterselbstverwaltungen. Diese Position verfestigte sich noch während der Diktatur, als sich die Unternehmer mit dem autoritären Regime vereinten, das die Gewerkschaftsbewegung systematisch verfolgte.

Als aber 1990 wieder ein demokratischer Präsident die Macht übernommen hatte, erschien ein konfrontativer Kurs gegenüber dem Unternehmertum nicht mehr möglich. Die gesamte Situation in Lateinamerika hatte sich seit der revolutionären Epoche der 60er und 70er Jahre so sehr geändert – noch verstärkt von der Pleite der „real"-sozialistischen Länder Osteuropas –, daß an einen revolutionären Wandel und drastische strukturelle Einschnitte nicht mehr zu denken war. Die Gewerkschaften sahen sich vor diesem Hintergrund gezwungen, ihre Strategie in Richtung des Dialoges und der Verhandlungen mit den Unternehmern und der Regierung zu verlagern. Dies hieß vor allem anzuerkennen, daß es neben fortbestehenden Interessengegensätzen, gemeinsame Interessenlagen gab und gibt, die das Feld für gemeinsame Handlungsstrategien abstecken.

> „ … lo más nuevo en el sindicalismo chileno, lo que ha estado más presente en la acción de los principales dirigentes nacionales, ha sido la voluntad de concertación social, de participar en el debate sobre grandes temas del desarrollo nacional junto al gobierno y a los empresarios." (Ruiz-Tagle 1993: 138)

Seit dem Antritt der Regierung der *Concertación* wurde also die aktive Integrationsstrategie in den Weltmarkt von keinem wichtigen sozialen Akteur, auch nicht von den Gewerkschaften, in Frage gestellt. Auch diese verfolgten in ihrer Mehrheit eine, wie man in Chile sagt, *posición concertacionista*. Nicht also der Entwicklungsweg der fortschreitenden Weltmarktintegration an sich ist, wie es über Jahrzehnte der Fall war, Gegenstand der Kritik und des gewerkschaftlichen Protests, sondern die Art und Weise seiner konkreten Umsetzung. So wendet man sich unter anderem gegen die ungleichmäßige Entwicklung der einzelnen Wirtschaftssektoren, die anhaltende Prekärisierung der Arbeitsmärkte (seien sie formell oder informell) und die unzureichenden Reformen der Arbeitsgesetzgebung, die die extreme Flexibilisierung der Arbeitskräfte auf längere Sicht festgeschrieben haben. Statt dessen fordert man die *empresa moderna*, in der die Arbeiter und ihre Vertretungen größere Mitbestimmung an der konkreten Gestaltung ihrer Arbeitsbedingungen haben sollen, und Investitionen in das Bildungs- und Ausbildungssystem, das die Lohnabhängigen dafür adäquat qualifizieren soll.

In der konkreten Gestaltung des wirtschaftlichen Expansionskurses im Sinne der abhängig Beschäftigten sieht die chilenische Gewerkschaftsbewegung ihre derzeitige Aufgabe, und einige wichtige sozialstrukturelle Indikatoren sprechen dafür, daß sie dieser Aufgabe auch gerecht werden kann: Zunächst die Tatsache, daß Millionen von Chilenen in den letzten zehn Jahren eine Lohnarbeit gefunden haben, wenn auch häufig nur eine prekäre, die sie oftmals nicht einmal die Armut verlassen läßt. Aber dennoch begann sich ihr Alltag nicht mehr ausschließlich in den *poblaciones* abzuspielen, sondern eben auch auf den Feldern, in den Fabriken und Banken. Vor dem Hintergrund der Restrukturierung des Arbeitsmarktes und der Sozialstruktur ist gegenüber der krisenhaften Periode der neoliberalen Reformen von einer Aufwertung des kapitalistischen Betriebs als Ort sozialer Auseinandersetzung auszugehen.

Diese Entwicklung müßte eigentlich die gewerkschaftliche Organisierung begünstigen. Und in der Tat hat die absolute Zahl der Gewerkschaftsmitglieder zwischen 1984 und 1992 von 343 Tsd. auf 723 Tsd. zugenommen, was einer Organisierungsquote von 18,7 % bzw. 25,0 % entspricht – durchaus in der Größenordnung westeuropäischer Länder. Dem stehen allerdings organisatorische Probleme gegenüber, von denen die extreme Zersplitterung der Gewerkschaftsbewegung in nicht weniger als 12.109 Einzelgewerkschaften (1994) gegenüber 4.714 im Jahre 1984 wohl das gravierendste ist. Häufig gibt es mehr als eine Gewerkschaft pro Betrieb, so daß zwischen 1984 und 1994 die durchschnittliche Zahl der von einer Gewerkschaft vertretenen Lohnabhängigen von 73 auf 55 abgenommen hat.[131] Darüber hinaus gehört heute nur jeder zweite gewerkschaftlich Organisierte dem Dachverband CUT an.

Ohne nun einer vielversprechenden Studie über die sozialen Akteure Chiles nach dem Übergang zur Demokratie vorzugreifen, kann soviel gesagt werden, daß die politische Szenerie der ersten Hälfte der 90er Jahre immer noch geprägt gewesen ist von der *Epoca de Revolución* und daß sich frühestens im Hinblick auf die Präsidentschaftswahlen im Jahre 1999 neue Konstellationen und Formen der gesellschaftlichen Mobilisierung herausbilden werden. Man könnte sagen, die Gründe, die für die Stabilität der Regierung der *Concertación* gesorgt haben, sind dieselben, die eine alternative Form kollektiven Handelns bis jetzt verhindert haben. Ähnlich wie 1964, als Eduardo Frei (Senior) als christdemokratischer Kandidat aus Angst vor einem Wahlsieg der Linken von der Rechten unterstützt wurde, bedurfte es 1989 und 1993 einer

---

[131] Alle Zahlen nach Cortázar (1995).

Mitte-Links-Koalition, um die Rechte aus der Regierung zu verdrängen. Und so verdankt sich das Eintreten vieler Chilenen für die *Concertación* nicht gerade leidenschaftlicher Identifikation mit ihrer Administration oder ihrem aktuellen Präsidenten, die Regierung wird vielfach schlicht als das „kleinere Übel" gegenüber einem Comeback der Rechten empfunden.

Die Regierung scheint solange nicht in Gefahr zu geraten, wie sie sich auf die Erfüllung ihrer vorrangigen und als gemeinsame anerkannten Aufgaben – Verfassungsreformen, Menschenrechtspolitik, Beseitigung autoritärer Enklaven, wirtschaftspolitische Kontinuität – konzentriert und dabei die internen Gegensätze, die es natürlich zwischen Linken und Christdemokraten auch gibt, etwa in der Frage der Privatisierungen und der Steuer- oder Arbeitsmarktreformen, hintanstellt. Solange die gemeinsamen Aufgaben die partikularen Interessen der sie tragenden gesellschaftlichen Kräfte überwiegen, die Angst vor der Rechten weiterhin groß und die Wirtschaft weiterhin auf Wachstumskurs ist, sehen die meisten Chilenen keine Alternative zur jetzigen Regierung. Diese Alternativlosigkeit befördert allerdings auch eine gewisse Passivität gegenüber den politischen Entscheidungsgremien, die man zwar schlecht messen, aber doch in Gesprächen immer wieder wahrnehmen kann. Gerade die Generation, die als Studenten in der Demokratiebewegung der 80er Jahre eine Schlüsselrolle gespielt haben, zeigt sich heute häufig enttäuscht und bisweilen gelangweilt vom politischen „Spiel".

Zu dieser Ermüdung trägt allerdings nicht nur die Tatsache bei, daß es bis heute zur aktuellen Regierung keine realistische Perspektive gibt, sondern auch die strukturelle Schwäche der Opposition. War von den internen Problemen der Gewerkschaften bereits oben die Rede, so ist die Kommunistische Partei, die in der Regierung der Unidad Popular eine konstruktive Rolle und im illegalen Kampf gegen die Diktatur eine Schlüsselrolle gespielt hatte, heute marginalisiert. Ihr kommt zweifellos eine wichtige Funktion innerhalb der Komitees für die Menschenrechte und bei der Aufarbeitung der Vergangenheit zu. Zu einer konsistenten Analyse der gegenwärtigen Bedingungen des chilenischen Kapitalismus ist sie jedoch nur in Ansätzen gekommen. Profitiert haben von dieser Konstellation einer „großen" und deshalb recht „behäbigen" Koalition sowie einer blassen klassischen Opposition einerseits und der Wahrnehmung einer Überausbeutung von Landschaften und Ökosystemen[132] andererseits unabhängige Organisationen und Bürgerinitiativen, „deren" gemeinsamer Kandidat Max Neef bei den Präsidentschaftswahlen von 1993 mit 5,5 % mehr als einen Achtungserfolg erzielte. Mit dem Konzept für eine nachhaltige Entwicklung, das der

---

[132] Neben der Vertiefung der sozialen Ungleichheit ist der systematische Raubbau der natürlichen Ressourcen der zweite wesentliche pathologische Effekt des neoliberalen Entwicklungsmodells. Leider ließ die Fokussierung der vorliegenden Studie auf den sozialstrukturellen Wandel nicht eine adäquate Behandlung dieses Aspekts zu. Er ist aber recht ausführlich von Elmar Römpczyk beschrieben worden (1994: 71ff.).

Träger des alternativen Nobelpreises für Ökonomie so überzeugend vertritt, liegt eine gerade für die urbane Mittelklasse attraktive Alternative zum sonst praktisch nie hinterfragten neoliberalen Diskurs.

Viele Beobachter prognostizieren nun einen Zerfall der *Concertación* in dem Maße, in dem einerseits die Angst vor einer erneuten Machtübernahme der Rechten schwindet, und andererseits die inneren Gegensätze der Regierung die Oberhand zu gewinnen beginnen. Vor allem in den beiden sozialistischen Parteien mehren sich die Stimmen, die es für inakzeptabel halten, zum dritten mal hintereinander einen christdemokratischen Präsidenten mitzutragen – zumal man mit Ricardo Lagos über einen sehr ernstzunehmenden Kandidaten für die Wahlen im Jahre 1999 verfügt. Es wird wohl einerseits vom Ausgang der Parlamentswahlen 1997, bei der die Parteien unabhängig antreten werden, und andererseits von den Begleitumständen der Übergabe der Macht Pinochets an seinen Nachfolger als Oberbefehlshaber der Armee 1998 abhängen, ob sich die politische Szenerie bereits zur Wahl 1999 den aus früheren Jahren bekannten Mustern anzunähern beginnt oder erst anläßlich der danach stattfindenden Wahlen. Eine Wiederannäherung an die frühere Dreiteilung der politischen Landschaft wird jedenfalls für weit wahrscheinlicher gehalten, als daß sich neue soziale Bewegungen wie etwa die Ökologiebewegung entscheidend in Szene zu setzen in der Lage sind. Die Möglichkeit, daß erneut ein sozialistischer Kandidat gegen einen Christdemokraten und einen Rechten antreten könnte, bedeutet aber keine Rückkehr zum „unversöhnlichen" Kampf der *Epoca de Revolución*, sondern es dürfte dabei um eine mit friedlichen Mitteln geführte Auseinandersetzung um die eher feinen Unterschiede gehen zwischen einem orthodoxen Neoliberalismus (Rechte), einem Neoliberalismus mit sozialem Ausgleich (Christdemokraten) und dem, was man eine sozialdemokratische, vielleicht auch nachhaltigere Version des bisherigen Modells nennen könnte.

Anhang

Tabellen zu Kapitel 4.8:
Bildungskapital und Beschäftigungsposition

Quelle jeweils: Universidad de Chile

Bildungskapital und Beschäftigungsposition, Männer und Frauen

TAB. A.1: BILDUNGSKAPITAL UND BESCHÄFTIGUNGSPOSITION 1972

Beschäftigungsposition	Bildungsabschluß: gering (50,7)	Bildungsabschluß: mittel (34,8)	Bildungsabschluß: hoch (14,5)
Man.	0,1	1,8	2,5
KU	7,9	15,2	6,9
Oberer Raum	**0,1**	**1,2**	**50,6**
Prof.	0,1	0,9	24,8
Ing.	0,0	0,3	25,8
Mittlerer Raum	**26,1**	**52,4**	**31,3**
QZB	3,6	11,2	3,2
QDB	6,1	28,4	26,0
QMB	16,4	12,8	2,1
Unterer Raum	**65,8**	**29,3**	**8,5**
EZB	4,7	12,7	6,5
EDB	30,3	6,6	1,0
EMB	31,0	10,0	1,0
Gesamt	**100**	**100**	**100**
N	494.147	338.961	140.656

TAB. A.2: BILDUNGSKAPITAL UND BESCHÄFTIGUNGSPOSITION 1976

Beschäftigungsposition	Bildungsabschluß gering (49,1)	Bildungsabschluß mittel (37,0)	Bildungsabschluß hoch (13,9)
Man.	0,1	1,4	6,1
KU	7,2	13,7	11,1
Oberer Raum	0,2	0,3	53,4
Prof.	0,1	0,2	28,4
Ing.	0,1	0,1	25,0
Mittlerer Raum	30,0	52,9	23,6
QZB	5,4	11,6	4,0
QDB	6,1	27,2	17,3
QMB	18,5	14,1	2,3
Unterer Raum	62,5	31,7	5,8
EZB	5,7	13,5	4,5
EDB	29,1	8,1	0,4
EMB	27,7	10,1	0,9
Gesamt	**100**	**100**	**100**
N	478.072	360.418	135.831

TAB. A.3: BILDUNGSKAPITAL UND BESCHÄFTIGUNGSPOSITION 1982

Beschäftigungsposition	Bildungsabschluß gering (39,5)	Bildungsabschluß mittel (46,2)	Bildungsabschluß hoch (14,3)
Man.	0,0	1,3	5,1
KU	7,0	12,1	7,7
Oberer Raum	0,0	0,7	60,3
Prof.	0,0	0,3	33,9
Ing.	0,0	0,4	26,4
Mittlerer Raum	27,8	51,4	20,3
QZB	7,2	18,2	6,5
QDB	5,6	21,6	11,4
QMB	15,0	11,6	2,4
Unterer Raum	65,2	34,5	6,7
EZB	7,9	12,8	4,5
EDB	35,1	11,9	0,6
EMB	22,2	9,8	1,6
Gesamt	**100**	**100**	**100**
N	428.391	499.930	154.672

TAB. A.4: BILDUNGSKAPITAL UND BESCHÄFTIGUNGSPOSITION 1986

Beschäftigungsposition	Bildungsabschluß: gering (33,8)	Bildungsabschluß: mittel (49,7)	Bildungsabschluß: hoch (16,5)
Man.	0,2	1,2	6,3
KU	7,9	9,3	8,2
Oberer Raum	**0,0**	**1,0**	**66,6**
Prof.	0,0	0,5	37,9
Ing.	0,0	0,5	28,7
Mittlerer Raum	**24,4**	**46,7**	**13,0**
QVB	3,3	13,3	6,0
QDB	5,6	20,4	6,2
QMB	15,5	13,0	0,8
Unterer Raum	**67,5**	**41,8**	**5,9**
EVB	7,1	12,2	4,8
EDB	36,2	15,7	0,6
EMB	24,2	13,9	0,5
Gesamt	**100**	**100**	**100**
N	458.155	673.591	222.402

TAB. A.5: BILDUNGSKAPITAL UND BESCHÄFTIGUNGSPOSITION 1990

Beschäftigungsposition	Bildungsabschluß gering (27,0)	Bildungsabschluß mittel (54,1)	Bildungsabschluß hoch (18,9)
Man.	0,2	1,5	8,3
KU	7,7	10,3	12,7
Oberer Raum	**0,2**	**0,7**	**57,8**
Prof.	0,2	0,5	35,2
Ing.	0,0	0,2	22,6
Mittlerer Raum	**26,1**	**46,3**	**15,1**
QZB	6,0	12,3	4,0
QDB	4,2	19,7	8,5
QMB	15,9	14,3	2,6
Unterer Raum	**65,8**	**41,2**	**6,0**
EZB	7,4	10,9	4,1
EDB	33,9	14,2	0,8
EMB	24,5	16,1	1,1
Gesamt	**100**	**100**	**100**
N	449.646	901.473	314.997

TAB. A.6: BILDUNGSKAPITAL UND BESCHÄFTIGUNGSPOSITION 1994

Beschäftigungsposition	Bildungsabschluß gering (22,7)	Bildungsabschluß mittel (56,3)	Bildungsabschluß hoch (21,0)
Man.	0,0	0,3	4,2
KU	5,5	10,1	11,6
Oberer Raum	0,2	0,3	63,4
Prof.	0,1	0,2	33,8
Ing.	0,1	0,1	29,6
Mittlerer Raum	25,5	50,3	14,2
QZB	4,5	12,7	5,5
QDB	4,5	21,8	6,5
QMB	16,5	15,8	2,2
Unterer Raum	68,9	39,0	6,6
EZB	11,2	13,5	5,4
EDB	31,1	11,9	0,7
EMB	26,6	13,6	0,5
Gesamt	100	100	100
N	453.514	1.124.795	419.257

Bildungskapital und Beschäftigungsposition: Männer

TAB. A.7: BILDUNGSKAPITAL UND BESCHÄFTIGUNGSPOSITION 1972: MÄNNER

Beschäftigungsposition	Bildungsabschluß gering (48,4)	Bildungsabschluß: mittel (35,9)	Bildungsabschluß hoch (15,7)
Man.	0,2	2,8	3,7
KU	8,8	19,6	8,9
Oberer Raum	0,1	1,3	52,0
Prof.	0,1	0,8	18,5
Ing.	0,0	0,5	33,5
Mittlerer Raum	34,7	55,4	28,9
QZB	1,4	9,9	3,7
QDB	7,3	26,5	22,2
QMB	26,0	19,0	3,0
Unterer Raum	56,2	20,9	6,6
EZB	5,2	7,3	4,2
EDB	15,7	5,3	1,1
EMB	35,3	8,3	1,3
Gesamt	100	100	100
N	294.278	218.007	95.599

TAB. A.8: BILDUNGSKAPITAL UND BESCHÄFTIGUNGSPOSITION 1976: MÄNNER

Beschäftigungsposition	Bildungsabschluß gering (48,8)	Bildungsabschluß mittel (36,9)	Bildungsabschluß hoch (14,3)
Man.	**0,1**	**1,7**	**9,3**
KU	8,1	18,0	15,0
Oberer Raum	**0,2**	**0,2**	**49,7**
Prof.	0,2	0,1	19,1
Ing.	0,0	0,1	30,6
Mittlerer Raum	**40,3**	**56,2**	**23,0**
QVB	5,8	12,3	4,9
QDB	7,0	23,2	14,5
QMB	27,5	20,7	3,6
Unterer Raum	**51,5**	**23,9**	**3,1**
EVB	6,6	8,8	2,5
EDB	14,8	6,1	0,3
EMB	30,1	9,0	0,3
Gesamt	**100**	**100**	**100**
N	304.994	230.512	89.371

TAB. A.9: BILDUNGSKAPITAL UND BESCHÄFTIGUNGSPOSITION 1982: MÄNNER

Beschäftigungsposition	Bildungsabschluß gering (39,4)	Bildungsabschluß mittel (45,9)	Bildungsabschluß hoch (14,7)
Man.	**0,0**	**2,1**	**7,1**
KU	7,1	13,8	9,9
Oberer Raum	**0,0**	**0,8**	**55,3**
Prof.	0,0	0,3	22,4
Ing.	0,0	0,5	32,9
Mittlerer Raum	**39,7**	**56,4**	**23,3**
QZB	9,1	17,9	7,5
QDB	7,1	21,2	12,7
QMB	23,5	17,3	3,1
Unterer Raum	**53,3**	**26,9**	**4,4**
EZB	9,7	6,8	1,6
EDB	15,6	9,7	0,6
EMB	28,0	10,4	2,2
Gesamt	**100**	**100**	**100**
N	263.368	306.311	98.042

TAB. A.10: BILDUNGSKAPITAL UND BESCHÄFTIGUNGSPOSITION 1986: MÄNNER

Beschäftigungsposition	Bildungsabschluß: gering (33,3)	Bildungsabschluß: mittel (50,6)	Bildungsabschluß: hoch (16,1)
Man.	0,4	1,5	10,3
KU	8,4	11,7	11,9
Oberer Raum	0,0	0,9	60,2
Prof.	0,0	0,3	23,5
Ing.	0,0	0,6	36,7
Mittlerer Raum	33,5	55,0	14,4
QVB	3,4	13,6	5,4
QDB	5,7	21,5	7,7
QMB	24,4	19,9	1,3
Unterer Raum	57,7	31,0	3,1
EVB	8,6	5,2	1,8
EDB	20,4	11,5	0,5
EMB	28,7	14,3	0,8
Gesamt	**100**	**100**	**100**
N	274.966	417.919	133.009

TAB. A.11: BILDUNGSKAPITAL UND BESCHÄFTIGUNGSPOSITION 1990: MÄNNER

Beschäftigungsposition	Bildungsabschluß: gering (26,2)	Bildungsabschluß: mittel (54,3)	Bildungsabschluß: hoch (19,5)
Man.	0,3	1,8	12,0
KU	9,1	12,8	15,5
Oberer Raum	0,1	0,8	50,6
Prof.	0,1	0,3	25,1
Ing.	0,0	0,5	25,5
Mittlerer Raum	37,7	54,1	18,6
QZB	6,5	12,5	4,5
QDB	5,6	19,8	10,0
QMB	25,6	21,8	4,1
Unterer Raum	52,9	30,4	3,2
EZB	8,2	4,0	1,2
EDB	13,4	9,8	0,8
EMB	31,3	16,6	1,2
Gesamt	**100**	**100**	**100**
N	269.312	560.008	201.296

TAB. A.12: BILDUNGSKAPITAL UND BESCHÄFTIGUNGSPOSITION 1994: MÄNNER

Beschäftigungsposition	Bildungsabschluß: gering (23,8)	Bildungsabschluß: mittel (54,8)	Bildungsabschluß: hoch (21,4)
Man.	0,0	0,5	6,3
KU	5,8	11,5	13,4
Oberer Raum	**0,2**	**0,3**	**61,7**
Prof.	0,1	0,2	24,2
Ing.	0,1	0,1	37,5
Mittlerer Raum	**35,9**	**57,2**	**15,4**
QZB	4,6	12,0	5,8
QDB	6,5	21,2	6,3
QMB	24,8	24,0	3,3
Unterer Raum	**58,0**	**30,5**	**3,2**
EZB	12,4	6,6	1,2
EDB	13,1	9,0	1,2
EMB	32,5	14,9	0,8
Gesamt	**100**	**100**	**100**
N	295.855	679.985	265.556

Bildungskapital und Beschäftigungsposition: Frauen

TAB. A.13: BILDUNGSKAPITAL UND BESCHÄFTIGUNGSPOSITION 1972: FRAUEN

Beschäftigungsposition	Bildungsabschluß: gering (54,6)	Bildungsabschluß: mittel (33,1)	Bildungsabschluß: hoch (12,3)
Man.	0,0	0,0	0,5
KU	6,7	7,2	2,8
Oberer Raum	**0,0**	**1,2**	**48,0**
Prof.	0,0	1,2	38,3
Ing.	0,0	0,0	9,7
Mittlerer Raum	**13,3**	**47,3**	**36,4**
QZB	6,7	13,6	2,3
QDB	4,2	32,0	34,1
QMB	2,4	1,7	0,0
Unterer Raum	**80,0**	**44,3**	**12,3**
EZB	3,6	22,3	11,0
EDB	51,8	8,9	0,9
EMB	24,6	13,1	0,4
Gesamt	**100**	**100**	**100**
N	199.869	120.954	45.057

TAB. A.14: BILDUNGSKAPITAL UND BESCHÄFTIGUNGSPOSITION 1976: FRAUEN

Beschäftigungsposition	Bildungsabschluß: gering (49,5)	Bildungsabschluß: mittel (37,2)	Bildungsabschluß: hoch (13,3)
Man.	0,0	0,8	0,0
KU	6,3	6,6	3,7
Oberer Raum	**0,0**	**0,4**	**60,5**
Prof.	0,0	0,4	46,3
Ing.	0,0	0,0	14,2
Mittlerer Raum	**11,9**	**46,8**	**24,8**
QVB	4,7	10,3	2,2
QDB	4,5	34,2	22,6
QMB	2,7	2,4	0,0
Unterer Raum	**81,8**	**45,3**	**11,0**
EVB	4,2	21,8	8,4
EDB	54,2	11,5	0,5
EMB	23,4	12,0	2,1
Gesamt	**100**	**100**	**100**
N	173.078	129.906	46.460

TAB. A.15: BILDUNGSKAPITAL UND BESCHÄFTIGUNGSPOSITION 1982: FRAUEN

Beschäftigungsposition	Bildungsabschluß: gering (39,7)	Bildungsabschluß: mittel (46,6)	Bildungsabschluß: hoch (13,6)
Man.	0,0	0,2	1,6
KU	6,8	9,4	3,8
Oberer Raum	**0,0**	**0,5**	**68,9**
Prof.	0,0	0,3	53,8
Ing.	0,0	0,2	15,1
Mittlerer Raum	**8,9**	**43,4**	**15,0**
QZB	4,1	18,6	4,8
QDB	3,3	22,3	9,1
QMB	1,5	2,5	1,1
Unterer Raum	**84,3**	**46,5**	**10,7**
EZB	5,0	22,3	9,7
EDB	66,2	15,4	0,5
EMB	13,1	8,8	0,5
Gesamt	**100**	**100**	**100**
N	165.023	193.619	56.630

TAB. A.16: BILDUNGSKAPITAL UND BESCHÄFTIGUNGSPOSITION 1986: FRAUEN

Beschäftigungsposition	Bildungsabschluß: gering (34,7)	Bildungsabschluß: mittel (48,4)	Bildungsabschluß: hoch (16,9)
Man.	**0,0**	**0,7**	**0,4**
KU	7,1	5,4	2,7
Oberer Raum	**0,0**	**1,1**	**76,1**
Prof.	0,0	0,8	59,2
Ing.	0,0	0,3	16,9
Mittlerer Raum	**10,8**	**33,0**	**10,8**
QVB	3,2	12,9	6,9
QDB	5,3	18,5	3,9
QMB	2,3	1,6	0,0
Unterer Raum	**82,1**	**59,8**	**10,0**
EVB	4,9	23,8	9,2
EDB	59,8	22,6	0,8
EMB	17,4	13,4	0,0
Gesamt	**100**	**100**	**100**
N	183.189	255.672	89.393

TAB. A.17: BILDUNGSKAPITAL UND BESCHÄFTIGUNGSPOSITION 1990: FRAUEN

Beschäftigungsposition	Bildungsabschluß: gering (28,4)	Bildungsabschluß: mittel (53,7)	Bildungsabschluß: hoch (17,9)
Man.	**0,0**	**0,9**	**1,7**
KU	5,7	6,1	7,7
Oberer Raum	**0,2**	**0,8**	**70,4**
Prof.	0,2	0,8	53,0
Ing.	0,0	0,0	17,4
Mittlerer Raum	**9,0**	**33,4**	**9,0**
QZB	5,3	12,1	3,1
QDB	2,2	19,3	5,9
QMB	1,5	2,0	0,0
Unterer Raum	**85,1**	**58,8**	**11,2**
EZB	6,1	22,1	9,4
EDB	64,5	21,4	0,7
EMB	14,5	15,3	1,1
Gesamt	**100**	**100**	**100**
N	180.334	341.465	113.548

TAB. A.18: BILDUNGSKAPITAL UND BESCHÄFTIGUNGSPOSITION 1994: FRAUEN

Beschäftigungsposition	Bildungsabschluß: gering (20,9)	Bildungsabschluß: mittel (58,8)	Bildungsabschluß: hoch (20,3)
Man.	**0,0**	**0,2**	**0,6**
KU	**5,0**	**7,6**	**8,3**
Oberer Raum	**0,0**	**0,2**	**66,4**
Prof.	0,0	0,1	50,4
Ing.	0,0	0,1	16,0
Mittlerer Raum	**5,7**	**39,9**	**12,1**
QZB	4,2	13,9	4,9
QDB	0,7	22,9	6,9
QMB	0,8	3,1	0,3
Unterer Raum	**89,3**	**52,2**	**12,6**
EZB	8,9	24,2	12,6
EDB	64,8	16,3	0,0
EMB	15,6	11,7	0,0
Gesamt	**100**	**100**	**100**
N	157.659	444.810	153.701

Literaturverzeichnis

Agacino, R. & Rivas, G. (1993): *La industria chilena después del ajuste: evaluación y perspectivas.* PET, Documento de Trabajo, Nr. 95, Santiago de Chile.

Alaluf, D. (1971): „La conyuntura económica y las transformaciones estructurales en 1971" In: Instituto de Economía (1971).

Alburquerque Llorens, F.; De Mattos, C.A. & Jordán Fuchs (Hg.) (1990): *Revolución tecnológica y restructuración productiva: impactos y desafíos territoriales.* Buenos Aires.

Altvater, E. (1991): *Die Zukunft des Marktes. Ein Essay über die Regulation von Geld und Natur nach dem Scheitern des „real-existierenden" Sozialismus.* Münster.

Altvater, E. & Mahnkopf, B. (1996): *Grenzen der Globalisierung. Ökonomie, Ökologie und Politik in der Weltgesellschaft.* Münster.

Aranda, S. & Martínez, A. (1971): „Estructura económica: algunas características fundamentales" In: Pinto (1971: 55-172).

Arellano, J.P. (1995): „Política fiscal y desarrollo social" In: CIEPLAN (1995: 77-92).

Bengoa, J. & Tironi, E. (1994): „Una mirada retrospectiva: entrevista a Don Patricio Aylwin Azócar" In: SUR (1994: 12-19).

Berger, P.A. (1986): *Entstrukturierte Klassengesellschaft?* Opladen.

Blossfeld, H.P. et al. (1993): „Expansion of the Tertiary Sector and Social Inequality" In: Esping-Anderson, G. (Hg.) (1993): *Changing Classes. Stratification and Mobility in Post-Industrial Societies.* London.

Bourdieu, P. (1982): *Die feinen Unterschiede. Kritik der gesellschaftlichen Urteilskraft.* Frankfurt/Main.

Bourdieu, P. (1985): *Sozialer Raum und Klassen.* Frankfurt/Main.

Bourdieu, P. et al. (1991): *Soziologie als Beruf. Wissenschaftstheoretische Voraussetzungen soziologischer Erkenntnis.* Berlin/New York.

Bourricoud, F. (1969): *Notas acerca de la oligarquía en el Perú.* Buenos Aires.

Brunner, J.J.(1984): *Cultura y política en la lucha por la democracia.* FLACSO, Documento de Trabajo 206, Santiago de Chile.

Burawoy, M. (1979): *Manufacturing Consent: Changes in the Labor Process under Monopoly Capitalism.* Chicago.

Bustamente, C. & Echeverría, M. (1991): „1990 y la salud laboral" In: PET (1991: 121-140).

Campero, G. (1984a): „El tema de la democracia en los organizaciones empresariales y los sindicatos de trabajadores" In: Opciones, Extranummer, Santiago de Chile.

Campero, G. (1984b): *Los gremios empresariales en el período 1970-1983: comportamiento sociopolítico y orientaciones ideológicas.* Santiago de Chile.

Camus, I.G. (1990): *El día en que murió Allende.* 3. Auflage, Santiago de Chile.

Caputo, O. & Pizaro, R. (1971): „Dependencia e inversión extranjera" In: Pinto (1971: 173-212).

Cardoso, F.H. & Faletto, E. (1976): *Abhängigkeit und Entwicklung in Lateinamerika.* Frankfurt/Main.

CEPAL (1990): *Transformación productiva con equidad. La tarea prioritaria del desarrollo de América Latina y el Caribe en los años noventa.* Santiago de Chile.

CEPAL (1992a): *La cadena de distribución y la competetividad de las exportaciones latinoamericanas. La fruta de Chile.* Santiago de Chile.

CEPAL (1992b): *Equidad y transformación productiva. Un enfoque integrado.* Santiago de Chile.

CEPAL (1994): *Panorama social de América Latina.* Santiago de Chile.

CIEPLAN (1995): *Políticas económicas y sociales en el Chile democrático.* Santiago de Chile.

Cortázar, R. (1995): *The Evolution and Reform of Labor Markets in Chile.* OIT, Santiago de Chile.

Cox, C. (1985): *Políticas educacionales y principios culturales. Chile 1965-1985.* CIDE, Santiago de Chile.

Cox, C. (1986): *Chilean Education in 1985. Institutional Profile.* CIDE, Documento de Trabajo, Santiago de Chile.

Crompton, R. (1993): *Class and stratification.* Cambridge.

Dahse, F. (1979): *El mapa de la extrema riqueza. Los grupos económicos y el proceso de concentración de capitales.* Santiago de Chile.

De Vylder, S. (1974): *Chile 1970-73: The Political Economy of the Rise and Fall of the Unidad Popular.* Stockholm.

Díaz, A. (1989): „Reestructuración industrial autoritaria en Chile" In: SUR, proposiciones 17, Santiago de Chile.

Díaz, A. (1990): „Reestructuración industrial, Neotaylorismo y régimen de fábrica en Chile" In: Alburquerque Llorens et al. (Hg.) (1990: 395-412).

Díaz, A. (1993): „Nuevas tendencias de la industria en América Latina: Cadenas productivas, PYME y especialización flexible" In: proposiciones 23, SUR (1993: 48-65) Santiago de Chile.

Di Tella, T. (1964): *El sistema político argentino y la clase obrera.* Buenos Aires.

Duhart, S. & Weinstein, J. (1991): *La industria pesquera en la región de Bíobío.* PET, Colección Estudios Sectoriales 9, Santiago de Chile.

Echeverría, M. & Herrera, G. (1993): *Innovaciones en la empresa y situación del trabajo: la visión sindical.* PET, Documento de Trabajo, Nr. 97, Santiago de Chile.

Echeverría, R. (1982): *Evolución de la matrícula en Chile 1935-1981*. PIIE, Santiago de Chile.

Elizondo, J.R. (1995): *Crisis y renovación de las izquierdas. De la revolución cubana a Chiapas pasando por „el caso chileno"*. Santiago de Chile.

Erbslöh, B. et al. (1987): *Klassenstruktur und Klassenbewußtsein in der Bundesrepublik Deutschland*. Endbericht eines DFG-Forschungsprojekts, Duisburg.

Farnsworth, E.; Feinberg, R. & Leenson, E.S. (1973): *Chile. El bloqueo invisible*. Buenos Aires.

Farrel, J. (1983): *The National Unified School in Allende's Chile: The Role of Education in the Destruction of a Revolution*. Toronto.

Fernandes, F. (1968): *Sociedades de clases e subdesenvolvimento*. Rio de Janeiro.

Fernandes, F. (1973): *Capitalismo dependente e classes sociais na America Latina*. Rio de Janeiro.

Ffrench-Davis, R. (1985): *Notas sobre la crisis de la deuda externa en Chile*. Apuntes CIEPLAN, Nr. 55, Santiago de Chile.

Ffrench-Davis, R. & Labán R. (1995): *Desempeño y logros macroeconómicos en Chile*. In: CIEPLAN (1995: 49-76).

Flisfish, A. (1994): *La gestión estratégica de un proceso de transición a consolidación: el caso chileno*. In: Sur (1994: 20-33).

Foxley, A. (1995): *Los objetivos económicos y sociales en la transición a la democracia*. In: CIEPLAN (1995: 11-30).

Frías, P. (1991): „Movimiento sindical y transición a la democracia" In: PET (1991: 99-120).

Frías, P. (1994): „Sindicatos en la transición: En la busqueda de una nueva identidad" In: PET (1994: 55-74).

Frías, P. & Ruiz-Tagle, J. (1992): *Situación y dinámica del sindicalismo chileno en el contexto económico y sociopolítico*. PET, Documento de Trabajo, Nr. 91, Santiago de Chile.

García, L.; Rivera, E. & Vega J.E. (1994): „Chile" In: Töpper & Plantenberg (Hg.) (1994: 148-203).

García, N. (1971): „Algunos aspectos de la política de corto plazo de 1971" In: Instituto de Economía (1971: 47-270).

García, A. & Schkolnik, M. (1995): „Superación de la pobreza: balance y propuestas" In: CIEPLAN (1995: 141-167).

Garretón, M.A. (1983): *El proceso político chileno*. Santiago de Chile.

Garretón, M.A. (1993): *La crisis de la democracia, el golpe militar y el proyecto contrarrevolucionario*. FLACSO, Documento de Trabajo, Serie Estudios Políticos Nr. 30, Santiago de Chile.

Gatica, J. (1986): *La evolución del empleo formal e informal en el sector servicios latinoamericano*. PREALC, Documento de Trabajo, Nr. 279, Santiago de Chile.

Geller, L. (1994): „Cambio tecnológico, trabajo y empleo: industria manufacturera del Gran Santiago" In: Geller et al. (1994): *Innovaciones, empleo, capacitación y renumeraciones en la manufacturera chilena*. OIT, Santiago de Chile.

Germani, G. (1955): *Estructura social de los argentinos*. Buenos Aires.

Germani, G. (1968): *Política y sociedad en una época de transición: de la sociedad tradicional a la sociedad de masa*. Buenos Aires.

Giddens, A. (1984): *Die Klassenstruktur fortgeschrittener Gesellschaften*. Frankfurt/Main, 1984.

Gómez, S. & Echenique, J. (1988): *La agricultura chilena. Las dos caras de la modernización*. FLACSO, Documento de Trabajo, Santiago de Chile.

Graciarena, J. (1967): *Poder a clases sociales en el desarrollo de América Latina*. Buenos Aires.

Gramsci, A. (1967): *Philosophie der Praxis*. Frankfurt/Main.

Henríquez, H. & Reca, I.C. (1994): „La mujer en el trabajo: la nueva puesta en escena de un tema antiguo" In: PET (1994: 139-158).

Herkommer, S. (1996): „Veränderungen in der Klassenstruktur Europas" In: Sozialismus, Nr. 4, 1996.

Hradil, S. (1992): „Sozialstruktur und gesellschaftlicher Wandel" In: Gabriel O.W. (Hg.) (1992): *Die EG-Staaten im Vergleich*. Opladen.

Hurtienne, T. & Messner, D. (1994): „Neue Konzepte von Wettbewerbsfähigkeit" In: Töpper & Plantenberg (1994: 19-51).

Imbusch, P. (1995): *Unternehmer und Politik in Chile*. Frankfurt/Main.

Instituto de Economía (1971): *La Economía Chilena en 1971*. Universidad de Chile, Santiago.

Instituto Nacional de Estadística (INE) (verschiedene Jahrgänge): *Censos de Población*. Santiago de Chile.

INE (verschiedene Jahrgänge): *Encuesta Nacional del Empleo*. Santiago de Chile.

INE (verschiedene Jahrgänge): *Anuarios de la Industria Manufacturera*. Santiago de Chile.

Jadresic, A. (1986): *Evolución del empleo y desempleo en Chile, 1970-1985*. Colección Estudios CIEPLAN, Nr. 20, Santiago de Chile.

Jadresic, A. (1990): „Transformación productiva, crecimiento y competetividad internacional. Consideraciones sobre la experiencia chilena" In: *Pensamiento Iberoamericano*, Nr. 17, S. 39-68.

Kinsbrunner, J. (1973): *Chile. A Historical Interpretation*. New York.

Klemperer, V. (1947): *LTI – Notizbuch eines Philologen*. Berlin.

Koch, M. (1994): *Vom Strukturwandel einer Klassengesellschaft. Theoretische Diskussion und empirische Analyse*. Münster.

Koch, M. (1996): „Class and Taste. Bourdieu's Contribution to the Analysis of Social Structure and Social Space" In: *International Journal of Contemporary Sociology* Vol. 33, No. 2, 1996, S.187-202.

Koch, M. (1997): „Neoliberale Wirtschafts- und Sozialpolitik in Chile" In: *Zeitschrift für Sozialreform*, Vol. 43, Heft 7, S. 563-583.
Koch, M. (1998): „Die Kehrseite der 'Modernisierung'. Sozialstruktureller Wandel in Chile" In: *Asien, Afrika, Lateinamerika*, Vol. 26, S. 195-223.
Lagos, R. (1981): „La Nouvelle Bourgeoisie" *Amérique Latine*, Nr. 6, Paris.
Llona, A. & Uthoff, A. (1978): „El problema de la distribución del ingreso: el caso chileno" In: ICHEH (1978): *Treinta y cinco años de discontinuidad económica.* Santiago de Chile.
Larrain, F. & Meller, P. (1990): „La experiencia populista chilena 1970-73" In: *Colección Estudios CIEPLAN*, Nr. 30, S. 151-196, Santiago de Chile.
Liepitz, A. & Leborgne, D. (1990) „Nuevas tecnologías, nuevas formas de regulación. Algunas consecuencias espaciales" In: Alburquerque et al. (1990: 103-137).
Mac-Clure, H. (1993): „Los pequeños productores en la economía" In: *Proposiciones* 23, SUR, S. 84-96, Santiago de Chile.
Marcel, M. (1984): *Gasto social del sector público en Chile 1979-1983.* CIEPLAN, Notas Técnicas; Nr. 66, Santiago de Chile.
Marcel, M. (1989): *La privatización de empresas públicas en Chile 1985-1988.* CIEPLAN, Notas Técnicas, Nr. 125, Santiago de Chile.
Martínez, J. & Tironi, E. (1982): *Materiales para el estudio de las Clases Medias en la sociedad chilena. Cambios en la estratificación social.* SUR, Documento de Trabajo, Nr. 21, Santiago de Chile.
Martínez, J. & Tironi, E. (1983): *Clase obrera y modelo económico. Un estudio del peso y la estructura del proletariado en Chile, 1960-1980.* SUR, Documento de Trabajo, Nr. 15, Santiago de Chile.
Martínez, J. & Mires, L. (1985): *Las clases medias y el desarrollo económico.* SUR, Documento de Trabajo, Nr. 38, Santiago de Chile.
Martínez, J. & Díaz, A. (1995): *Chile. La gran transformación.* SUR, Documento de Trabajo, Nr. 148, Santiago de Chile.
Martner, G. (1988): *El gobierno del Presidente Salvador Allende, 1970-1973. Una evaluación.* Concepción.
Marx, K. & Engels, F. (1956ff.): *Werke (MEW)*, Berlin.
Medina Echavarría, J. (1964): *Economic Development in Latin America; Sociological Considerations.* ECLAC, Santiago de Chile.
Medina Echavarría, J. (1967): *La urbanización en América Latina.* Buenos Aires.
Medina Echavarría, J. (1973): *Aspectos sociales del desarrollo económico.* ECLAC, Santiago de Chile.
Meller, P. (1990): *Resultados económicos de cuatro gobiernos chilenos 1958-1989.* Apuntes CIEPLAN, Nr. 89, Santiago de Chile.
Meller, P. (1992): „La apertura comercial chilena. Lecciones de política" In: *Colección Estudios CIEPLAN*, Nr. 35, S. 9-54, Santiago de Chile.

Meller, P. (1994): *La economía chilena durante el gobierno democrático reciente (1990-1993)*. In: SUR (1994: 98-110).

Meller, P.; Lehmann, S. & Cifuentes, R. (1993): *Los gobiernos de Aylwin y Pinochet: comparación de indicadores económicos y sociales*. Apuntes CIEPLAN, Nr. 118, Santiago de Chile.

Messner et al. (1992): *Hacia la competetividad industrial de Chile. El caso de la industria de la madera*. DIE, Berlin.

Mezzera, J. (1993): „Experiencias de apoyo al sector informal urbano" In: *Proposiciones* 23, SUR, Santiago de Chile, S. 66-83.

MIDEPLAN (verschiedene Jahrgänge): *Encuesta CASEN*. Santiago de Chile.

MIDEPLAN (1994): *Integración al desarrollo*. Santiago de Chile.

Miño, I.R. (1991): *Las reformas laborales*. In: PET (1991: 81-98).

Moulián, T. & Vergara, P. (1979): *Estado, ideología y políticas económicas en Chile, 1973-1978*. CIEPLAN, Santiago de Chile.

Moulián, T. (1994): *Limitaciones de la transición a la democracia en Chile*. in: SUR (1994: 34-45).

Muñoz, O. (1982): „Una interpretación sobre los problemas del desarrollo chileno" In: *Mensaje* Nr. 264, Santiago de Chile.

Muñoz, O. (1986): *Chile y su industrialización. Pasado, crisis y opciones*. Santiago de Chile.

Muñoz, O. & Ortega, M. (1987): *La agricultura chilena y las políticas económicas 1974-1986*. CIEPLAN, Notas Técnicas 98, Santiago de Chile.

Montero, C. (1989): „Límites y alcances del cambio tecnológico en América Latina y Chile" In: *Proposiciones* 17, SUR, Santiago de Chile.

Montero, C. (1990): „Cambio tecnológico y formas de uso de la mano de obra en América Latina: Hacia un nuevo espacio industrial?" In: Alburquerque Llorens et al. (1990: 279-293).

Montero-Cassasus, C. (1986): „La sociologie de Michael Burawoy: controle et consensus dans l'industrie" In: *Sociologie du Travail*, Nr. 2, Paris, 1986.

Müller-Plantenberg, U. (1993): „Die CEPAL und der Neoliberalismus" In: Dirmoser, D. (Hg.), *Lateinamerika. Analysen und Berichte 17: Markt in den Köpfen*. Bad Honnef, 1993.

Osorio, V. & Cabezas, I. (1995): *Los hijos de Pinochet*. Santiago de Chile.

PET (Programa de Economía del Trabajo) (1991): *Economía y trabajo en Chile. 1990-91*. Santiago de Chile.

PET (1993): *Economía y trabajo en Chile. 1992-93*. Santiago de Chile.

PET (1994): *Economía y trabajo en Chile. 1993-94*. Santiago de Chile.

Petras, J. & Morley, M. (1975): *The United States and Chile. Imperialism and the Overthrough of the Allende Government*. New York, 1975.

Pinochet, A. (1974): „Mensaje del Sr. Presidente de la Junta de Gobierno a los educadores de Chile" In: *Revista de Educación*, Nr. 47, Santiago de Chile.

Pinto, A. (1971): „Desarrollo económico y relaciones sociales" In: ders. et al. (1971).
Pinto, A. et al. (1971): *Chile, hoy*, Santiago de Chile.
Pinto, A. (1984): „Metropolization and Tertiarization: Structural Distortions in Latin America Development" In: *CEPAL Review*, Nr. 24, Santiago de Chile.
Pizarro, C. (1995): „La primer reforma tributaria durante el gobierno de transición: concertación y debate" In: CIEPLAN (1995: 93-128).
Polanyi, K. (1978): *The Great Transformation*. Frankfurt/Main.
Prats-González, C. (1985): *Testimonio de un soldado*. Santiago de Chile.
PREALC (1987): *Desarticulación en la periferia latinoamericana*. Documento del Trabajo 313, Santiago de Chile.
PREALC (1988a): *La evolución del mercado laboral entre 1980 und 1987*. Documento del Trabajo 328, Santiago de Chile.
PREALC (1988b): *Política económica y actores sociales*. Santiago de Chile.
Raczynski, D. (1995): „Focalización de programas sociales: Lecciones de la experiencia chilena" In: CIEPLAN (1995: 217-256).
Ramos, S. (1972): *Chile. ¿Una economía en transición?* Santiago.
Ratinoff, L. (1967): „Los nuevos grupos urbanos. Las clases medias" In: Lipset, S.M. & Solari, A., (Hg.) *Elites y desarrollo en América Latina*. Buenos Aires.
Ricardo, D. (1959): *Über die Grundsätze der Politischen Ökonomie und der Besteuerung*. Berlin.
Ritsert, J. (1988): *Der Kampf um das Surplusprodukt. Einführung in den klassischen Klassenbegriff*. Frankfurt/Main, New York.
Rivas, G. (1991): *Esperanzas, logros e inquietudes*. PET (1991: 13-28).
Romeo, C. (1971): *El carácter clasista y el contenido ideológico de la política económica del Gobierno de la Unidad Popular*. In: Instituto de Economía (1971: 23-46).
Rosenblüth, G. (1963): *Problemas socio-económicos de la marginalidad y la integración urbana; el caso de 'las poblaciones challampas' en el Gran Santiago*. Universidad de Chile, Santiago de Chile.
Rozas, P. & Marín, G. (1988): *El „mapa de la extrema riqueza" 10 años despues*. PRIES-CONO SUR, Santiago de Chile.
Ruiz-Tagle, J. (1994): *La evolución del nuevo sistema de pensiones en Chile*. In: PET (1994: 35-54).
Ruiz-Tagle, J. (1993): *Desafíos del sindicalismo chileno frente a la flexibilización del mercado del trabajo*. In: PET (1993: 135-153).
Sanfuentes A. (1973): „El papel de los mitos en las estrategia económico-social de la Unidad Popular" In: ders. (1973): *Chile, el costo social de la dependencia ideológica*. Santiago de Chile.
Schkolnik, M. & Teitelboim, B. (1989): *Segunda Encuesta de empleo en el Gran Santiago; „empleo informal, desempleo y pobreza*. PET, Documento de Trabajo, Nr. 69, Santiago de Chile.

Sierra, E. (1970): *Tres ensayos de estabilización en Chile.* Santiago de Chile.

Stinchcombe, A.L. (1962): „Agricultural Enterprises and Rural Class Relation" In: *American Journal of Sociology,* Vol. 67.

SUR (1994): „El gobierno de la transición: un balance" In: *proposiciones* 25, Santiago de Chile.

Tironi, E. (1987): *Estratificación social, acción colectiva y autoritarismo.* SUR, Documento de Trabajo, Nr. 66, Santiago de Chile.

Töpper, B. & Müller-Plantenberg, U. (Hg.) (1994): *Transformation im südlichen Lateinamerika. Chancen und Risiken einer aktiven Weltmarktintegration in Argentinien, Chile und Uruguay.* Frankfurt/Main.

Tokman, V. (1979): „Dinámica de mercado de trabajo urbano: el sector informal urbano en América Latina" In: Katzman Reyes (Hg.) (1979): *Fuerza de trabajo y movimiento laboral en América Latina.* Mexico Ciudad.

United States, House of Representives, Committee on Foreign Affairs (Hg.) (1975): *United States and Chile During the Allende Years 1970-1973. Hearings Before the Subcommittee on Inter-American Affairs of the Committee on Foreign Affairs.*

Valdés, J.G. (1989): *La escuela de Chicago: operación Chile.* Buenos Aires.

Van Hemelryck, L. (1993): „La pequeña empresa más allá de las políticas de compensación social del modelo neocapitalista. El caso de Chile" In: *proposiciones* 23, S. 97-119.

Vester, M. et al. (1993): *Soziale Milieus im gesellschaftlichen Strukturwandel.* Köln.

Vial, J. (1995): *Políticas de crecimiento económico y transición política en Chile.* CIEPLAN (1995: 31-48).

Vuskovic, P. (1970): „Distribución del ingreso y opciones de desarrollo" In: *Cuadernos de la Realidad Nacional,* Nr. 5, Universidad Católica de Chile, S. 41-60.

Vuskovic, P. (1975): „Dos años de política económica del Gobierno popular" In: ders. (Hg.) (1975): *El golpe de Estado en Chile,* Mexiko-Stadt.

Weber, M. (1985): *Wirtschaft und Gesellschaft. Grundriss der verstehenden Soziologie.* 5. Auflage, Tübingen.

Wright, E.O. (1985): *Classes.* London.

Zammit, J.A. (1973): *The Chilean Road to Socialism,* Austin.